中等职业教育“十四五”规划教材
职业教育课程改革规划创新教材

财务会计

卓茂荣　张惠琴　主编

中国石化出版社
HTTP://WWW.SINOPEC-PRESS.COM
中国经济出版社
CHINA ECONOMIC PUBLISHING HOUSE

内 容 提 要

本教材以最新的《企业会计准则》为主线，全面阐述了财务会计的基本理论、基本方法、基本技能。主要内容包括财务会计报告的目标、会计信息质量要求、会计要素（资产、负债、所有者权益、收入、费用、利润）的确认、计量、记录以及财务会计报告的编制等。

通过对本书的学习，学生能够掌握财务会计核算的基本技能，清楚各项会计业务的核算步骤，并具有对各项具体的会计业务进行核算的实操能力，对各项会计信息进行初步分析的能力和自我成长所应有的综合职业能力。

本书适合职业院校财经类专业学生和在职财务人员参考使用。

图书在版编目(CIP)数据

财务会计／卓茂荣，张惠琴主编. —北京：中国石化出版社，2021.9(2023.1重印)
ISBN 978-7-5114-6459-0

Ⅰ. ①财… Ⅱ. ①卓… ②张… Ⅲ. ①财务会计 Ⅳ. ①F234.4

中国版本图书馆CIP数据核字(2021)第188668号

中国石化出版社出版发行
地址：北京市东城区安定门外大街58号
邮编：100011 电话：(010)57512500
发行部电话：(010)57512575
http://www.sinopec-press.com
E-mail：press@sinopec.com
北京柏力行彩印有限公司印刷
全国各地新华书店经销
*
787×1092毫米 16开本 14.75印张 428千字
2022年1月第1版 2023年1月第2次印刷
定价：48.00元

《财务会计》
编委会

主　编：

卓茂荣　福建晋江职业中专学校

张惠琴　福建晋江职业中专学校

主　审：

吴文委　福建晋江职业中专学校

副主编：

覃仕克　广西理工职业技术学校

林　俊　湖南常德财经中等专业学校

谭建平　福建晋江华侨职业中专学校

刘　磊　福建三明林业学校

参编学校教师：

王　磊　江苏省高邮中等专业学校

郭绍莉　河南平顶山市财经学校

徐　丹　江苏兴化中等专业学校

张　燕　江苏相城中等专业学校

丁　敏　江苏盱眙中等专业学校

杨丽娟　广西华侨学校

杨绍林　广西玉林财经学校

汪文贤　江苏常熟市滨江职业技术学校

周宇夏　广西梧州农业学校

吴青徽　广西浦北县第一职业技术学校

前言

PREFACE

《财务会计》是一门理论性和实践性都很强的专业课，本教材以最新的会计准则体系、最新的所得税法和最新的增值税条例为指导，以企业实际发生的财务会计业务为载体，系统介绍了企业财务会计核算与监督的基本理论和主要方法，完整展示了企业财务会计各类业务的处理流程及操作步骤。

本教材特色鲜明，有三大亮点：

第一：包容度高、可理解性强。本教材以《企业会计准则》为主导，同时也兼顾了《小企业会计准则》的各项规定，以满足不同读者的需求，具有较高的包容度。本教材在描述理论时文字简洁，语言通俗，解释到位，读者很容易领会理解。

第二：业务仿真、结构创新。本教材所有业务均来源于福建省中小企业会计实践，高度仿真。本教材对财务会计的全部内容分项目进行编写，每一项目又由若干个子项目构成，每一子项目均包含了业务呈现、知识准备、业务处理三个环节，这种创新的教材结构对“做中教与做中学”“教学做一体化”等创新教学模式有很强的适应性。

第三：重视课程思政。本教材每一项目均有明确的课程思政目标，将财务会计的专业理论、专业技能与社会主义核心价值观、会计职业道德等思政内容有机融为一体，在国内已有的财务会计或类似教材中可以说是独树一帜。

本教材在编写过程中，引用了《中华人民共和国会计法》《企业会计准则》《小企业会计准则》等法律法规；参考了由卓茂荣和张惠琴主编的教材《新编商品流通企业会计》《成本会计实务》。

本教材的编写得到了福建省职业技术教育中心、晋江市职业技术教育中心、福建省晋江市职业中专学校、福建七匹狼股份有限公司的大力支持，在此深表谢意。

为了方便师生使用本教材，本书还配有习题集、PPT 课件，有需要的教师请扫描登录出版社资源信息库免费注册后下载使用。

编　者

目录

CONTENTS

项目一　财务会计总论

知识目标： 理解领会财务会计的含义及目标、财务会计的信息质量要求及工作规范。

能力目标： 掌握会计要素的分类，能够按规定要求为企业设置会计账户。

思政目标： 理解领会依法进行会计核算与监督是依法治国在会计行业的具体表现。

会计是一门社会科学，是通用且规范化的商业语言，有了会计，经济交易与经济事项就可以在企业内部、企业之间、企业与政府有关部门之间进行有效的表达与沟通。所谓会计就是以货币为主要的计量单位，运用一系列专门的技术方法，对企业、事业、行政等各类单位的经济活动进行连续的、系统的、全面的、综合的核算与监督的一项经济管理活动。

会计按服务对象的不同，可以分成财务会计和管理会计。

子项目 1：财务会计的含义及目标

【业务呈现】

小张和小李分别是某公司的管理会计和财务会计。管理会计部门只将他们编制的报表报送给单位管理层、董事、监事就好了，而财务会计报告不但要送给单位的管理层、董事、监事，还要报送好些部门呢，小李想，他们要财务报告有什么用呢？

【知识准备】

一、财务会计的含义

财务会计是通过对企业已经完成的资金运动进行全面系统的核算与监督，生成与企业财务状况、经营成果、现金流量有关的会计信息，提供给与企业有经济利害关系的外部使用者使用的经济管理活动。

财务会计侧重于满足企业外部有关方面的决策需要，对外提供财务报告，也称对外报告会计；而管理会计则以资金的预测、规范和控制为重点，向企业内部提供经营决策管理活动所需要的会计信息，也称经营型会计。

二、财务会计报告的目标

财务会计报告包括会计报表、会计报表附注和财务情况说明书。《企业会计准则 —— 基本准则》第四条对企业财务会计报告的目标有明确的规定：财务会计报告的目标就是向财务会计报告使用者提供与企业财务状况、经营成果和现金流量等有关的会计信息，反映管理层受托责任履行情况，有助于财务会计报告使用者作出经济决策。

财务会计报告对不同的使用者有不同的功用，具体情形如表 1-1 所示。

表 1-1 财务会计报告的不同功用

<table>
<tr><th colspan="3">财务会计报告使用者</th><th>会计信息的功能作用</th></tr>
<tr><td rowspan="4">外部使用者</td><td rowspan="2">主要使用者</td><td>投资人</td><td>从财务会计报告了解企业的投资报酬率，作为投资决策的参考</td></tr>
<tr><td>债权人或银行</td><td>从财报中了解企业的获利能力和偿债能力，作为判断债权是否安全、是否要提前收回贷款、是否继续贷款以及是否调整贷款额度的参考</td></tr>
<tr><td rowspan="2">非主要使用者</td><td>政府机关</td><td>税务机关根据会计信息查核企业是否依法纳税；政府相关部门根据会计信息判断企业是否依法经营</td></tr>
<tr><td>社会公众</td><td>通过财务会计报告，企业员工预测企业未来之发展空间，决定去与留；同行的其他企业可以了解彼此的竞争能力；供应商可以作为是否授信的参考；经济分析师可作为分析企业动态与发展趋势的依据</td></tr>
<tr><td rowspan="2">内部使用者</td><td colspan="2">企业内部各阶层的管理人员</td><td>利用会计信息作为收入预算、费用预算、经营计划、控制和绩效评估之依据，以及作为未来改进业务及经营方针的参考</td></tr>
<tr><td colspan="2">企业董事及监事</td><td>以会计信息作为监督与考核的重要依据</td></tr>
</table>

【业务处理】

小李以前学过，现在全想起来了(详见表 1-1)，比如上市公司得在指定媒体上公布财务会计报告，所有权与经营权合二为一的小企业就不必向董事、监事报送，因为企业不存在董事和监事。

子项目 2：会计信息的质量要求

【业务呈现】

财务科长对小李说：产品有质量要求，财务会计报告同样有质量要求，达不到质量要求的财务会计报告所提供的会计信息，对使用者的决策不但没有帮助甚至会起反作用。财务科长要求小李要熟悉会计信息的质量要求，分清哪些是首要质量要求，哪些是次级质量要求。

【知识准备】

《企业会计准则 —— 基本准则》规定的企业会计信息质量要求包含了八个方面的内

容，分别是可靠性、相关性、可理解性、可比性、实质重于形式、重要性、谨慎性和及时性。

一、可靠性

《企业会计准则 —— 基本准则》第十二条规定：企业应当以实际发生的交易或事项为依据进行会计确认、计量和报告，如实反映符合确认和计量要求的各项会计要素及其他相关信息，保证会计信息真实可靠、内容完整。

补充或解释(关键词：可靠、实际、真实、完整、充分披露)

应当在符合重要性与成本效益原则的前提下，保证会计信息的完整性；报表及其附注内容都应当保持完整；与使用者决策相关的有用信息应当充分披露。

二、相关性

《企业会计准则 —— 基本准则》第十三条规定：企业提供的会计信息应当与财务会计使用者的经济决策需要相关，有助于会计报告使用者对企业过去、现在或未来的情况作出评价或者预测。

补充或解释(关键词：相关、决策、反馈、预测)

会计信息是否具有价值，关键看其与使用者的决策需要是否相关。相关的会计信息能够证实或者修正过去的预测，因而具有反馈的价值，相关的会计信息还应当有助于财务报告使用者预测企业未来的财务状况、经营成果和现金流量，因而具有预测的价值。

相关性是以可靠性为基础的，相关性要求企业在确认、计量和报告会计信息过程中应当充分考虑使用者的决策模式和信息需要，尽可能做到相关性。

三、可理解性

《企业会计准则 —— 基本准则》第十四条规定：企业提供的会计信息应当清晰明了，便于财务会计报告使用者理解和使用。

补充或解释(关键词：理解、清晰明了、使用)

企业提供的会计信息只有清晰明了、容易理解，才能提高其有用性，满足使用者进行经济决策的需要，实现财务报告的目标。

四、可比性

《企业会计准则 —— 基本准则》第十五条规定：企业提供的会计信息应当具有可比性。

同一企业不同时期发生的相同或者相似的交易事项，应当采用一致的会计政策，不得随意变更。确需变更的，应当在附注中说明；不同企业发生的相同或者相似的交易事项，应当采用规定的会计政策，确保会计信息口径一致，相互可比。

补充或解释(关键词：可比、会计政策、一致、规定、变更)

同一企业在不同时期可比，便于使用者比较不同时期的财务报告信息，全面客观地评价过去、预测未来、从而作出决策；不同企业在相同会计期间可比，方便投资人等财务报告使用者评价不同企业的会计信息。

会计政策不得随意变更，如果国家有规定则必须变更，国家无规定但是变更能提供更可靠、更相关的会计信息则允许变更，无论哪种变更都要在附注中说明。

五、实质重于形式

《企业会计准则 —— 基本准则》第十六条规定：企业应当按照交易或者事项的经济实质进行会计确认、计量和报告，不应仅以交易或事项的法律形式为依据。

补充或解释(关键词：经济实质、法律形式)

多数情况下，交易或事项的经济实质和法律形式是一致的，但也有不一致的时候，这时就应当以经济实质进行确认、计量和报告。如企业按合同销售商品但又签订了售后回购协议，虽然从法律形式上实现了销售收入，但商品所有权上的主要风险和报酬并没转给购货方，所以不应确认为销售收入，而将其视同融资业务进行会计处理。

六、重要性

《企业会计准则 —— 基本准则》第十七条规定：企业提供的会计信息应当反映与企业财务状况、经营成果和现金流量有关的所有重要交易或者事项。

补充或解释(关键词：重要、省略或错报、职业判断、性质、金额大小)

如果会计信息省略或错报会影响使用者的经济决策，该信息具有重要性。重要性的运用需要依赖职业判断。企业应当依据其所处环境和实际情况，从项目的性质(是否属于企业日常经营活动)和金额大小(通过单项金额占资产总额、负债总额、所有者权益总额、营业收入总额、营业成本总额等直接相关项目总金额的比重来判断金额大小)两方面加以分析判断。

七、谨慎性

《企业会计准则 —— 基本准则》第十八条规定：企业对交易或者事项进行会计确认、计量或者报告应当保持应有的谨慎，不应高估资产或者收益，低估负债或者费用。

补充或解释(关键词：谨慎、高估低估、准备、可靠性和相关性)

面临不确定性因素的情况下作出职业判断应当保持谨慎性。谨慎性要求企业不得高估资产和收益，低估负债和费用；但是如果企业故意低估资产或收益，高估负债或费用，计提各种秘密准备，也是不允许的，因为这不符合会计信息的可靠性和相关性要求。企业按规定计提各类准备，采用加速折旧法提取折旧等均符合谨慎性的要求。

八、及时性

《企业会计准则 —— 基本准则》第十九条规定：企业对已经发生的交易或者事项，应当及时进行会计确认、计量和报告，不得提前或者延后。

补充或解释(关键词：及时、时效、提前或延后、收集、处理、传递)

会计信息的价值在于帮助使用者作出经济决策，具有时效性。即使是可靠、相关的会计信息，如果不及时提供，对使用者的效用大大降低，甚至不再有任何意义。及时性包括及时收集会计信息、及时处理会计信息和及时传递会计信息。我国上市公司按时披露年报、季报就是会计信息及时性的具体表现。

【业务处理】

小李通过学习并结合自身的工作实践认识到，虽然会计信息的质量要求有八方面的内容，但只有可靠性、相关性、可理解性和可比性属于会计信息的首要质量要求。所谓首要质量要求就是企业财务会计报告所提供的会计信息应当具备的基本质量特征，而实质重于形式、重要性、谨慎性和及时性属于会计信息的次级质量要求，是对首要会计信息质量要求的补充和完善。

子项目 3：会计要素与会计科目

【业务呈现】

财务科长要求小李要充分认识理解会计要素、会计科目的含义，能根据会计要素的特征和确认条件，确认交易或事项应与哪一类或哪几类会计要素相关，并能深刻把握各会计要素之间的内在联系。

【知识准备】

一、会计要素

会计要素是组成会计报表的基本单位，是对财务会计对象所作的基本分类。我国《企业会计准则》规定的会计要素包括资产、负债、所有者权益、收入、费用和利润六个方面。其中资产、负债、所有者权益为资产负债表的三大会计要素；收入、费用、利润为利润表的三大会计要素。

(一) 资产

资产是企业过去交易或者事项形成的，由企业拥有或者控制的，预期会给企业带来经济利益的资源。

解析(关键词：资产、拥有或控制、所有权、经济利益)

（1）所谓由企业拥有或者控制是指企业享有某项资产的所有权，或者虽然不享有某项资产的所有权但企业能够控制该项资产，如企业融资租入固定资产。

（2）资产预期会给企业带来经济利益是指资产具有直接或间接导致现金和现金等价物流入企业的潜力，这是资产的重要特征。

（3）任何一项资源要确认为资产，都必须符合资产的定义，并同时满足下列两个条件。

① 与该项资源相关的经济利益很可能会流入企业。

② 该项资源的成本或价值能够可靠地计量。

在某些情况下，企业取得某项资源的实际成本很小甚至没有发生成本，但是如果其公允价值能够可靠计量的话，也被认为符合了资产可计量性的确认条件。

（二）负债

负债是指企业在过去交易或事项中形成的，预期会导致经济利益流出企业的现时义务。

解析(关键词：负债、经济利益、义务)

（1）负债预期会导致经济利益流出企业，这是负债的本质特征。

（2）利益流出的形式是多种多样的，可以是企业货币资金的流出，也可以是企业存货、设备或者无形资产的流出，还可以将企业的负债转为资本等。

（3）任何一项现时义务要确认为负债，都必须符合负债定义，并同时满足下列两个条件。

① 与现时义务相关的经济利益很可能会流出企业。

如果某项现时义务，导致经济利益流出企业的可能性已不存在了，就不能确认为负债，如果已经确认为负债了，也要从企业的负债中转出。

② 将来流出企业的经济利益金额能够可靠地计量。

对于与法定义务有关的经济利益流出金额，通常可以根据合同或者法律规定的金额给予确定；对于与推定义务有关的经济利益流出金额，如或有负债等，企业应当根据履行相关义务所需要支付的最佳估计数进行估计，并综合考虑有关货币时间价值、风险等因素的影响。

（三）所有者权益

所有者权益是企业全部资产扣除全部负债后由所有者享有的剩余权益。公司的所有者权益又称为股东权益。

解析(关键词：投资者投入资本、其他综合收益、留存收益)

（1）所有者权益包括投资者投入企业的资本(含实收资本和资本公积)、其他综合收益、留存收益(含盈余公积和未分配利润)等。

（2）所有者权益的确认与计量主要取决于资产、负债、收入、费用等其他会计要素的确认和计量。所有者权益是企业的剩余权益，与其他会计要素紧密联系。比如，企业接受投资者投入资产，如果该项资产符合企业资产的确认条件，相应的所有者权益也就符合了确认条件；当该项资产价值可以可靠计量时，所有者权益的金额也就确定了。

（3）负债和所有者同为企业权益，但两者在性质上又有本质的区别，负债是企业债权人对企业资产的索取权；所有者权益是企业所有者对企业净资产的索取权。

（四）收入

收入指企业在日常活动中形成的、会导致所有者权益增加、与所有者投入资本无关的经济利益的总流入。

解析（关键词：收入、日常活动、所有者权益、投入资本、经济利益）

（1）日常活动就是企业为了完成其经营目标，在工商部门核定的经营范围内所从事的经营性活动。如工业企业制造并销售产品、保险公司签发保单、软件企业为客户开发软件。明确界定日常活动是为了与利得区分开来，企业非日常经营活动所形成的经济利益的流入应当确定为利得，而不能作为企业的收入。

（2）不会导致所有者权益增加的经济利益流入不能确认为收入。比如向银行借款，虽然也有经济利益流入企业，但并没有增加所有者权益，所以不能确认为收入。收入还是与投资者投入资本无关的经济利益的总流入。

（3）收入的确认条件：

① 与收入相关的经济利益已经或者很可能流入企业。

② 与收入相关的经济利益流入企业的结果会导致资产增加或负债减少。

③ 与收入相关的经济利益流入金额能够可靠地计量。

（五）费用

费用是指企业在日常活动中形成的、会导致所有者权益减少的、与向所有者分配利润无关的经济利益的总流出。

解析（关键词：费用、日常活动、所有者权益、经济利益）

（1）费用必须是企业在其日常活动中形成的，这样界定的目的是为了与损失区分开来，企业非日常活动形成的经济利益流出企业不能确认为企业的费用，而应确认为企业的损失。

（2）费用的增加会导致所有者权益减少，但与所有者减资退股或向所有者分配利润无关。

（3）费用的确认条件：

① 与费用相关的经济利益已经或者很可能流出企业。

② 与费用相关的经济利益流出企业的结果会导致资产减少或负债增加。

③ 与费用相关的经济利益流出金额能够可靠地计量。

（六）利润

利润是企业一定会计期间的经营成果，利润包括收入减去费用后的净额、直接计入当期利润的利得和损失等。

解析（关键词：利润、日常活动、经营成果、利得与损失）

（1）收入减去费用后的净额，是反映企业日常经营活动的经营成果，一般情况下，应当是企业利润的主要构成。

（2）直接计入当期利润的利得和损失，是企业非日常经营活动的业绩。企业应当严格区分收入与利得、费用与损失，才能更加全面地反映企业的经营成果。

（3）利润的确认条件：

① 利润的确认依赖于收入和费用、利得与损失的确认。

② 利润金额的计量也依赖于收入和费用、利得与损失的金额的计量。

二、会计科目

会计科目是根据会计确认、计量、报告的要求，对会计要素的具体内容进行分类，也是交易或者事项的标的物之特定名称。

我国《企业会计准则 —— 运用指南》提供了会计科目设置的指引，并从会计要素出发，将会计科目分为资产类、负债类、共同类、所有者权益类、成本类、损益类六大类，具体如表 1–2 所示。

表 1–2　会计科目设置

一、资产类科目
库存现金（1001）：企业存放在财会部门由出纳经管的可随时用于支付的现金限额。
银行存款（1002）：企业存入银行或其他金融机构的各种款项。
其他货币资金（1015）：除库存现金和银行存款以外的其他各种货币资金。
交易性金融资产（1101）：企业为交易目的而持有的债券投资、股票投资和基金投资。
应收票据（1121）：企业因出售存货、提供劳务收到、尚未兑现的商业票据。
应收账款（1122）：因销售存货、提供劳务等，应收取的货款和代垫运杂费。
预付账款（1123）：企业按照购货合同的规定，预先支付给购货方的款项。
应收股利（1131）：因股权投资而应收取的现金股利以及应收其他单位的利润。
应收利息（1132）：企业交易性金融资产、持有至到期投资、可供出售金融资产、发放贷款、存放中央银行款项、拆出资金、买入返售金融资产等应收取的利息。
其他应收款（1221）：（非金融）企业除应收票据、应收账款、预付账款、应收股利、应收利息、长期应收款等以外的其他各种应收及暂付款项。
坏账准备（1231）：企业对应收款项可能形成坏账所提取的准备。
材料采购（1401）：企业采用计划成本进行材料日常核算而购入材料的采购成本。
在途物资（1402）：企业采用实际成本（进价或售价）进行材料（商品）日常核算，货款已付但尚未验收入库的在途物资采购成本。
原材料（1403）：企业库存的各种材料。
材料成本差异（1404）：企业日常核算采用计划成本的材料计划成本与实际成本的差额。
库存商品（1405）：企业库存的各种商品的实际（或计划）成本、进价（或售价）。

续表

一、资产类科目
发出商品(1406)：已发出但未满足收入确认条件的商品实际(计划)成本、进(售)价。
商品进销差价(1407)：企业商品的日常核算采用销售价的商品售价与进价之间的差额。
委托加工物资(1408)：企业委托外单位加工的各种材料、商品等物资的实际成本。
周转材料(1411)：企业周转用材料(如包装物、低值易耗品)的实际成本或计划成本。
存货跌价准备(1471)：企业存货可变现金额低于账面金额所提取的准备。
持有至到期投资(1501)：企业持有至到期投资的摊余成本。
持有至到期投资减值准备(1502)：对持有至到期投资可变现额低于账面摊余成本所提准备。
可供出售的金融资产(1503)：介于交易性金融资产和持有至到期投资之间的金融资产。
长期股权投资(1503)：企业采用成本法或权益法核算的长期股权投资。
长期股权投资减值准备(1512)：对长期股权投资的可变现金额低于账面金额所提的准备。
投资性房地产(1521)：为赚取租金或资本增值，或两者兼有而持有的房地产。
长期应收款(1531)：融资租赁或采用分期收款方式销售商品、提供劳务产生的应收款项。
未实现融资收益(1532)：企业分期计入租赁收入或利息收入的未实现融资收益。
固定资产(1601)：企业持有固定资产的原值。
累计折旧(1602)：企业持有固定资产的历年折旧累计额。
固定资产减值准备(1603)：企业对持有固定资产可变现金额低于账面净值所提的准备。
在建工程(1604)：企业基建、更新改造等工程建设发生的各项支出。
工程物资(1605)：企业为在建工程准备的各种物资的成本。
固定资产清理(1606)：企业因出售、报废、毁损、对外投资、非货币性资产交换、债务重组等原因转出的固定资产价值以及在清理过程中发生的费用等。
无形资产(1701)：企业持有专利权、非专利技术、商标权、著作权、土地使用权等的成本。
累计摊销(1702)：企业对使用寿命有限的无形资产提取的摊销额累计。
无形资产减值准备(1703)：企业对无形资产可变现金额低于账面净值所提取的准备。
商誉(1711)：企业合并中形成的商誉价值。
长期待摊费用(1801)：已发生但应由本期和以后各期分摊的期限在1年以上的各项费用。
递延所得税资产(1811)：企业确认的可抵扣暂时性差异产生的递延所得税资产。
待处理财产损溢(1901)：各种财产盘盈、盘亏和毁损的价值包括运输途中的非正常缺损。
二、负债类科目
短期借款(2001)：企业向银行或其他金融机构借入的期限在1年(含1年)以下的款项。
交易性金融负债(2101)：企业采用短期获利模式进行融资所形成的负债，属于衍生金融工具。比如应付短期债券等。
应付票据(2201)：企业购买存货、接受劳务供应等开出并承兑的商业汇票。
应付账款(2202)：企业购买存货、接受劳务供应等形成的应付款项。

续表

二、负债类科目
预收账款(2205)：按照合同规定预先收取的款项。
应付职工薪报酬(2211)：企业根据有关规定应付给职工的各种薪酬，包括按规定从净利润中提取的职工奖励和福利基金。
应交税费(2221)：企业按税法等规定计算应交纳的各种税费，包括增值税、消费税、所得税、资源税、土地增值税、城市维护建设税、房产税、土地使用税、车船使用税、教育费附加、矿产资源补偿费等。
应付利息(2231)：企业按照合同约定应支付的利息，包括吸收存款、分期付息到期还本的长期借款、企业债券等应支付的利息。
应付股利(2232)：企业分配的现金股利或利润。
其他应付款(2241)：企核算企业除应付票据、应付账款、预收账款、应付职工薪酬、应付利息、应付股利、应交税费、长期应付款等以外的其他各项应付、暂收的款项。
代理业务负债(2314)：企业不承担风险的代理业务收到的款项，包括受托投资资金、受托贷款资金等。
预计负债(2411)：企业根据或有事项等相关准则确认的各项预计负债，包括对外提供担保、未决诉讼、产品质量保证、重组义务以及固定资产和矿区权益弃置义务等产生的预计负债。
长期借款(2601)：向银行或其他金融机构借入的期限在1年以上(不含1年)的各项借款。
递延收益(2501)：核算企业确认的应在以后期间计入当期损益的政府补助。
长期债券(2602)：企业为筹集能长期使用的资金而发行债券的本金和利息。
长期应付款(2801)：企业除长期借款和应付债券以外的其他各种长期应付款项，包括应付融资租入固定资产的租赁费、以分期付款方式购入固定资产发生的应付款项等。
未确认融资费用(2802)：企业应当分期计入利息费用的未确认融资费用。
专项应付款(2811)：企业取得政府作为企业所有者投入的具有专项或特定用途的款项。
递延所得税负债(2901)：企业确认的应纳税暂时性差异产生的所得税负债。
三、共同类
衍生工具(3101)：衍生工具是在一定的原生工具(股票、债券、货币或者商品)或基础性工具之上派生出来的金融工具。包括远期合同、期货合同、互换和期权，以及具有远期合同、期货合同、互换和期权中一种或一种以上特征的工具。期权是一最典型的衍生工具。
套期工具(3201)：通常是企业指定的衍生工具，其公允价值或现金流量的预期可以抵销被套期项目的公允价值和现金流量的变动。非衍生金融资产或金融负债，只有用于对外汇风险进行套期时，才能被指定为套期工具。
被套期项目(3201)：是指企业面临公允价值或现金流量变动风险且被指定为套期对象的单项或一组资产、负债、确定承诺、很可能发生的预期交易。
四、所有者权益类
实收资本(4001)：投资者按照企业章程，或合同、协议的约定，实际投入企业的资本，是企业注册登记的法定资本总额的来源，它表明所有者对企业的基本产权关系。
资本公积(4002)：投资者投入企业的超出其在注册资本所占份额，包括股本溢价或资本溢价、其他资本公积等。

续表

四、所有者权益类
其他综合收益(4003)：未在损益中确认的各项利得和损失扣除所得税影响后的净额。
盈余公积(4101)：公司按照规定从净利润中提取的各种积累资金。盈余公积根据其用途不同分为公益金和一般盈余公积两类。
本年利润(4103)：本年利润是指企业某个会计年度净利润(或净亏损)，它是由企业利润组成内容计算确定的，是企业从公历年 1 月份至 12 月份逐步累计而形成的一个动态指标。
利润分配(4104)：企业实现的净利润，按照国家财务制度规定的分配形式、分配顺序，在企业和投资者之间进行的分配。
库存股(4201)：从市场中购回本公司已发行的股票存放于公司，尚未再出售或是注销。
五、成本类
生产成本(5001)：生产产品或提供劳务而发生的各项生产费用，包括直接支出和制造费用。
制造费用(5101)：企业生产车间(部门)为生产产品和提供劳务而发生的各项间接费用。
劳务成本(5201)：对外提供劳务发生的成本。
研发支出(5301)：企业进行研究与开发无形资产过程中发生的各项支出。
六、损益类
主营业务收入(6001)：由企业主要经营活动实现的收入，包括销售商品、产品，提供劳务等获取的收入。
其他业务收入(6051)：由企业主要经营活动以外的其他经营活动实现的收入。
公允价值变动损益(6101)：企业交易性金融资产、交易性金融负债，以公允价值计量的投资性房产、衍生工具、套期保值业务等公允价值变动形成的应计入当期损益的利得或损失。
投资收益(6111)：企业确认的由对外投资所产生的收益或者损失。
营业外收入(6301)：与企业生产经营活动没有直接关系的各种收入。
主营业务成本(6401)：为销售商品或产品、提供劳务而发生的成本支出。
其他业务成本(6402)：销售材料、让渡资产使用权等其他经营活动所发生的支出及折损。
税金及附加(6405)：企业因各项经营活动发生的消费税、房产税、印花税、城镇土地使用税、车船使用税、城市维护建设税和教育费附加等相关税费。
销售费用(6601)：企业因销售存货、提供劳务、让渡资产使用权过程中发生的不能计入主营业务成本和其他业务成本的各项费用。
管理费用(6602)：企业行政管理部门 为组织、管理企业生产经营活动而发生的各项费用。
财务费用(6603)：企业为筹集生产经营所需资金而发生的筹资费用。
资产减值损失(6701)：企业因资产(不含金融资产)的账面值高于其可回收额所形成的损失。
信用减值损失(6702)：企业因金融资产减值所形成的预期信用损失。
营业外支出(6711)：企业发生的与其经营活动无直接关系的各项净支出。
所得税费用(6801)：企业确认并获得税务部门认可的应从当期税前利润扣除的所得税金额。
以前年度损益调整(6901)：企业对以前年度重大的多计或少计盈亏数额进行调整。使其不至于影响到本年度的利润总额。

企业应结合自身特点，设置符合会计准则规定和企业需要的会计科目。比如企业可根据本单位情况自行增设、分拆、合并会计科目，对不存在的交易或者事项，不设会计科目。

【业务处理】

小李在校学过会计要素和科目，此次结合企业的业务再学习，感受更深了，特别是对要素特征及确认条件的体会。至于要素间的内在联系，小李认为可从以下三个方面进行描述。

1. 资产负债表的三大会计要素也是反映企业财务状况的会计要素，三者的关系可以通过会计等式“资产=负债+所有者权益”来体现。这一等式从静态角度反映企业在某一特定日期的财务状况，它是复式记账、试算平衡和编制资产负债表的理论依据，也是会计核算方法体系的理论基础。

2. 利润表三大会计要素的关系可以通过会计等式“收入-费用=利润”来体现。这一等式从动态角度反映企业在某一会计期间取得的经营成果。

3. 由于所有者权益包括了从经营利润中提取的公积金和未分配利润，因此“资产=负债+所有者权益”实际上包含了“收入-费用=利润”的内容。

知识拓展

小企业一级会计科目共66个，比企业少设60个，但已设小企业一级会计科目，其名称与企业会计科目完全一致。

成为小企业必须同时满足下列三个条件：①不承担社会公众责任即非上市公司及非金融企业；②规模较小(标准另定)；③不属于企业集团内的母公司及子公司。

小企业会计科目(总账科目)如表1-3所示。

表1-3　小企业会计科目

编号	会计科目名称	编号	会计科目名称	编号	会计科目名称
	一、资产类	1131	应收股利	1408	委托加工物资
1001	库存现金	1132	应收利息	1411	周转材料
1002	银行存款	1221	其他应收款	1421	消耗性生物资产
1004	备用金	1401	材料采购	1501	长期债券投资
1012	其他货币资金	1402	在途物资	1511	长期股权投资
1101	短期投资	1403	原材料	1601	固定资产
1121	应收票据	1404	材料成本差异	1602	累计折旧
1122	应收账款	1405	库存商品	1604	在建工程
1123	预付账款	1407	商品进销差价	1605	工程物资

续表

编号	会计科目名称	编号	会计科目名称	编号	会计科目名称
1606	固定资产清理	2232	应付利润	4401	工程施工
1621	生产性生物资产	2241	其他应付款	4403	机械作业
1622	生产性生物资产累计折旧	2401	递延收益	五、损益类	
1701	无形资产	2501	长期借款	5001	主营业务收入
1702	累计摊销	2701	长期应付款	5051	其他业务收入
1801	长期待摊费用	三、所有者权益类		5111	投资收益
1901	待处理财产损溢	3001	实收资本	5301	营业外收入
二、负债类		3002	资本公积	5401	主营业务成本
2001	短期借款	3101	盈余公积	5402	其他业务成本
2201	应付票据	3103	本年利润	5403	税金及附加
2202	应付账款	3104	利润分配	5601	销售费用
2203	预收账款	四、成本类		5602	管理费用
2211	应付职工薪酬	4001	生产成本	5603	财务费用
2221	应交税费	4101	制造费用	5711	营业外支出
2231	应付利息	4301	研发支出	5801	所得税费用

子项目 4：企业财务会计的工作规范

【业务呈现】

财务科长认为会计如何处理各种经济关系，不仅对本企业的财务收支、利益分配产生影响，还会对国家税收、其他经济组织及职工的利益产生影响，因此会计处理各类经济事项必须具有约束力的规范。财务科长希望小李能够熟练掌握规范企业经济活动和会计行为的财经法规，并请小李结合本企业的特点谈谈如何制定企业内部会计管理制度，谁是企业内部会计工作管理的责任主体。

【知识准备】

约束企业经济行为和会计行为的各类规范主要有会计法律、会计行政法规、会计部门规章、地方性会计法规等。

一、会计法律

（一）中华人民共和国会计法

1985 年 1 月 12 日，第六届全国人民代表大会常务委员会第九次会议通过了《中华人民共和国会计法》；1999 年 12 月 31 日第九届全国人民代表大会常务委员会第十二次会议对

《中华人民共和国会计法》进行第二次修订，并于2000年7月1日起施行；2017年11月4日第十二届全国人民代表大会常务委员会第十三次会议对《中华人民共和国会计法》进行第三次修订，并于2017年11月5日起施行。

《中华人民共和国会计法》是会计法律制度中层次最高的法律规范，是制订其他会计法规的依据，是指导会计工作的最高准则。

（二）注册会计师法

1993年10月31日，第八届全国人民代表大会常务委员会第四次会议通过了《注册会计师法》，自1994年1月1日起施行。

我国实行注册会计师全国统一考试制度，考试成绩合格并从事审计业务工作两年以上才可以申请成为注册会计师。注册会计师执行业务，必须加入注册会计师事务所。

二、会计行政法规

会计行政法规是由国务院发布或由国务院有关部门拟定经国务院批准后发布，调整经济生活中某些方面会计关系的法律规范。主要有《总会计师条例》《企业财务会计报告条例》。

三、会计部门规章

会计部门规章是国家主管会计工作的行政部门即财政部以及其他相关部委根据法律和行政法规，在本部门的权限范围内制定的，调整会计工作中某些方面内容的会计准则制度和规范性文件。如《企业会计准则》《小企业会计准则》《财政部门实施会计监督办法》《会计基础工作规范》《会计档案管理办法》等。

四、地方性会计法规

地方性会计法规是指省、自治区、直辖市、计划单列市、经济特区的人民代表大会及其常务委员会在与宪法、法律和行政法规不相抵触的前提下，根据本地区情况制定、发布的会计规范性文件。

【业务处理】

小李认为企业内部会计管理制度就是根据国家会计法律、会计行政法规和国家统一会计制度的规定，结合本企业经营特点和管理需要，制定的规范本企业经济活动和会计行为的管理办法和规章制度。

会计有关法规明确规定：单位负责人是企业内部会计工作管理的责任主体。

小李认为：在单位负责人的支持下，财务科长有资格、有能力、有义务制定本企业的“内部会计管理制度”。而自己到企业任职时间较短，实践经验、业务能力都不具备制定的资历和水平，但自己可以协助配合科长工作。

对小李的学习精神和表现，科长相当满意。

知识拓展

外国或国际财经法规

中资企业在构建人类命运共同体的进程中是先锋是桥梁，越来越多的中资企业走出国门，在国外特别是一带一路沿线国家设立分公司或分支机构。这些分公司或分支机构在向当地税务机关及政府有关部门提供财务会计报告时，就必须遵守当地的会计准则与财经法规；一些在海外上市的国内公司，也必须按照海外上市地的会计准则与财经法规，提供满足上市地要求的财务会计报告。

项目二　货币资金

知识目标： 熟悉并掌握现金、银行存款等货币资金的管理规定及核算、清查方法。
能力目标： 及时准确完成货币资金业务的账务处理，强化对企业货币资金的监管。
思政目标： 在核算与监督企业货币资金的过程中爱岗敬业、坚持准则、廉洁自律。

货币资金是企业生产经营过程中停留在货币形态的资金，具有极强的流动性和收付的经常性。货币资金按其存放地点可分为现金、银行存款、其他货币资金；按币种可分为记账本位币和(指记账本位币以外的货币)外币。

子项目 1：库存现金

【业务呈现 1】

苏喜公司员工陈青报销(职业病防治)医药费的单据如图 2-1 所示。

福建省医疗机构门诊收费票据　　No:0201380

注册号码：闽财〔2021〕票字第 38 号

姓　名：　　　　门诊号：

流水号：陈青　　保险号：　　　　2021 年　2月 1 日

项　目	金　额	项　目	金　额	备　注
化验费	148.00			个人医疗账户支付：
挂号费	1.00			统筹基金支付：
诊查费	5.00			自　付：
西药费	125.65			付款方式：现　金：✓
同意全部报销				转　账：
合计人民币（大写）：贰佰柒拾玖元陆角伍分				￥ 279.65

医疗单位收费：　　开票卡号：　　复核：　　经办：陈金婵

电脑打印手写无效　　第一联收据

（印章：福建省；晋江市金井中心卫生院（4）收费专用章；现金付讫；苏秀喜印）

图 2-1　医药费单据

【知识准备】

库存现金是由企业财会部门掌握、用以支付日常零星开支的库存资金，包括库存的人民币和外币。企业必须按照《现金管理暂行条例》和《现金暂行管理条例实施细则》的规定，加强对现金的管理。

一、库存现金管理规定

1. 现金使用范围

(1) 职工工资、各种工资性津贴；

(2) 个人劳动报酬；

(3) 根据国家规定发给个人的科技、文艺、体育等各种奖金；

(4) 各种劳保、福利费用以及国家规定的对个人的其他支出；

(5) 向个人收购农副产品及其他物资的价款；

(6) 出差人员必须随身携带的差旅费；

(7) 转账结算起点(1 000 元)以下的零星支出；

(8) 中国人民银行确定需要支付现金的其他支出。

上述各项，除零星支出，均不受结算起点限制。

2. 现金收取范围

(1) 从银行提取的备用金；

(2) 单位或职工交回的赔偿款、备用金退回款、差旅费余款等；

(3) 收取不能转账的单位或个人的销售收入；

(4) 不足转账起点(1 000 元)以下的小额收入。

3. 库存现金限额

库存现金限额是企业按银行现金管理规定，与开户银行协商核定的库存现金最高额度，一般为企业 3~5 天的日常零星开支额，边远或交通不便地区可适当放宽，但最多也不得超过企业 15 天的日常零星开支额。

4. 不得"坐支"现金

所谓"坐支"现金，是指企业从现金收入中直接支付现金的行为。企业使用现金可以从开户银行提取，也可以从库存现金限额中支付。

5. 其他规定

在现金管理中，还包括一些其他规定：

(1) 不得谎报用途套取现金，否则按套取金额的 30%~50%进行处罚。

(2) 不得利用支票等转账结算凭证套换现金。

(3) 不得使用不符合会计制度的单据等顶替库存现金，即"白条顶库"。

(4) 不得将企业现金收入作为个人储蓄存入银行 即"公款私存"。

(5) 不得设置"小金库"(保留账外公款)。

二、库存现金日常收付的管理

现金日常收付余应按一定的程序及有关规定进行处理，其主要环节有：

(1) 依法取得或填制原始凭证；

（2）审核现金收付款凭证，如图 2-2 所示。

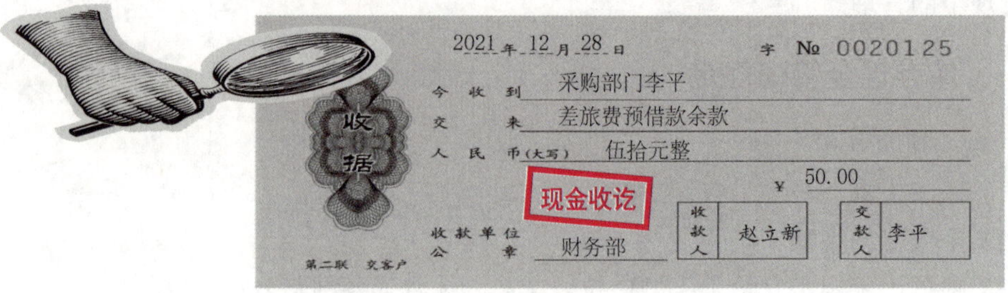

2021 年 12 月 28 日　　字 № 0020125

收据

今收到　采购部门李平

交来　差旅费预借款余款

人民币（大写）　伍拾元整

¥ 50.00

现金收讫

收款单位公章　财务部

收款人　赵立新

交款人　李平

第二联　交客户

图 2-2　审核现金收付款凭证

（3）当面清点所收现金或所付现金的数额。当日收到的现金应于当日送存开户银行，当日送存有困难的，由开户银行确定送存时间。

（4）现金收付款凭证上分别加盖“现金收讫”的章、“现金付讫”的章，收付款凭证上都要盖“出纳”的私章。

（5）根据有关凭证登记“库存现金日记账”，做到日清月结。

三、库存现金的会计核算

1. 库存现金的总分类核算

（1）设“库存现金”总账，核算企业库存现金的收入、付出和结存情况。

（2）收到现金，借记本科目，贷记相关科目；付出现金，借记相关科目，贷记本科目。

2. 库存现金的明细分类核算

企业应设“库存现金日记账”进行序时核算。其格式如图 2-3 所示。

库存现金日记账

21年		凭证	票据	摘要	借方金额									核	贷方金额									核	余额									核
月	日	号数	号数		百	十	万	千	百	十	元	角	分	对	百	十	万	千	百	十	元	角	分	对	百	十	万	千	百	十	元	角	分	对
1	31			本月合计			5	1	0	8	8	0	0				5	1	0	3	7	0	0						2	0	9	0	0	√
2	1	银付 001	现金支票 100348	向银行提现				1	0	0	0	0	0	√														1	2	0	9	0	0	√

图 2-3　库存现金日记账

（1）按照库存现金收付业务发生的先后顺序逐笔登记“库存现金日记账”；

（2）每日终了，应计算当日库存现金收入合计数、支出合计数和结存数；

（3）将结存数与实际库存数相核对，做到账款相符；

（4）有外币现金业务的企业，应分别按人民币和各种外币设“库存现金日记账”。

【业务处理 1】

（1）按现金管理规定及相关程序审核其真实性、合法性、准确性、完整性。

(2) 根据审核无误的单据编制记账凭证(以会计分录代替)

借：应付职工薪酬——职工福利费　　279.65
　　贷：库存现金　　279.65

(3) 根据审核无误的记账凭证或原始凭证，登记“库存现金日记账”(图 2-4 和图 2-5)。

付 款 凭 证

总号：
分号：现付 001

贷方科目：库存现金　　2021 年 2 月 1 日

摘 要	借方科目		过账	金额									
	总账科目	明细科目		千	百	十	万	千	百	十	元	角	分
报销医药费	应付职工薪酬	职工福利	√						2	7	9	6	5
附件 1 张	合 计							¥	2	7	9	6	5

会计主管　记账 张春安　出纳 黄 洋　审核 陈彬华　制单 张思思

③记账毕，记账员过账处打√并在记账处签章

①审核后,稽核员在审核处盖章

图 2-4　付款凭证

库存现金日记账

21年		凭证号数	票据号数	摘 要	借方金额									核对	贷方金额									核对	余额									核对
月	日				百	十	万	千	百	十	元	角	分		百	十	万	千	百	十	元	角	分		百	十	万	千	百	十	元	角	分	
1	31			本月合计			5	1	0	8	8	0	0				5	1	0	3	7	0	0						2	0	9	0	0	√
2	1	银付 001	现金支票 100348	向银行提现				1	0	0	0	0	0	√														1	2	0	9	0	0	√
2	1	现付 001	医院发票 0201380	报销医药费															2	7	9	6	5	√					9	2	9	3	5	√

② 记账员登记库存现金日记账和有关账目

④核对毕，稽核员在核对处打√

图 2-5　现金日记账

(4) 登记“应付职工薪酬”明细账、登记总账，不在此处示范。

初试身手

假设该公司 2021 年 2 月 1 日只发生两笔与库存现金相关的业务，请在“库存现金明细账”上结出当日收入合计数、当日支出合计数，当日结存数。

【业务呈现 2】

库存现金盘点报告表如图 2-6 所示。

库存现金清查盘点报告表

日期：2020 年 2 月 2 日　　　　NO：20140110

账面余额	实存金额	清查结果		备注
		盘盈	盘亏	原因待查
920. 00	849. 09		70. 91	
单位负责人处理意见				

盘点人：陈彬华　　出纳员：黄洋　　制 单：陈彬华

第二联记账联

图 2-6　库存现金清查盘点报告表

【知识准备】

库存现金管理的内部控制就是要在出纳和会计之间建立起相互牵制、相互监督的机制，避免由出纳或会计单独处理一项经济业务的全过程，从而有效加强对现金收、付、存的管理。钱账分管、现金清查都是库存现金日常管理中常用的内部控制制度(图 2-7)。

要怎样才能保证现金的安全，管好、用好现金？

坚决遵守国家的现金管理制度并且实行严格的内部控制制度

图 2-7　库存现金管理的内部控制

一、钱账分管制度

所谓“钱账分管”就是非出纳人员不得经管库存现金的收、付业务和保管业务；出纳人员不得经管稽核、会计档案及收入费用、债权债务账目的登记(图 2-8)。

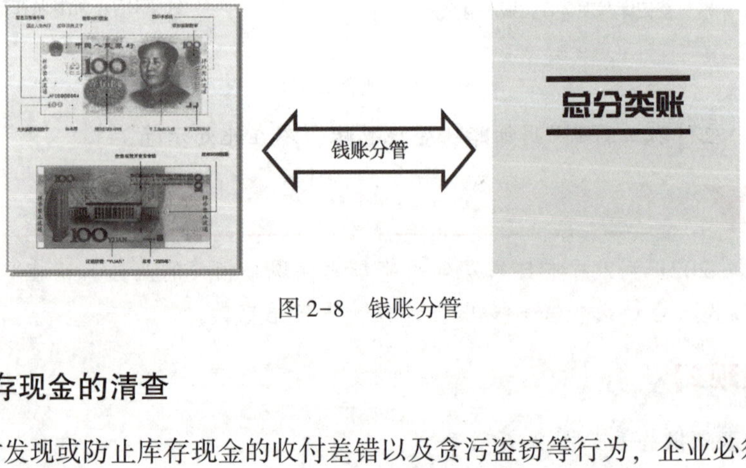

图 2-8　钱账分管

二、库存现金的清查

为了及时发现或防止库存现金的收付差错以及贪污盗窃等行为，企业必须定期或不定期对库存现金进行清查盘点。

1. 现金清查方法

实地盘点(如图 2-9 所示)，将盘点后实际库存现金的数额与(盘点时)库存现金日记账的账面余额核对。

图 2-9 清点现金

2. 现金清查结果的核算

企业应当设置“待处理财产损溢——待处理流动资产损溢”账户进行现金清查的会计核算，有关账务处理如图 2-10 所示。

<table>
<tr><th colspan="2">盘盈(现金长款)实际库存现金的金额>账面结存现金的金额</th></tr>
<tr><td>批准前</td><td>借：库存现金
贷：待处理财产损溢——待处理流动资产损溢</td></tr>
<tr><td>批准后</td><td>借：待处理财产损溢——待处理流动资产净溢
贷：营业外收入(原因不明的)
其他应付款(查明原因的)</td></tr>
<tr><th colspan="2">盘亏(现金短款)实际库存现金的金额<账面结存现金的金额</th></tr>
<tr><td>批准前</td><td>借：待处理财产损溢——待处理流动资产损溢
贷：库存现金</td></tr>
<tr><td>批准后</td><td>借：其他应收款(责任人赔偿)
管理费用(日常收付中因找零等发生的正常短少)
营业外支出(非常损失如火灾等则扣除责任赔偿后的净额)
贷：待处理财产损溢— 待处理流动资产损溢</td></tr>
</table>

图 2-10 现金清查结果的账务处理

【业务处理 2】

(1) 按规定的程序审核算原始凭证。(略)

(2) 根据审核无误的单据编制记账凭证(用“会计分录”表示)。

借：待处理财产损溢——待处理流动资产损溢	70.91
贷：库存现金	70.91

(3) 根据审核无误的记账凭证或原始凭证，登记库存现金日记账、待处理财产损溢明细账，按账务处理程序的要求登记相关总账。(略)

知识拓展

现金盘盈，小企业与企业的会计处理完全相同；现金盘亏，无论是日常收付中的正常短少还是原因不明的损失，小企业均将其计入“营业外支出”账户。

小企业有内部周转使用备用金的，可以单独设置“1004 备用金”科目。

初试身手

假设“业务呈现 2”盘亏现金，系日常收付中因找零而产生的正常短少，请分别按《企业会计准则》和《小企业会计准则》的规定进行批准后的账务处理。

子项目 2：银行存款

银行存款就是企业存放在开户银行或其他金融机构里的各种货币性资产。企业通过银行办理收付款结算业务时，必须遵守银行信贷制度和现金管理制度。

【业务呈现 1】

企业通过银行办理收付款结算业务，有关单据如图 2-11、图 2-12 所示。

中国工商银行
转账支票存根
BY 02 0045209
附加信息
出票日期 2021 年 1 月 3 日
收款人：福建移动泉州分公司
金额：￥1025.00
用途：付通信费用
单位主管：秀苏印喜 会计：刘东来

图 2-11　转账支票存根联

中国移动福建分公司电信业务专用发票
发票联　㊙ NO：1218325
受理流水号：100034696283　2021 年 1 月 3 日　00×20210×15000
用户号码：15905988888　16 业务类别：话费账单（20101201 至 20101231）
用户名：苏喜秀（公司管理用）

收费项目	金额（元）	发票专用章
月基本费	18.20	
话费	869.40	
增值业务使用费	3.00	
数据业务使用费	121.90	
代收费	12.50	本发票须营业员
总计	1025.00	盖章方有效
金额大写	壹仟零贰拾伍元整	

第二联　发票联

图 2-12　企业收付款发票

【知识准备】

一、银行存款管理的一般规定

（1）一个单位只能开立一个基本存款账户，用于日常现金存取和银行结算。

（2）银行账户必须有足够存款，保证转账结算的支付，不得签发空头支票。

（3）企业收付款结算凭证应如实填明款项的来源或用途，以方便银行监督。

(4) 企业必须实行钱账分管、证(指结算凭证)印(指印章)分管制度。

(5) 企业账户不得代其他单位或个人存取现金，不得外借或出租银行账户。

二、银行转账结算方式

企业在生产经营过程中发生的货币收支，除法律规定可以使用现金直接支付外，都必须通过银行结算。中国人民银行规定了企业可以采用的银行结算方式有支票、银行本票、银行汇票、商业汇票、汇兑、委托收款、托收承付、信用卡等。

(一) 支票

支票是由出票人签发的，委托办理支票存款业务的银行在见票时无条件支付确定金额给收款人或者持票人的票据。支票使用范围广泛，单位和个人在同一票据交换区域的各种款项结算均可使用支票方式。

1. 支票的种类

支票按付款方式可以分为现金支票、转账支票、普通支票。

(1) 现金支票：只能提取现金，不得转账；转账支票：只能转账，不得提取现金。

(2) 普通支票：既可用于转账，也可用于提取现金。

(3) 划线支票：普通支票左上角划两条平行线为划线支票，划线支票不得提现。

2. 支票的填写

(1) 绝对记载事项，如图 2-13 所示。

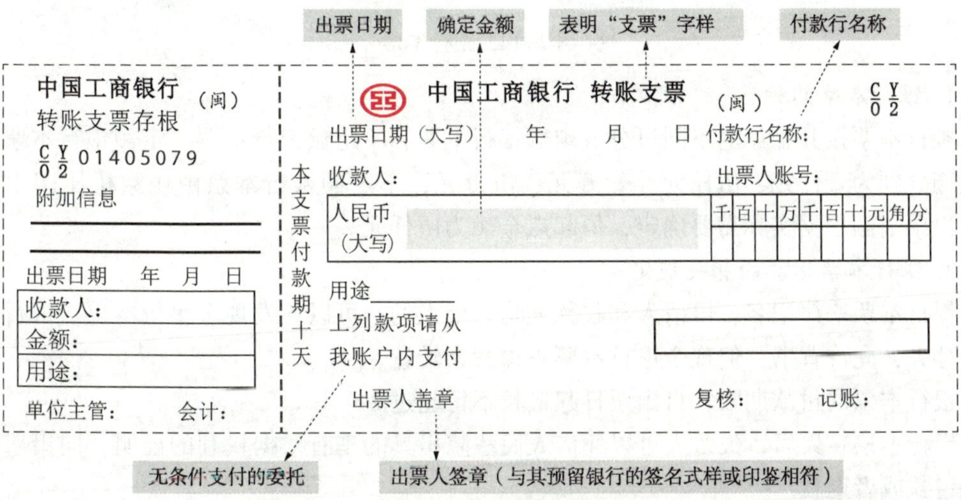

图 2-13　图解支票

我国票据都是记名票据，签发支票时应写明收款人名称，签发时未记载收款人名称的，可由出票人授权补记，可授权补记的还有支票的金额。

(2) 相对记载事项：付款地、出票地。

(3) 非法定记载事项：支票的用途、合同编号、约定的违约金、管辖法院等。

3. 支票结算相关规定

起点金额 100 元；付款期限 10 天。(从签发的次日算起，遇到节假日顺延)

出票人签发空头支票、与预留银行签章式样不符或支付密码错误的支票，银行退票并处以票面金额5%但不低于1 000元的罚款；持票人有权要求出票人支付票面金额2%的赔偿金。

（二）银行本票

银行本票（如图2-14所示）是由银行签发的，承诺在见票时无条件支付确定金额给收款人或者持票人的票据。单位或个人在同一交换区域需要支付的各种款项，均可使用银行本票进行结算。银行本票模板如图2-14所示。

中国××银行
本票号码
第　　号
付款期
贰个月
本　　票　1
签发日期（大写）　　年　　月　　日
收款人：
凭票即付　人民币（大写）
转　账 | 现　金
签发银行盖章
科目（付）
对方科目（收）
兑付日期　　年　月　日
出纳　　复核　　经办
此区域供银行打印磁性条形码
此联签发行结清本票时作付出传票

图2-14　银行本票

1. 银行本票的种类

银行本票按其金额的不同可分成定额银行本票和不定额银行本票。定额银行本票的票面金额分别为壹仟元、伍仟元、壹万元、伍万元；不定额银行本票由压数机压印出票金额，出票金额根据实际需要确定，但起点金额为伍仟元。

2. 银行本票结算的相关规定

银行本票一律记名，申请人和收款人均为个人的，可以签发现金银行本票。银行本票不予挂失，允许背书，但现金银行本票不得背书转让。

银行本票的付款期限，自出票日起最长不得超过2个月。

银行本票丧失后，失票人可以凭借人民法院出具的享有票据权利的证明，向出票银行请求付款或者退款。

（三）银行汇票

银行汇票（如图2-15所示）是出票银行签发的，见票时，出票银行按实际结算金额无条件支付给收款人或者持票人的票据。单位或个人的各种款项结算，均可使用银行汇票。

1. 银行汇票的解讫通知

解讫通知是银行汇票的第三联，是银行汇票所特有的，在兑付行兑付后随报单寄签发行，由签发行作为余款收入传票，是银行之间往来的记账凭证。

银行汇票签发行应将银行汇票和解讫通知一并提交给申请人。

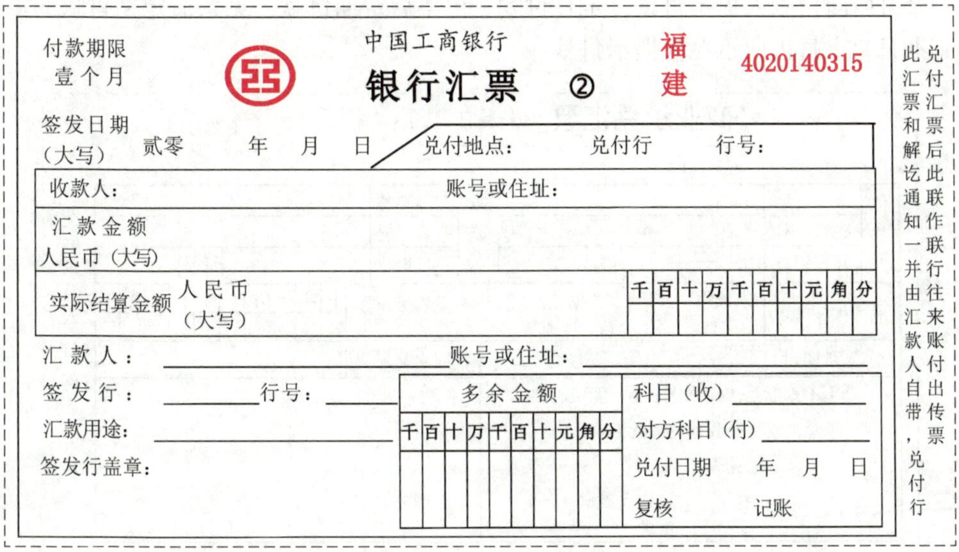

付款期限 壹个月

中国工商银行

银行汇票 ② 福建 4020140315

签发日期（大写） 贰零 年 月 日 兑付地点： 兑付行 行号：

收款人： 账号或住址：

汇款金额 人民币（大写）

实际结算金额 人民币（大写） 千 百 十 万 千 百 十 元 角 分

汇款人： 账号或住址：

签发行： 行号：

汇款用途：

签发行盖章：

多余金额 千 百 十 万 千 百 十 元 角 分

科目（收）

对方科目（付）

兑付日期 年 月 日

复核 记账

此联兑付行兑付后此联作联行往来账付出传票和解讫通知一并由汇款人自带，兑付行

图 2-15 银行汇票

2. 银行汇票结算的相关规定

银行汇票一律记名，申请人和收款人均为个人的，可以签发现金银行汇票。

收款企业受理银行汇票时，应在出票金额内，将实际结算金额和多余金额准确地填入银行汇票(第二联)和解讫通知(第三联)的有关栏目内。

银行汇票允许背书，但未填写实际结算金额或者实际结算金额超过出票金额的银行汇票，不得背书转让。

收款企业办理结算时还要填写进账单，然后连同银行汇票、解讫通知一并送交开户银行办理转账。银行汇票的付款期限，自出票日起最长不得超过 1 个月。

（四）商业汇票

商业汇票(如图 2-16 所示)是出票人签发的，委托付款人在指定日期(或者见票时)无条件支付确定的金额给收款人或持票人的票据。在银行开户的法人以及其他组织之间，有真实的交易关系或债权债务关系时，才能使用商业汇票。

1. 商业汇票的种类

按票据是否带息，商业汇票分为带息票据和不带息票据。

根据承兑人的不同，商业汇票分为银行承兑汇票和商业承兑汇票，银行承兑汇票的承兑人为承兑申请人的开户银行；商业承兑汇票的承兑人就是付款人。

2. 商业汇票结算的相关规定

商业汇票一律记名，除非汇票正面记明“不得转让”，否则允许背书转让。

持票人提示承兑：定日付款或出票后定期付款，应在票据到期日前向付款人提示承兑；见票后定期付款的，应自出票日起一个月内向付款人提示承兑；见票即付汇票无须提示承兑。

持票人提示付款：商业汇票的付款期限最长不得超过 6 个月。见票即付的汇票自出票

日起一个月内向付款人提示付款；定日付款、出票后定期付款、见票后定期付款的汇票自票据到期日起十日内向承兑人提示付款。

商业承兑汇票（卡片） 1

汇票号码
第　　号

签发日期　　年　　月　　日

付款人	全　称			收款人	全　称		
	账　号				账　号		
	开户银行		行号		开户银行		行号
汇票金额	人民币（大写）					千 百 十 万 千 百 十 元 角 分	
汇票到期日	年　月　日			合同交易号码			
本汇票请你单位承兑，并及时将承兑汇票寄交我单位，此致 承兑人 收款人盖章 负责　经办				备注			

此联承兑人付款人留存

图 2-16　商业承兑汇票

（五）汇兑

汇兑（见图 2-17）是汇款人委托银行将其款项支付给收款人的一种结算方式，也就是俗称的汇款，汇兑适用于企业和个人各种款项的结算。

中国××银行信汇凭证（回　单） 1

签发日期　　年　　月　　日　　　　第　　号

汇款人	全　称			收款人	全　称			
	账　号或住址				账　号或住址			
	汇　出地　点	省　市县	汇出行名　称		汇　入地　点	省　市县	汇入行名　称	
金额	人民币（大写）						千 百 十 万 千 百 十 元 角 分	
							支付密码	
							附加信息及用途	
					汇出行盖章		复核　记账	

此联是汇出行给汇款人的回单

图 2-17　信汇凭证

1. 汇兑的种类

汇兑按汇款方式的不同可分成电汇和信汇。电汇是通过电报将款项划转给收款人，速度较快，汇款费用较高；信汇是通过邮寄方式将款项划转给收款人，速度较慢，汇款费用较低。

2. 汇兑结算的相关规定

需要在汇入银行提取现金的必须满足二个条件，第一收款人和付款人均为个人；第二在信汇或者电汇凭证的汇款金额前填有“现金”字样。

收款人支取汇兑款项的期限为二个月，汇入银行对发出取款通知后二个月仍未被取走的款项应退给汇出银行。

收款人经审查确认不属于本单位的应收款项，应拒绝受汇，汇入行应立即办理退汇。

（六）委托收款

委托收款（如图 2-18 所示）是收款人委托银行向付款人收取款项的一种结算方式，单位和个人凭已承兑的商业汇票、债券、存单等付款人债务证明办理款项结算时，公用事业性单位收取水电费、通信费等费用时，均可采用委托收款结算方式。

委电　　委托收款凭证（回单）　1　　委收号码 第　号

签发日期　年　月　日

收款人	全　称			付款人	全　称	
	账　号				账　号	
	开户银行		行号		开户银行	
委收金额	人民币（大写）					千 百 十 万 千 百 十 元 角 分
款项内容		委托收款凭证名称			附寄单证张数	
备注	电　　划	款项收妥日期　　年　月　日			收款人开户行盖章　月　日	

单位主管　　会计　　复核　　记账

收款人开户行给收款人回单联

图 2-18　委托收款凭证

1. 委托收款的种类

委托收款按款项划回方式的不同分为邮寄和电报两种，供收款单位选用。

2. 委托收款结算的相关规定

委托收款不受起点金额的限制，但收款方应提供收款依据如已承兑的商业汇票、债券、存单等付款人债务证明。付款方在收到委托收款通知之次日起 3 日内，应审查完毕并主动通知银行是否付款，如不通知则视作同意付款，银行于第 4 日从其账号中支付所托收款项；如拒绝付款，也应在付款期内提交全部或部分拒付理由书，并由付款银行转交给收款人。

（七）托收承付

托收承付（见图 2-19）是收款人根据购销合同发货后，委托开户银行向异地付款人收取款项，经付款人同意，付款人开户银行划转款项的一种结算方式。本结算方式适用于订有合同的异地间商品交易，以及相关劳务款项的结算。

1. 托收承付的种类

托收承付按款项划回方式的不同分为邮寄和电报两种。

2. 托收承付结算的相关规定

收、付双方必须签订符合《经济合同法》的购销合同，并在合同上注明采用托收承付结算方式结算货款。

收款人办理托收必须具有商品确已发运的证件，托收承付每笔起点金额为一万元，新华书店系统每笔起点金额则为一千元。

验单付款的承付期为 3 天，从付款人开户银行发出承付通知之次日算起；验货付款的

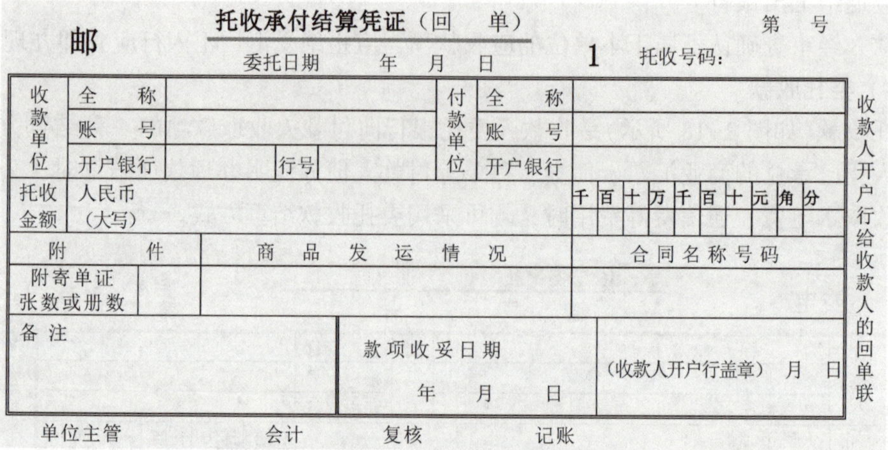

邮　　　**托收承付结算凭证**（回　单）　　　第　号

委托日期　年　月　日　　1　　托收号码：

收款单位	全　称			付款单位	全　称	
	账　号				账　号	
	开户银行		行号		开户银行	
托收金额	人民币（大写）					千 百 十 万 千 百 十 元 角 分
附　件		商品发运情况			合同名称号码	
附寄单证张数或册数						
备注		款项收妥日期　年　月　日			（收款人开户行盖章）　月　日	

单位主管　　会计　　复核　　记账

收款人开户行给收款人的回单联

图 2-19　托收承付凭证

承付期为 10 天，从承运单位发出提货通知的次日算起。

代销、寄销、赊销商品的款项，不得采用托收承付结算方式进行结算。

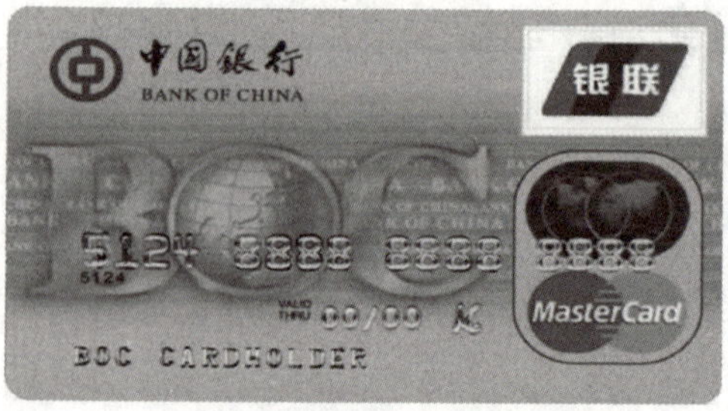

图 2-20　信用卡

（八）信用卡

信用卡是商业银行向个人和单位发行的，凭以向特约单位购物、消费和向银行存取现金，且具有消费信用的特制载体卡片。信用卡具有先消费后付款的功能，同城异地均可使用。中国银行信用卡如图 2-20 所示。

1. 信用卡的种类

（1）信用卡按发行对象分为个人卡和单位卡。

（2）按信用等级分为金卡和普通卡。

（3）按清偿方式分为贷记卡（在信用额度内持卡人可先消费后还款）、准贷记卡（持卡人按要求先存入一定额度的备用金，当备用金余额不足支付时，可在发卡行规定的信用额度内透支）和借记卡（必须先存款才能消费或取现，无透支功能）。

2. 信用卡结算的相关规定

单位卡可申领若干张，持卡人资格由单位法定代表人或委托代理人书面指定或注销；单位卡一律不得存入或者支取现金，单位卡里的资金由基本存款账户转账存入，撤销单位卡时，单位卡里的剩余资金也只能转账转入单位基本存款账户；单位卡不得用于 10 万元以上的商品交易或者劳务供应的款项结算；无论个人卡还是单位卡，都不得转借或出租。

三、银行存款的核算

1. 银行存款的总分类核算

（1）设置“银行存款”总账，核算企业银行存款的增加、减少和结存情况。

（2）企业银行存款增加，借记银行存款账户，贷记相关账户；企业银行存款减少，借记相关账户，贷记银行存款账户。

2. 银行存款的明细分类核算

企业应设“银行存款日记账”进行明细核算。其格式如图 2-21 所示。

银行存款日记账

21年		凭证	结算	摘要	借方金额									核	贷方金额									核	余额									核
月	日	号数	方式		百	十	万	千	百	十	元	角	分	对	百	十	万	千	百	十	元	角	分	对	百	十	万	千	百	十	元	角	分	对
1				上年结转																						5	6	9	3	0	0	0	0	✓
1	1	银付 001	现金支票 100348	向银行提现														1	2	0	0	0	0	✓		5	6	8	1	0	0	0	0	✓

图 2-21 银行存款日记账

（1）出纳按银行存款收、付款业务的先后顺序逐日逐笔登记银行存款日记账。

（2）每日终了，出纳员加计银行存款收付总数，结出银行存款结存额。

【业务处理 1】

（1）按法规、按程序审核原始凭证。（略）

（2）根据审核无误的单据编制记账凭证(用“会计分录”表示)。

借：管理费用——电信费　　1 025.00

　　贷：银行存款　　1 025.00

（3）根据审核无误的记账凭证或原始凭证，登记银行存款日记账(登记方法与登记库存现金日记账基本相同，故略)和管理费用明细账，按账务处理程序的要求登记相关总账。

【业务呈现 2】

2021 年 1 月 31 日，苏喜公司出纳与开户银行核对当月 21 日至 31 日的账目。有关表单如图 2-22、图 2-23 所示。

银行存款对账单

21年		结算凭证号码	摘要	借方金额									贷方金额									余额								
月	日			百	十	万	千	百	十	元	角	分	百	十	万	千	百	十	元	角	分	百	十	万	千	百	十	元	角	分
1	20	略	略																				5	6	6	7	0	0	0	0
1	21	现金支票 101129	提取现金				2	0	0	0	0	0											5	6	4	7	0	0	0	0
1	22	电汇凭证 2934507	收回货款												5	2	6	5	0	0	0		6	1	7	3	5	0	0	0
1	25	电汇凭证 9037081	归还贷款			6	3	1	8	0	0	0											5	5	4	1	7	0	0	0
1	27	转账支票 **425005**	收到投资款											3	0	0	0	0	0	0	0		8	5	4	1	7	0	0	0
1	30	委托收款 **650519**	支付水费				1	2	0	0	0	0											8	5	2	9	7	0	0	0
1	30	电汇凭证 315902	预收货款											1	0	0	0	0	0	0	0		9	5	2	9	7	0	0	0

中国工商银行晋江支行金井营业部 2021 年 1 月 31 日

图 2-22 银行存款对账单

银行存款日记账

21年		凭证号数	结算方式	摘要	借方金额									核对	贷方金额									核对	结存									核对
月	日				百	十	万	千	百	十	元	角	分		百	十	万	千	百	十	元	角	分		百	十	万	千	百	十	元	角	分	
1	20		略	略																						5	6	6	7	0	0	0	0	✓
1	21	银付 012	现金支票 101129	向银行提现														2	0	0	0	0	0	✓		5	6	4	7	0	0	0	0	✓
1	22	银收 015	电汇凭证 2934507	收回货款			5	2	6	5	0	0	0	✓												6	1	7	3	5	0	0	0	✓
1	25	银付 012	电汇凭证 9037081	归还货款													6	3	1	8	0	0	0	✓		5	5	4	1	7	0	0	0	✓
1	27	银收 016	转账支票 425005	收到投资款		3	0	0	0	0	0	0	0	✓												8	5	4	1	7	0	0	0	✓
1	28	银收 017	转账支票 832008	收到违约金				5	0	0	0	0	0	✓												8	5	9	1	7	0	0	0	✓
1	30	银付 012	转账支票 108903	预付购料款													5	0	0	0	0	0	0	✓		8	0	9	1	7	0	0	0	✓

图 2-23　银行存款日记账

【知识准备】

一、银行存款的清查

（1）银行存款清查目的：防止记账差错、避免存款被挪用，掌握存款实有数。

（2）银行存款清查方法：定期将银行存款日记账与开户行转来的银行对账单逐笔核对，找出开户行和企业之间的未达账项。

所谓未达账项就是由于结算凭证在企业与银行之间的传递上有先有后，造成一方已登记入账而另一方尚未登记入账的款项。

未达账项有以下四种：

企业已记增加，开户行未收到结算凭证尚未记增加；

企业已记减少，开户行未收到结算凭证尚未记减少；

开户行已记增加，企业未收到结算凭证尚未记增加；

开户行已记减少，企业未收到结算凭证尚未记减少。

二、银行存款清查结果的处理

银行存款日记账与银行对账单余额如不符，应查明原因。记账错漏造成的则更正错账；未达账项造成的，就编制“银行存款余额调节表”进行调节。

【业务处理 2】

（1）核对银行存款日记账和银行对账单，找出未达账项有四笔，分别是：

① 1 月 28 日企业收到违约金 5 000 元已入账，但开户银行尚未入账。

②1月30日企业预付购料款50 000元已入账，但开户银行尚未入账。

③1月30日，开户银行代付水费1 200元已入账，企业尚未入账。

④1月30日，开户银行代收预购货款100 000元已入账，企业尚未入账。

（2）编制银行存款余额调节表，如图2-24所示。

银行存款余额调节表

银行账号：———　　2021年1月31日　　币种：人民币

银行对账单	百	十	万	千	百	十	元	角	分	银行存款日记账	百	十	万	千	百	十	元	角	分
调节前的余额		9	5	2	9	7	0	0	0	调节前的余额		8	0	9	1	7	0	0	0
加：企业已收、银行未收的金额				5	0	0	0	0	0	加：银行已收、企业未收的金额		1	0	0	0	0	0	0	0
减：企业已付、银行未付的金额			5	0	0	0	0	0	0	减：银行已付、企业未付的金额				1	2	0	0	0	0
调节后的余额		9	0	7	9	7	0	0	0	调节后的余额		9	0	7	9	7	0	0	0

会　计：刘东来　　　出　纳：黄　洋

图2-24　银行存款余额调节表

子项目3：其他货币资金

其他货币资金是企业除库存现金、银行存款以外的其他货币性资产，包括第三方支付平台账户存款、银行本票存款、银行汇票存款、外埠存款、存出投资款、信用卡存款、信用证保证金存款、在途资金等。

【业务呈现1】

苏喜公司为方便与主要材料供应商的结算，经有关部门批准同意在江苏常熟开设临时存款账户。现电汇10万元人民币往临时存款账户，如图2-25所示。

中国工商银行信汇凭证（回　单）　1

签发日期　2021年2月5日　　　　第　　号

汇款人	全　称	福建苏喜服饰有限公司	收款人	全　称	福建苏喜服饰有限公司常熟办事处	此联是汇出行给汇款人的回单
	账　号或住址	350125966124756		账　号或住址	876508108640352	
	汇　入地　点	江苏省常熟市/县　汇入行名称：常熟工行向北营业点		汇　出地　点	福建省晋江市/县　汇出行名称：中国工商银行晋江支行	
金额	人民币（大写）	壹拾万元整		千百十万千百十元角分	¥10000000	
中国工商银行福建省分行 晋江支行 2021.2.5 转讫　汇出行盖章				支付密码 附加信息及用途：常熟办事处业务备用金 复核　记账		

图2-25　信汇凭证

【知识准备】

一、设置账户

企业应设“其他货币资金”账户核算除库存现金、银行存款以外的其他货币性资产。同时按其他货币资金的存放地点或用途开设明细账，进行明细核算。

二、账务处理

（1）银行存款转为银行本（汇）票存款时，应根据银行本（汇）票的申请书存根（见图2-26）编制记账凭证；银行存款转为信用卡存款、信用证保证金存款、外埠存款、在途资金、投资款时，应根据支票存根或信汇凭证等银行结算单据编制记账凭证。

借：其他货币资金（根据具体业务确定明细账户）
　　贷：银行存款

中国××银行晋江市分行签发本票

申请书（存根）

申请日期　　年　月　日　　　　第　　号

收款单位或个人名称＿＿＿＿＿＿　本票号码＿＿＿＿＿＿

本票金额（大写）＿＿＿＿＿＿＿＿＿＿＿＿

申请签发　　申请人名称＿＿＿＿＿＿

申请人地址（或账号）＿＿＿＿＿＿

申请人签章　　银行出纳　　复核　　记账　　验印

此联由申请个人留存，签发单位代记账凭证或

图2-26　本票申请书（存根）

（2）使用其他货币性资产时，根据审核无误的单据编制记账凭证。

借：相关账户（根据具体业务确定账户名称）
　　贷：其他货币资金（根据具体业务确定明细账户）

（3）企业收回或结清其他货币性资产时，根据审核无误的单据编制记账凭证。

借：银行存款
　　贷：其他货币资金（根据具体业务确定明细账户）

【业务处理1】

（1）审核原始凭证。（略）

（2）根据审核无误的原始凭证编制记账凭证（用“会计分录”代替）。

借：其他货币资金——外埠存款（江苏常熟）　　100 000.00
　　贷：银行存款　　100 000.00

(3) 根据审核无误的记账凭证或原始凭证，登记其他货币资金明细账和银行存款日记账，按账务处理程序的要求登记相关总账。(略)

【业务呈现 2】

苏喜服饰有限公司常熟办事处转来由临时存款账户开出的转账支票存根联，如图 2-27 所示；材料供应商所提供的增值税专用发票，如图 2-28 所示；运输部门承运单(运杂费由供应单位承担，不在此处展示)等单据。

中国工商银行

转账支票存根

BY/02 0053218

附加信息

出票日期 2021 年 3 月 10 日

收款人：江苏常熟国营棉纺一厂
金额：￥67 800.00
用途：支付所购材料价税款

单位主管：秀苏印喜 会计：刘东来

图 2-27 转账支票存根

江苏省增值税专用发票

发票联

开票代码：039 057102393
开票号码：0928351783
开票日期：2021 年 3 月 10 日
机器编号：320581095243
校 验 码：88315 88758 91283 32554

购买方
名 称：福建苏喜服饰有限公司
纳税人识别号：350582001393
地 址、电 话：晋江工业园区 0595-8320812
开户行及账号：晋江工行 350125966124756

密码区
11+6*+03193<-9-2>0-3905/
3*9>+12-1+1238>>08<6043?
?-9300←62-65>0/-136=988
…<1234>>>>2/3>>3><942%&

货物或应税劳务、服务名称	规格型号	单位	数量	单价	金额	税率	税额
锦棉布		码	3 000	.20.00	60 000.00	13%	7 800.00
合 计					￥60 000.00		￥7 800.00
价税合计（大写）	※陆万柒仟捌佰元整				（小写）￥67 800.00		

销售方
名 称：江苏常熟国营棉纺一厂
纳税人识别号：350581756375103
地 址、电 话：常悉市香港路 18 幢 8 号 96857055
开户行及账号：常悉工行香港路营业处 390518308490532

备注：江苏常熟国营棉纺一厂 390518308490532 发票专用章

第三联 发票联 购货方记账凭证

收款人： 复核： 开票人：刘文儒 销货方：（章）

图 2-28 增值税专用发票

【业务处理 2】

(1) 审核原始凭证。(略)

(2) 根据审核无误的原始凭证编制记账凭证(用“会计分录”代替)。

借：在途物资——锦棉布	60 000.00
应交税费——应交增值税(进项税额)	7 800.00
贷：其他货币资金——外埠存款(江苏常熟)	67 800.00

(3) 根据审核无误的记账凭证或原始凭证，登记其他货币资金明细账和相关账户的明细账，按账务处理程序的要求登记有关账户的总账。(略)

初试身手

如果撤销江苏常熟临时存款账户，并将账户内剩余款项 32 200 元汇回企业的基本存款账户，有关单据审核无误，请进行相应账务处理。

知识拓展

货币性资产是指企业持有的货币资金和将以固定或可确定的金额收取的资产。包括货币资金、应收账款和应收票据、其他应收款、准备持有至到期的债券投资等。

子项目 4：第三方支付平台结算业务

【业务呈现 1】

2021 年 5 月 8 日，福建著成服饰股份有限公司淘宝网店正式开业，当日向广东深光电子厂销售 T 恤 500 件，单价 T 恤含税价 29.38 元。并通过支付宝平台进行货款结算。

【知识准备】

在电子商务中，网上交易的双方互不认识，卖方不愿先发货，担心发货后收不到款；买方不愿先付款，担心付款后收不到货或者收到的货质量低劣、短斤少两。不解决买卖双方的心结，网上交易就无法进行。第三方支付平台就在这种大背景下顺势而生。

所谓第三方支付平台是指由信誉度高、实力强的第三方企业建立的独立于银行的第三方交易支付机构，是在银行直接支付环节中增加的一个中介平台。

一、第三方支付平台结算业务流程

第三方支付平台是为买卖双方设立中间过渡账户，充当中介角色，通过支付托管实现支付保证，让买卖双方的支付结算活动更安全、更有效，从而促进了我国电子商务的繁荣发展。

选择第三方支付平台进行商品交易，首先要在第三方支付平台开通账户，日常交易结算业务流程如图 2-29 所示。

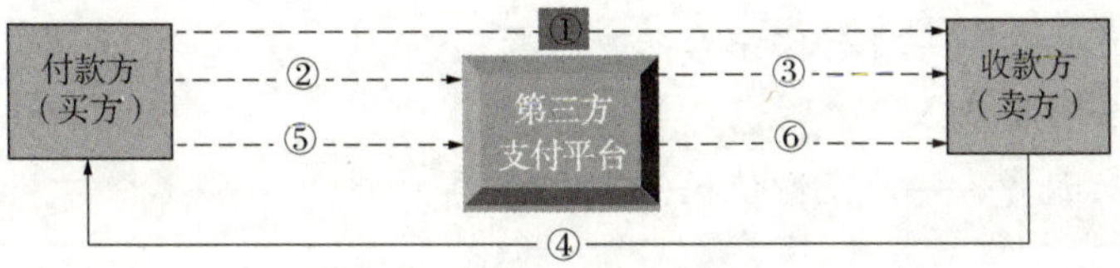

图 2-29

（1）买方（付款方）在网上选购商品并下订单。

（2）买方（付款方）支付货款，存入第三方支付平台。

（3）第三方支付平台收到货款并通知卖方（收款方）发货。

（4）卖方（收款方）发货。

（5）买方（付款方）收到货后，向第三方支付平台发出“确认收货”的指令。

（6）第三方支付平台划转货款给卖方（收款方）。

二、第三方支付平台结算业务的账务处理

（1）企业通过网上银行，将存款从银行账户转入第三方支付平台账户，应根据网上银行电子回执编制记账凭证（用会计分录代替）。

借：其他货币资金——第三方支付平台账户存款
　　贷：银行存款

提示：企业将第三方支付平台的账户余额转回银行账户，则编制相反的会计分录。

出纳根据所编制的记账凭证登记“银行存款日记账”。

（2）企业在电商平台进行商品采购，当确认收货时，根据收货单、增值税专用发票以及电商平台打印的支付凭证编制记账凭证（用会计分录代替）。

借：原材料/库存商品（或其他相关科目）
　　应交税费——应交增值税（进项税额）
　　贷：其他货币资金——第三方支付平台账户存款

（3）企业在电商平台销售商品，当发出商品，确认销售时，根据增值税专用发票以及电商平台打印的收款凭证或交易记录编制记账凭证（用会计分录代替）。

借：其他货币资金——第三方支付平台账户存款
　　贷：主营业务收入
　　　　应交税费——应交增值税（销项税额）

【业务处理1】

5月8日，福建著成服饰会计人员，根据增值税专用发票(见图2-30)和电商平台打印的交易记录(略)，编制记账凭证。

借：其他货币资金——支付宝平台账户存款	14 690.00
贷：主营业务收入	13 000.00
应交税费——应交增值税(销项税额)	1 690.00

福建省增值税专用发票

此联不作报销、扣税凭证使用

机器编号：352006015627

开票代码：0423005100252
开票号码：07192358336
开票日期：2021年5月8日
校 验 码：91825 99658 14958 83543

购买方	名　　称：广东深光电子厂 纳税人识别号：44030 32258 12679 255 地址、电话：深圳市香港路97号　0755—7015812 开户行及账号：建行深圳宝安支行1052 3333 6666 8888	密码区	*6*+32130<-1+3>0-3905/*8 7*3->+513+1209>>A8</4993 9+3001←29-56>0/+369=909 +8<014>>>2+/3>>5><472000

货物或应税劳务、服务名称	规格型号	单位	数量	单价	金　额	税率	税　额
*服装*T恤		件	500	26.00	13 000.00	13%	1 690.00
合　　计					¥13 000.00		¥1 690.00
价税合计（大写）	※壹万肆仟陆佰玖拾元整				（小写）¥14 690.00		

销售方	名　　称：福建著成服饰股份有限公司 纳税人识别号：91350 58200 13356 789 地 址、电 话：晋江工业园区　0595—8320812 开户行及账号：中国农业银行晋江支行6381 0072 5844 0513	备注	福建著成服饰有限公司 350582001393 发票专用章

第一联：记账联　销售方记账凭证

收款人：　　复核：　　开票人：曾 林　　销货方：（章）

图2-30　增值税专用发票

出纳根据所编制的记账凭证登记“其他货币资金明细账”。

【业务呈现2】

2021年5月11日，广东深光电子厂确认收货，支付宝账户平台将货款转到公司银行存款基本账户。

【业务处理2】

著成服饰财务会计人员，根据“中国农业银行网上银行电子回单”(见图2-31)编制记账凭证。

电子回单详情

中国农业银行 AGRICULTURAL BANK OF CHINA

网上银行电子回单

回单编号：04696038450807014599					第1次打印
付款方	账号	支付宝（中国）网络技术有限公司	收款方	账号	福建著成服饰股份有限公司
	户名	326152938		户名	63810072 58440513
	开户行			开户行	中国农业银行晋江支行
金额（小写）		14690.00	金额（大写）		壹万肆仟陆佰玖拾元整
币种		人民币	交易渠道		EBNK
摘要		转账取款	凭证号		65130104050016047
交易时间		2021-5-11　15.40.33	会计日期		20200511
附言		淘宝网店销售款			中国农业银行股份有限公司 回单专用章

打印日期:2020-05-11

图 2-31　网上银行电子回单

借：银行存款　　14 690.00

　　贷：其他货币资金——支付宝平台账户存款　　14 690.00

出纳根据所编制的记账凭证登记“银行存款日记账”和“其他货币资金明细账”。

项目三　应收及预付款项

知识目标：熟悉应收及预付款项各具体项目的核算程序、核算方法及坏账确认条件。

能力目标：能正确计算应收及预付款项各具体项目的有关金额并进行账务处理。

思政目标：在核算与监督应收及预付款项业务中能诚实守信、坚持准则、强化服务。

应收及预付款项是企业在日常生产经营过程中发生的各项短期债权，包括应收账款、应收票据、其他应收款、预付账款等。

子项目 1：应收账款

【业务呈现 1】

如图 3-1～图 3-4 所示。

福建省增值税专用发票

此联不作报销、扣税凭证使用

开票代码：042 005100234

开票号码：9891823050

开票日期：2021 年 12 月 8 日

机器编号：350005015612

校 验 码：58115 99658 14958 83524

购买方	名　　称：厦门海西商业城 纳税人识别号：350582003137 地 址、电 话：厦门飞翔路 18 号 8520812 开户行及账号：翔安工行 350256912347651	密码区	1*6*+03193<-9-2>0-3905/* 27*->+2-1+1128>0>8<6/493 2-3900←62-65>0/-136=999 +08<14>>>>2/3>>3><942011

货物或应税劳务、服务名称	规格型号	单位	数量	单价	金额	税率	税额
夹克衫		件	2 000	99.00	198 000.00	13%	25 740.00
合　计					￥198 000.00		￥25 740.00
价税合计（大写）	※贰拾贰万叁仟柒佰肆拾元整				（小写）￥223 740.00		

销售方	名　　称：福建苏喜服饰有限公司 纳税人识别号：350582001393 地 址、电 话：晋江工业园区 0595-8320812 开户行及账号：晋江工行英林分理处 350125966124756	备注	福建苏喜服饰有限公司 320723604980312 发票专用章

第一联：记账联　销货方记账凭证

收款人：　　复核：　　开票人：林美艺　　销货方：（章）

图 3-1　增值税专用发票

代垫费用清单（存根）①　　No. 141208

日期：2021 年 12 月 8 日

单位名称	厦门海西商城	费用项目	运杂费　（从晋江至厦门商城）
金　　额	壹仟零玖拾元整　　￥1090.00	附送单据	2 张

单位：福建苏喜服饰有限公司　　复核：刘东来　　制单：黄 洋

图 3-2　代垫费用清单

中国工商银行

转账支票存根

B Y / 0 2　　0 0 5 9 0 4 3

附加信息

出票日期　2021 年 12 月 8 日

收款人：福建晋江海通物流公司
金额：￥1 090.00
用途：代垫含税运费

单位主管：秀苏印喜　　会计：刘东来

图 3-3　银行转账支票存根

中国工商银行异地托收承付结算凭证（回单）　　第　　号

委托日期　2021 年 12 月 8 日　　托收号码：

付款人	全　称	厦门海西商城	收款人	全　称	福建苏喜服饰有限公司									
	账号或地址	350256912347651		账　号	350125966124756									
	开户银行	厦门工行翔安分理处		开户银行	晋江工行英林分理处	行号	3225							
委托金额	人民币（大写）	贰拾贰万肆仟捌佰叁拾元整			千	百	十	万	千	百	十	元	角	分
						￥	2	2	4	8	3	0	0	0
附　　件		商品发运情况			合同名称号码									
附寄单证张数或册数	2 张	2021 年 12 月 8 日发运			0466									
备注：		款项收妥日期　年　月　日			收款人开户银行盖章　中国工商银行福建省分行 晋江支行 2021.12.8 转讫　月　日									

此联是收款单位开户银行给收款人的回单

图 3-4　银行托收承付结算凭证

【知识准备】

应收账款是企业在对外销售存货或者提供劳务过程中形成的应向购买方或者劳务接受方收取但尚未收到的款项。

一、设置账户

设置“应收账款”总账，该账户借方登记因销售商品或提供劳务而应向购买方收取的款项，贷方登记收到购买方支付的账款，余额表示尚未收回的账款。

同时在“应收账款”总账下按债务人设三栏式明细账，如图 3-5 所示。

明细账

科目 应收账款 户名 某公司

年		记账凭证		摘要	借方										核对号	贷方										借或贷	结余									
月	日	种类	号数		千	百	十	万	千	百	十	元	角	分		千	百	十	万	千	百	十	元	角	分		千	百	十	万	千	百	十	元	角	分

图 3-5 三栏式明细账

二、确定“应收账款”入账价值

应收账款的入账价值为发票上列明的各项金额，包括应收未收的销货款或劳务款、增值税销项税额以及代购货单位垫付的包装费、运杂费等。但合同另有约定的除外。

【业务处理 1】

（1）审核原始凭证(包含对入账金额的审核)。

应收账款的入账金额=销货款+应代收的增值税销项税额+各项代垫费用

本业务应收账款入账金额=198 000.00+25 740.00+1 090.00=224 830.00(元)

（2）编制记账凭证(用会计分录代替)。

借：应收账款——海峡商城　224 830.00

　　贷：主营业务收入——夹克衫　198 000.00

　　　　应交税费——应交增值税(销项税额)　25 740.00

　　　　银行存款　1 090.00

（3）根据审核无误的记账凭证或原始凭证，登记银行存款日记账、主营业务收入明细账、应交税费明细账和应收账款明细账，按账务处理程序的要求登记相关总账。(略)

【业务呈现 2】

2021 年 12 月 9 日，福建苏喜服饰有限公司销售夹克衫给福州海峡商业城。合同规定：

商品由购货方自提，货款由福州海峡商业城采用汇兑方式结算，销售方苏喜公司给予相应的商业折扣是“2/10、1/20、n/30”，如图 3-6 所示。

福建省增值税专用发票

此联不作报销、扣税凭证使用

机器编号：350005396108

开票代码：042 005100234

开票号码：9891823997

开票日期：2021 年 12 月 9 日

校 验 码：81105 66587 41988 93214

购买方	名　　称：福州市海峡商业城 纳税人识别号：350582003137 地 址、电 话：福州市东街 9 号 7205812 开户行及账号：建行 350125966124756	密码区	2*5*+03193<-9-2>0-3905/? 73*>++2-9+1128>0>8<6/933 -9009←62@5>00/-1-888=36 00+<4>3>2>1>2/33><444911

货物或应税劳务、服务名称	规格型号	单位	数量	单价	金　额	税率	税　额
夹克衫		件	2 000	199.00	398 000.00	13%	51 740.00
合　计					¥398 000.00		¥51 740.00
价税合计（大写）	※肆拾肆万玖仟柒佰肆拾元整				（小写）¥449 740.00		

销售方	名　　称：福建苏喜服饰有限公司 纳税人识别号：350582001393 地 址、电 话：晋江工业园区 0595-8320812 开户行及账号：晋江工行英林分理处 350125966124756	备注	福建苏喜服饰有限公司 320723604980312 发票专用章

收款人：　　复核：　　开票人：林美艺　　销货方：（章）

第一联：记账联　销货方记账凭证

图 3-6　增值税专用发票

【知识准备】

一、商业折扣

商业折扣(见图 3-7)是商品交易中最常见的促销手段。企业根据供求关系、目标客户或其他因素，在商品标价上给予一定的扣除。商业折扣一般在交易发生时就已确定，对应收账款的入账价值没有影响，交易双方均无需在账面上反映。如果发生商业折扣，企业应收账款的入账价值应根据扣除商业折扣后的实际销售额等事项加以确认。

图 3-7　森马服饰商业折扣广告

二、现金折扣

现金折扣通常发生在以赊销方式销售商品或者提供劳务的交易中。如果客户在折扣期内付款，供货方则在总价款上给予一定的优惠。现金折扣的信用条件通常用分数反映(如

图 3-8 所示)，分子代表折扣率，如果分子为英文字母 n，则代表无折扣。分母代表付款期限。

信用条件	含 义
2/10	自发票日期起，10 天内付款给予总价款 2%的折扣
1/20	自发票日期起，20 天内付款给予总价款 1%的折扣
n/30	自发票日期起，全部账单价款在 30 天内付清无折扣

图 3-8 现金折扣表现形式

对现金折扣的会计处理通常有两种方法，即总价法和净价法。我国目前的会计实务采用总价法。即应收账款以未减现金折扣前的实际发生额作为入账价值。实际发生的现金折扣，作为财务费用计入当期损益。

【业务处理 2】

(1) 审核原始凭证(包含对入账金额的审核)。

本业务应收账款的入账金额=398 000.00+51 740.00=449 740.00(元)

(2) 编制记账凭证(用“会计分录”代替)。

借：应收账款——海峡商城	449 740.00
贷：主营业务收入——夹克衫	398 000.00
应交税费——应交增值税(销项税额)	51 740.00

(3) 根据审核无误的记账凭证或原始凭证，登记应收账款、主营业务收入和应交税费明细账，按账务处理程序的要求登记相关总账。(略)

【业务呈现 3】

如图 3-9 所示。

中国工商银行电子汇兑贷方凭证（收款通知）

发报行	行号	03988	编制日期	2021.12.13	收报行	行号	28957	号码 6281
	行名	福州工商银行东街口营业部				行名	晋江工行	
收款单位	账号	350125966124756				收款行名称		
	名称	福建苏喜服饰有限公司				晋江英林分理处		
金额（大写）：肆拾肆万壹仟柒佰捌拾元整						¥441 780.00		
付款单位名称：福建海洋商业中心 （账号）、事由：支付购买夹克衫的货款和税款						业务种类	汇兑	
上列款项已代转账、如有错误，请持此联来行面洽。此致（开户业） （银行盖章） 年 月 日			上列款项已照收无误 证件名称 证件号码 （收款单位章）2021 年 12 月 13 日			科目（贷） 对方科目 记账 复核 核押 出纳		

此联代收款通知

（报告表号） （业务编号） 转账日期：

图 3-9 银行电子汇兑贷方凭证

【业务处理 3】

（1）审核原始凭证（包含对入账金额的审核）。

现金折扣：398 000.00×2%＝7960.00 元（信用条件：2/10、1/10、n/30）

扣除折扣后的货款＝398 000.00−7960.00＝390 040.00（元）

实收款项＝扣除折扣后的货款＋代收增值税款＝390 040.00＋51 740.00

（2）编制记账凭证（用“会计分录”代替）。

借：银行存款	441 780.00	
财务费用——现金折扣	7 960.00	
贷：应收账款——海峡商城		449 740.00

（3）根据审核无误的记账凭证或原始凭证，登记银行存款日记账、应收账款和财务费用的明细账，按账务处理程序的要求登记相关总账。（略）

初试身手

如果苏喜公司是在 2021 年 12 月 20 日或者 12 月 30 日收到福州海峡商城汇来的款项，其金额是多少，又应该如何进行账务处理？

知识拓展

销售折让是因出售商品的质量不符合要求或其他原因而在售价款上给购买方的减让，企业销售折让发生在确认收入之前，视同商业折扣；发生在确认收入之后，则冲减当期销售收入，当期销项税按规定允许抵扣的，还应冲减销项税额。

具体应编制会计分录如下：

借：主营业务收入（折让的销售金额）

　　贷：应交税费——应交增值税（销项税额）

　　　　应收账款（或银行存款）等科目

子项目 2：应收票据

企业在销售存货或者对外提供劳务时，采用商业汇票结算的，应当设置并通过“应收票据”账户进行核算。

【业务呈现 1】

2021 年 2 月 8 日，福建苏喜服饰有限公司销售新款男衬衫 10 箱 300 件给厦门海西商城并代垫了运费，同时收到厦门海西商城签发的为期三个月的商业承兑汇票一张，如图 3-10~图 3-13 所示。

福建省增值税专用发票

此联不作报销、扣税凭证使用

开票代码：042 005100234
开票号码：9931263353
开票日期：2021 年 2 月 8 日
校 验 码：20815 91683 43984 37213

机器编号：350009057632

购买方	名 称：厦门海西商业城 纳税人识别号：350582003137 地 址、电 话：厦门飞翔路 18 号 8520812 开户行及账号：翔安工行 350256912347651	密码区	0**0+03193<-9-2>0-3905/* 7*9->+2-1+1128>0>8<6/420 -30008←62-65>0/-136=990 0+1<14>0>>/31>>5><420110

货物或应税劳务、服务名称	规格型号	单位	数量	单价	金 额	税率	税 额
男衬衫		件	3 00	174.74	52 422.00	13%	6 814.86
合 计					¥52 422.00		¥6 814.86
价税合计（大写）	※伍万玖仟贰佰叁拾陆元捌角陆分				（小写）¥59 236.86		

销售方	名 称：福建苏喜服饰有限公司 纳税人识别号：350582001393 地 址、电 话：晋江工业园区 0595-8320812 开户行及账号：晋江工行英林分理处 350125966124756	备注	福建苏喜服饰有限公司 320723604960312 发票专用章

收款人： 复核： 开票人：林美艺 销货方：（章）

第一联：记账联 销货方记账凭证

图 3-10 增值税专用发票

中国工商银行

转账支票存根

BY 02 0539247

附加信息

出票日期 2021 年 2 月 8 日

收款人：福建晋江海通物流公司
金额：¥763.14
用途：代垫含税运费

单位主管：秀苏印喜 会计：刘东来

图 3-11 银行转账支票存根

代垫费用清单（存根）①

日期：2021 年 2 月 8 日 No. 110208

单位名称	厦门海西商城	费用项目	运杂费 （从晋江至厦门商城）
金 额	柒佰陆拾叁元壹角肆分 ¥763.14	附送单据	2 张

单位： 福建著成服饰有限公司 复核：刘东来 制单：黄洋

图 3-12 代垫费用清单

商业承兑汇票 2 $\frac{A}{0}\frac{A}{1}$ 5220020863

出票日期（大写）贰零贰壹年零贰月零捌日

付款人	全称	厦门海西商城	收款人	全称	福建苏喜服饰有限公司
	账号	350256912347651		账号	350125966124756
	开户银行	厦门翔安工商银行		开户银行	晋江工商银行英林分理处
出票金额	人民币（大写）[redacted]		千百十万千百十元角分	￥6000000	
汇票到期日（大写）	贰零贰壹年伍月零捌日		付款人开户行	行号	3275
交易合同号码	0003521998			行址	厦门市翔安区飞翔路9—11号
厦门海西商城 财务专用章 出票人盖章			备注：		

此联收款行随托收凭证寄付款行作借方凭证附件

图 3-13 商业承兑汇票

【知识准备】

一、登记“应收票据备查账簿”

收到商业汇票后，在到期前应妥善保管，并在应收票据备查账簿上登记，备查账簿格式如图 3-14 所示。

应收票据备查账簿

票据种类： 第 页

年		凭证号	摘要	交易合同号	票据基本情况					承兑人及单位名称	背书人及单位名称	贴现			承兑		转让			
月	日				票据号码	签发日期	到期日期	票面金额	票面利率			日期	利率	净额	日期	金额	日期	受理单位	票面金额	实收金额

图 3-14 应收票据备查账簿

二、不带息票据账务处理

（1）发出商品，收到商业汇票，销售方根据审核无误的单据编制记账凭证：

借：应收票据（面值）——某公司

　　贷：主营业务收入（或其他业务收入）

　　　　应交税费——应交增值税（销项税额）

（2）商业汇票到期前的第 10 天，持商业汇票到银行办理委托收款手续并取回第一联，待银行从对方收到款项后，根据银行转来的收款通知联编制记账凭证：

借：银行存款
　　贷：应收票据（面值）——某公司

（3）商业汇票到期，对方无力付款，将票据款项转为应收账款：

借：应收账款——某公司
　　贷：应收票据（面值）——某公司

三、带息票据账务处理

（1）发出商品，收到商业汇票，销售方根据审核无误的单据编制记账凭证：

借：应收票据（面值）——某公司
　　贷：主营业务收入（或其他业务收入）
　　　　应交税费——应交增值税（销项税额）

（2）期末，对未到期带息票据提取利息：

［利息＝面值×应提取的月（天）数×票面年利率÷12（360）］

借：应收票据——某公司
　　贷：财务费用

（3）商业汇票到期收到款项，根据银行转来的收款通知联编制记账凭证：

借：银行存款
　　贷：财务费用【差额】
　　　　应收票据【账面余额（面值+已提利息）】——某公司

【业务处理1】

（1）审核原始凭证（包含对入账金额的审核）。

（2）编制记账凭证（用"会计分录"代替）。

借：应收票据——某公司	60 000.00
贷：主营业务收入——男衬衫	52 422.00
应交税费——应交增值税（销项税额）	6 814.86
银行存款	763.14

（3）根据审核无误的记账凭证或原始凭证，登记银行存款日记账、主营业务收入、应收票据、应交税费的明细账，按账务处理程序的要求登记相关总账。（略）

（4）妥善保管商业汇票，并在应收票据备查簿上进行登记。

初试身手

2021年5月8日，苏喜公司填一张进账单，连同商业汇票一并提交银行，票据款及时入账，请进行相应的账务处理。（可在老师的指导下完成）

【业务呈现 2】

2020 年 4 月 7 日，苏喜公司将商业承兑汇票（见图 3-13）提交银行进行贴现，贴现凭证如图 3-15 所示。

票据贴现凭证（收账通知） 4

填写日期 2021 年 4 月 7 日　　　　第　　号

申请人	全　称	福建苏喜服饰有限公司	贴现汇	种类及号码	商业承兑汇票
	账　号	350125966124756		发票日	2021 年 2 月 8 日
	开户银行	晋江工行英林分理处		到期日	2021 年 5 月 8 日
汇票承兑人	厦门海西商城	账号	350256912347651	开户银行	厦门翔安工行

		千	百	十	万	千	百	十	元	角	分
汇票金额	人民币（大写）[redacted]			¥	6	0	0	0	0	0	0
年贴现率	6%										
贴现利息	300.00										
实付金额				¥	5	9	7	0	0	0	0

上述款项已入你单位账户。 此致 银行盖章 2021 年 4 月 7 日 （印章：中国工商银行福建省分行 晋江支行 2021.4.7 转讫）	备注：

图 3-15　贴现凭证

【知识准备】

一、贴现的含义

所谓贴现就是企业将未到期的票据转让给商业银行，银行将票据到期值扣除贴现息后的净额支付给企业。

二、贴现的计算

贴现的计算

（1）票据的到期值 $\begin{cases}\text{不带息票据=票面金额}\\ \text{带息票据=票面金额+票面利息}\end{cases}$

（2）贴现天数=票据到期日−贴现日（注意：算头不算尾）

（3）贴现利息=票据到期值×贴现天数（月数）×年贴现率÷360（12）

（4）贴现净额（银行实付金额）=票据到期值−贴现利息

三、贴现的账务处理

企业票据贴现后，根据审核无误的有关单据编制记账凭证。

（1）银行承兑汇票贴现，银行无追索权，因此收到贴现金额时，编制如下会计分录：

借：银行存款【银行实付的贴现净额】
　　财务费用【差额，根据具体业务判断借贷方向】
　　贷：应收票据【账面余额】

（2）商业承兑汇票贴现，银行有追索权，因此收到贴现金额时，编制如下会计分录。

① 收到贴现金额：

借：银行存款【银行实付的贴现净额】
　　财务费用【差额，根据具体业务判断借贷方向】
　　贷：短期借款【账面余额】

② 商业承兑汇票到期，对方按时支付票款：

借：短期借款
　　贷：应收票据【账面余额】

③ 商业承兑汇票到期，对方未支付票款，由企业归还银行贴现款项：

借：短期借款
　　贷：银行存款

同时：

借：应收账款——某公司
　　贷：应收票据【账面余额】

【业务处理 2】

（1）审核算原始凭证(包含对入账金额的审核)。

（2）编制记账凭证(用“会计分录”代替)。

借：银行存款	59 700.00
财务费用	300.00
贷：短期借款	60 000.00

（3）根据审核无误的记账凭证或原始凭证，登记银行存款日记账、财务费用和短期借款的明细账，按账务处理程序的要求登记相关总账。(略)

（4）专人负责登记“应收票据备查簿”。

子项目 3：预付账款

预付账款是采购方在商品交易中，按照合同约定，预先支付给销售方全部或部分的货款。

【业务呈现】

如图 3-16、图 3-17 所示。

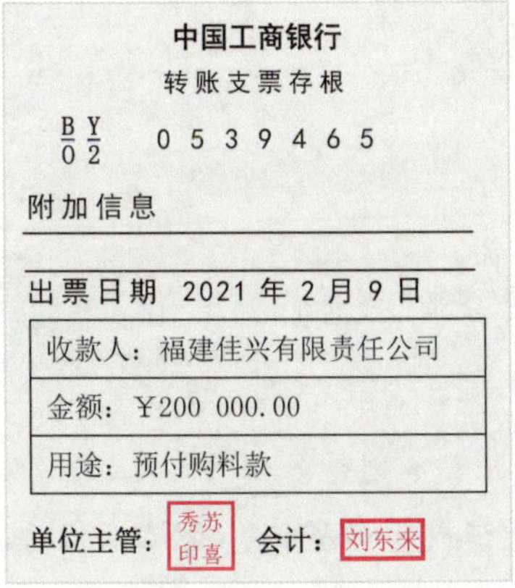
中国工商银行

转账支票存根

$\frac{BY}{02}$　0 5 3 9 4 6 5

附加信息

出票日期　2021 年 2 月 9 日

收款人：福建佳兴有限责任公司
金额：¥200 000.00
用途：预付购料款

单位主管：秀苏印喜　会计：刘东来

图 3-16　银行转账支票存根

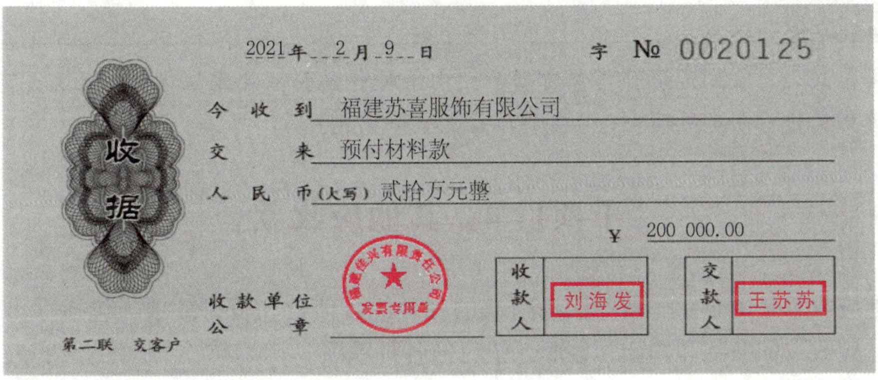
收据

2021 年 2 月 9 日　　字 № 0020125

今收到 福建苏喜服饰有限公司

交来 预付材料款

人民币（大写）贰拾万元整

¥ 200 000.00

收款单位公章：福建佳兴有限责任公司 发票专用章

收款人：刘海发　交款人：王苏苏

第二联　交客户

图 3-17　收据

【知识准备】

如果预付账款不多，可以并在“应付账款”账户中核算；如果经常发生预付账款，应单设置“预付账款”总账，并按供货单位设置明细账，进行明细核算。

（1）企业采用预付款项购买商品或劳务，事前预付或到货后补付货款，均应编制如下分录：

借：预付账款——某某公司

　　贷：银行存款

（2）采用预付账方式购买的存货验收入库，应编制如下会计分录：

借：库存商品（或原材料）

　　应交税费——应交增值税（进项税额）

　　贷：预付账款——某某公司

（3）供应商收到预付款后无法供货或所供货款低于预付款，则采购方收到供应商退回的款项，应编制如下会计分录：

借：银行存款

　　贷：预付账款——某某公司

【业务处理】

（1）审核算原始凭证。

（2）编制记账凭证(用“会计分录”代替)。

借：预付账款——佳兴公司　　200 000. 00

　　贷：银行存款　　200 000. 00

（3）根据审核无误的记账凭证或原始凭证，登记银行存款日记账、预付账款明细账，按账务处理程序的要求登记相关总账。(略)

初试身手

如果佳兴公司收到苏喜公司预付款后，由于种种原因，既无法供货也无力退款，苏喜公司应该如何进行账务处理？(可在老师的指导下完成)

子项目 4：其他应收款

其他应收款是由企业非营业活动引起的各种应收债权和暂付款项。包括存出保证金、备用金、应收取的赔款和罚金、替职工垫付的各种款项。

【业务呈现】

如图 3-18、图 3-19 所示。

苏喜公司内部付款凭证　　NO 20207961

2021 年1月 3 日

领 款 人	石狮办事处	付出性质		内部往来							第三联财务
款项内容	定额备用金										
人 民 币（大 写）	壹拾万元整		十	万	千	百	十	元	角	分	
			1	0	0	0	0	0	0	0	
审批人：苏喜秀印	会计：(盖 章) 刘东来	出纳：(盖 章) 黄 洋	备注：								

图 3-18　公司内部付款凭证

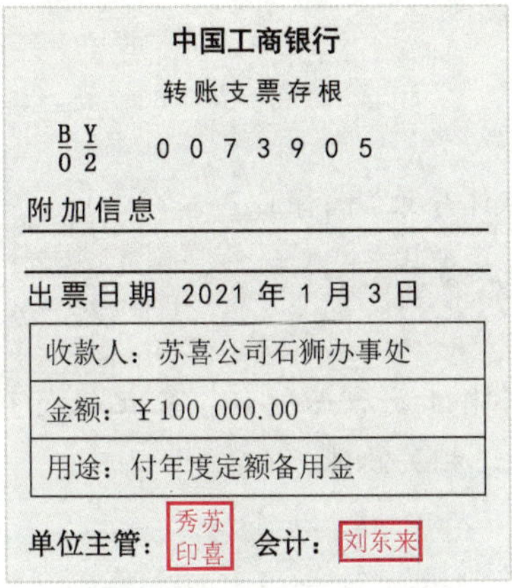
中国工商银行

转账支票存根

BY 02　0073905

附加信息

出票日期　2021 年 1 月 3 日

收款人：苏喜公司石狮办事处
金额：￥100 000.00
用途：付年度定额备用金

单位主管：秀苏印喜　会计：刘东来

图 3-19　银行转账支票存根

【知识准备】

一、备用金的含义

备用金是企业为内部各单位或个人准备的货币资金，以满足这些部门或个人日常零星开支或出差等业务的需要，备用金分为一次报销制和定额备用制。

二、备用金的核算

备用金是其他应收款的一种，所以也通过“其他应收款”账户进行总分类核算，并按应收单位或个人设置相应的明细账，进行明细分类核算。

（1）企业某内部单位或职员按规定预借备用金：

借：其他应收款——某内部单位或某职员
　　贷：库存现金（或银行存款）

（2）企业某内部单位或职员使用备用金支付后前来报销，应编制如下会计分录：

① 一次性备用金的报销（也就是收回备用金）：

借：相关科目
　　库存现金或银行存款【根据具体业务判断借贷方向】
　　贷：其他应收款——某内部单位或某职员

② 定额备用金的日常报销（报销的同时补足备用金）：

借：相关科目
　　贷：库存现金或银行存款

（3）收回定额备用金：

借：库存现金或银行存款
　　贷：其他应收款——某内部单位或某职员

【业务处理】

(1) 审核算原始凭证。

(2) 编制记账凭证(用"会计分录"代替)。

借：其他应收款——石狮办事处　　100 000.00

　　贷：银行存款　　100 000.00

(3) 根据审核无误的记账凭证或原始凭证，登记银行存款日记账、其他应收款明细账，按账务处理程序的要求登记相关总账。(略)

初试身手

2021 年 1 月 31 日，石狮办事处出纳到总部报销当月各项办公费 98 560 元，总部财务人员审核无误后以转账支票补足定额，请进行应相的账务处理。

如果 2022 年 2 月底，总部撤销石狮办事处，办事处报销当月各项办公费用 85 000 元后，转账退回剩余备用金 15 000 元，请进行相应的账务处理。

知识拓展

《小企业会计准则》规定：小企业发生备用金业务可单独设置"备用金"科目进行会计核算，未单独设该科目的，应当设置"其他货币资金"科目进行会计核算。

【范例 1】小企业海发公司对预支差旅费采用定额备用金制度，每年每位采购员差旅费定额备用金 1 万元。2021 年 1 月 3 日，海发公司将 A 采购员的本年度的差旅费定额备用金 1 万元转入由 A 采购员持卡的单位信用卡内。(公司对定额备用金，设置其他货币资金账户进行会计核算)

借：其他货币资金——A 信用卡　　10 000.00

　　贷：银行存款　　10 000.00

【范例 2】海发公司采购员 A 的差旅费通过信用卡消费，2021 年 1 月 31 日，A 持有关原始凭证，到财务部报销本月差旅费 7980 元，财务人员审核无误后，将定额备用金差额转入其信用卡内。

借：管理费用——差旅费　　7 980.00

　　贷：银行存款　　7 980.00

子项目 5：坏　　账

坏账是指企业无法收回或收回可能性很小的应收及预付款项，企业因发生坏账而造成的损失称为坏账损失，坏账损失是信用减值损失的一种。

【业务呈现1】

如图3-20所示。

苏喜公司坏账准备提取表

2020年12月31日　　　　提取比例：2%

本年应提取或冲销的坏账准备金额①	应收账款年末余额②	应收账款年初余额③	本年确认的坏账金额④	确认为坏账又在本年收回的金额⑤
60 000	3 000 000	1 000 000	20 000	0
备　　注	①＝（②－③）×2%＋④－⑤			

审核：刘东来　　　　制表：张思思

图3-20　公司坏账准备提取表

【知识准备】

一、应收账款预期信用损失的确认

对于一年以内或一年以上的非融资性质形成的应收账款，以及分期收款销售形成的长期应收款等，企业在每个资产负债表日，应当采用简易方法计量其自初始确认起整个预计存续期的预期信用损失金额。

下面介绍三种应收账款预期信用损失的评估方法：

（1）账龄分析法：按账龄的长短估计应收账款的坏账损失并确定应提的准备金额。

（2）销货百分比法：按赊销的百分比估计应收账款的坏账损失并确定应提的准备金额。

（3）应收账款余额百分比法：按年末应收账款余额的一定比例来估计应收账款的坏账损失并确认应提的准备金额。（本教材主要介绍“应收账款余额百分比法”）

二、坏账准备的计提

企业在每个资产负债表日，应当估计应收账款预期信用损失，确定应提的准备金额，建立坏账准备金，待坏账实际发生时，冲销已提的坏账准备金和相应的应收账款。

采用“应收账款余额百分比法”，资产负债表日应提取或应冲销的坏账准备金的计算公式如下：

本年应提（冲销）的坏账准备金额 = 坏账准备年末余额 − 坏账准备年初余额 + 本期确认为坏账的金额 − 确认为坏账又收回金额

其中：坏账准备年末（初）余额＝应收账款年末（初）余额×规定的计提比例

计算结果若是正数，为本年应补提的坏账准备金额，应进行如下账务处理：

借：信用减值损失——坏账损失

　　贷：坏账准备

计算结果若是负数，为本年应冲销的坏账准备金额，应进行如下账务处理：

借：坏账准备

　　贷：信用减值损失——坏账损失

【业务处理1】

（1）审核原始凭证(也就是审核图3-20)。

项目②应收账款年初余额以及项目③应收账款的年末余额，应与应收账款总账2019年的年初数及年末数相核对，以确保数据正确。

本年确认坏账20 000元，所以项目④的金额20 000元。

本年没有收回当年及以前年度确认的坏账，所以项目⑤的金额为零。

经计算，2019年应提取的坏账准备金额为60 000元。

附：计算过程(3 000 000-1 000 000)×2%+20 000-0=60 000(元)

（2）编制记账凭证(用“会计分录”代替)：

借：信用减值损失——坏账损失	60 000.00	
贷：坏账准备		60 000.00

（3）根据审核无误的记账凭证或原始凭证，登记信用减值损失和坏账准备的明细账，按账务处理程序的要求登记相关总账。(略)

【业务呈现2】

坏账损失确认通知见图3-21。

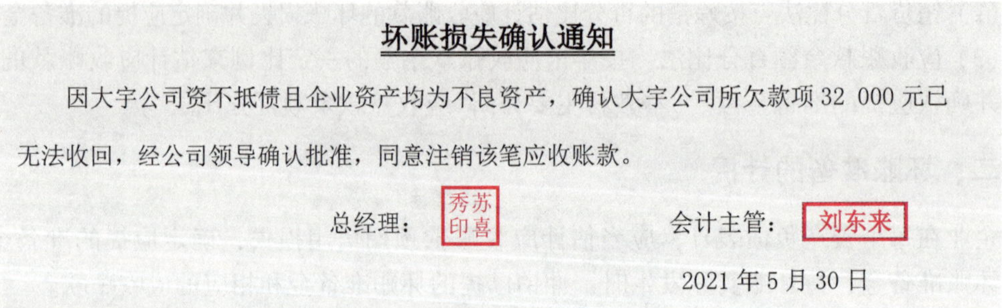
坏账损失确认通知

因大宇公司资不抵债且企业资产均为不良资产，确认大宇公司所欠款项32 000元已无法收回，经公司领导确认批准，同意注销该笔应收账款。

总经理：苏喜秀印　　　　会计主管：刘东来

2021年5月30日

图3-21　坏账损失确认通知

【知识准备】

三、坏账及信用损失的确认

企业应收账款以及分期收款销售形成的长期应收款，满足下列情况中的任意一种，就应当确认为坏账，并计算造成的信用损失。

（1）债务人破产，用其剩余资产偿还后仍不能收回的；

（2）债务人死亡，用其遗产偿还后仍不能收回的；

（3）债务人逾期三年尚未归还，并有证据表明回收可能性极小的应收款项。

企业对已经发生的坏账，应进行如下的账务处理：

借：坏账准备

　　贷：应收账款——某某公司

【业务处理 2】

（1）审核原始凭证。（略）

（2）编制记账凭证（用“会计分录”代替）。

借：坏账准备	32 000.00
贷：应收账款——大宇公司	32 000.00

（3）按账务处理程序的要求登记相关总账。（略）

【业务呈现 3】

2021 年 9 月，北福股份有限公司资产重组成功，新股东通过汇兑结算方式归还北华集团所欠本公司账款 20 000 元。该笔账款已在 2018 年确认为坏账（图 3-22）。

中国工商银行电子汇兑贷方凭证（收款通知）

发报行	行号	03988	编制日期	2021.9.18	收报行	行号	28957	号码	2981
	行名	福州工商银行东街口营业部				行名	晋江工行		
收款单位	账号	350125966124756			收款行名称				
	名称	福建苏喜服饰有限公司			晋江英林分理处				
金额（大写）：贰万元整				￥20 000.00					
付款单位名称：北福股份有限公司 （账号）、事由：归还前欠账款					业务种类	汇兑			
上列款项已代转账、如有错误，请持此联来行面洽，此致（开户业） 中国工商银行福建省分行 晋江支行 2021.9.18 转讫 （银行盖章） 年 月 日			上列款项已照收无误 证件名称 证件号码 福建苏喜服饰有限公司 320723604980312 发票专用章 （收款单位章）2021 年 9 月 18 日				科目（贷） 对方科目 记账 复核 核押 出纳		

此联代收款通知

（报告表号）　　（业务编号）　　转账日期：

图 3-22 电子汇兑贷方凭证

【知识准备】

对以前年度被确认为坏账现在又收回的应收款项，应进行如下的账务处理：

（1）收到已经确认为坏账的应收款项：

借：银行存款
　　贷：应收账款——某某公司

（2）冲减之前将该笔应收款项确认为坏账的业务：

借：应收账款——某某公司
　　贷：坏账准备

【业务处理3】

（1）审核原始凭证。（略）
（2）编制记账凭证（用"会计分录"代替）。
① 收到已经确认为坏账的应收款项：

借：银行存款	20 000.00	
贷：应收账款——某某公司		20 000.00

② 冲减之前将该笔应收款项确认为坏账的业务

借：应收账款——某某公司	20 000.00	
贷：坏账准备		20 000.00

（3）根据审核无误的记账凭证或原始凭证，登记坏账准备和应收账款的明细账，按账务处理程序的要求登记相关总账。（略）

初试身手

2021年12月31日，苏喜公司确认应收账款期末余额为4百万元，请结合子项目5所有业务，编制该公司2021年坏账准备提取表，并进行相应的账务处理。

知识拓展

《小企业会计准则》规定：小企业没发生坏账就不提坏账准备，实际发生坏账时借记"营业外支出"，贷记"应收账款"等科目；如果确认为坏账的应收款项又收回，则按实际收到数额，借记"银行存款"，贷记"营业外收入"。

【范例1】小企业海发公司的产品经销商通达公司已破产，该公司于2019年3月欠本公司的销货款1 800元已无法收回，经领导同意，确认为坏账，根据审核无误的原始凭证"坏账损失确认通知"编制记账凭证。

借：营业外支出	1 800.00	
贷：应收账款——通达公司		1 800.00

【**范例 2**】小企业海发公司 2018 年确认为坏账的预付款项 1 200 元于今日收回，请根据审核无误的银行进账单及有关原始凭证编制记账凭证。

借：银行存款　　1 200.00
　贷：营业外收入　　1 200.00

项目四　存　　货

知识目标：熟悉存货的含义、确认条件等基本理论，掌握存货计价及清查的方法。

能力目标：正确计算存货的收发成本，并熟练掌握全部存货业务的账务处理。

思政目标：依法强化对存货业务的核算与监督，提高存货利用率，建立节约型企业。

存货是企业重要的流动资产，也是企业生产经营正常进行的物资保证，存货的成本既直接影响企业的生产经营成本，也间接关系到企业的营业利润和所得税费用。

子项目 1：存货基本理论

【业务呈现】

下列为某食品企业的部分存货实物图片（详见图 4-1），请指出每一图片所展示的实物，按经济内容分，属于存货中的哪一类，并分析一下企业的存货有哪些特点？

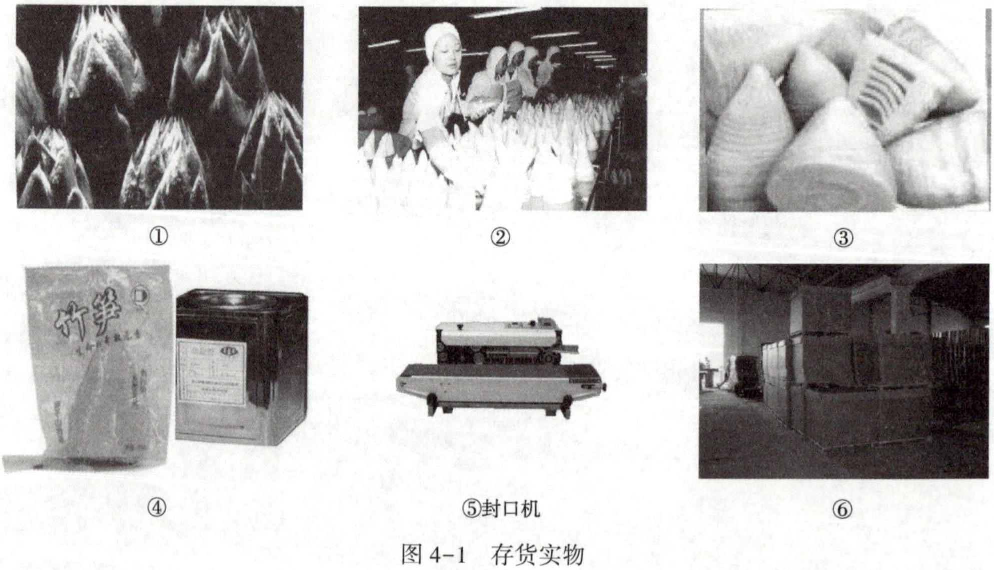

①　②　③

④　⑤封口机　⑥

图 4-1　存货实物

【知识准备】

一、存货的含义及确认条件

1. 存货的含义

存货是指企业在日常活动中持有以备出售的产成品或商品，处在生产过程中的在产品、在生产过程或提供劳务过程中耗用的材料和物料等。

2. 存货的确认

某项货物是否为本企业的存货，除了符合存货的定义外，还应同时满足下列两个条件，才能予以确认。

(1) 存货包括的该项经济利益很可能流入企业。

首先企业对该项货物应拥有所有权，所有权不属于企业的货物，即使存放在企业里也不能作为企业的存货，如受托加工来料，应列作企业的代管物资。

其次该项货物的质量符合要求，可以被出售或使用，能给企业带来经济利益。如果货物已损坏，不能出售或使用，即使已确认为存货，也应从企业存货中转出。

(2) 存货的成本能够可靠地计量。

二、存货的分类

(1) 存货按存放地点分为库存存货、委托加工存货、在途存货。

(2) 存货按其经济内容可分为原材料、在产品、自制半成品、产成品、包装物、低值易耗品、外购商品等。

三、存货的盘存制度

存货数量需要盘存确定，目前存货数量盘存制度主要有永续盘存制和实地盘存制两种。

1. 实地盘存制

所谓实地盘存制是指企业的存货明细账，平时只登记存货收入的数量和金额，不计发出数量，期末通过实地盘点确定存货结存数量，然后倒挤出本期发出存货的数量，乘以单价，求得本期发出存货金额的一种方法。其计算公式如下：

$$\text{本期发出存货金额}=\left(\text{期初库存存货数量}+\text{本期入库存货数量}-\text{期末结存存货数量}\right)\times\text{存货单价}$$

实地盘存制可能使存货由各种差错引起的短少以及非正常损失全部挤入销售或耗用的成本中，从而掩盖了存货管理中存在的问题。

对单价不高、自然损耗较大、数量不稳定的存货，如商业零售企业的鲜活商品、施工企业的粗沙、碎石等均可采用实地盘存制。

2. 永续盘存制(也称账面盘存制)

永续盘存制是指企业平时在存货明细账中既登记收入存货的数量和金额，也登记发出存货的数量和金额，并随时结出结存存货的数量和金额的一种方法。其计算公式如下：

$$\text{期末结存存货数额} = \text{期初库存存货数额} + \text{本期入库存货数额} - \text{本期发出存货数额}$$

永续盘存制对存货的管理较为规范、科学，不容易出现问题，即使出现了问题也容易被发现，并及时得到处理。所以绝大多数企业，或者企业里的绝大多数存货都采用永续盘存制。

【业务处理】

①—原材料　②—在产品

③—自制半成品　④—库存商品(或产成品)

⑤—低值易耗品　⑥—包装物

存货是企业重要的流动资产，和企业其他类型资产相比，有如下特点：

(1) 相对无形资产，存货有实物形态。

(2) 相对长期资产，存货有较强的流动性。

(3) 存货变现能力不如货币资产，并有发生损失的可能性。

(4) 持有存货的目的是为了出售或耗用，耗用的结果也是形成新的存货以供出售，如原材料、包装物、低值易耗品被耗用后，它们的价值一次或分次转移到可供出售产品的身上，有的其实体也构成了可供出售产品的一部分。

子项目 2：存货收发的计价方法

【业务呈现】

福建省苏喜服饰有限公司根据有关原始单据，对 2021 年 9 月份"材料——PU 革"的初期结存及本月进出仓情况进行汇总，如表 4-1 所示。请分别采用个别计价法、先进先出法、加权平均法计算本月发出 PU 革的单价、金额，月末结存 PU 革的数量、单价、金额，并根据有关会计凭证，登记到 PU 革的"物资明细账"中。

表 4-1　公司材料进出仓情况汇总

时　间	摘　要	数量(米)	单　价	金　额	备　注
9 月 01 日	上月结存	200	15.10	3 020	8005 批次
9 月 05 日	购　入	400	15.25	6 100	9001 批次
9 月 08 日	发　出	300			
9 月 13 日	购　入	1200	15.35	18 420	9002 批次
9 月 15 日	发　出	1300			
9 月 28 日	购　入	200	15.30	3 060	9003 批次

【知识准备】

一、存货初始计量

企业取得存货的方式有外购、自制、委托加工、投资者投入、接受捐赠、盘盈、非货币交换获得。存货无论以何种方式获得，都应按照成本进行初始计量。

存货成本包括采购成本、加工成本、其他成本。

(1) 外购存货的实际成本(详见子项目3)。

(2) 自制存货的实际成本(详见子项目4)。

(3) 委托加工存货的实际成本(详见子项目6)。

(4) 投资者投入的存货，应按合同或协议约定的价值作为实际成本，但合同或协议约定的价值不公允的除外。(小企业准则规定：投资者投入存货按评估价入账)

(5) 接受捐赠的存货，应按以下规定确定其实际成本：

① 捐赠方提供了发票、报关单等合法凭据的，按凭据上标明的金额加上应支付的相关税费，作为实际成本。

② 捐赠方没有提供凭据的，以同类或类似存货的市场价格为参照，估计受捐存货的金额，并加上应支付的税费，作为实际成本。

(6) 盘盈存货，应以同类或类似存货的市场价格作为存货的实际成本。

下列费用应当在发生时确认为当期损益，不计入存货成本：

① 非正常消耗的直接材料、直接人工和制造费用。

② 仓储费用(不包括在生产过程中为达到下一个生产阶段所必需的费用)。

③ 不能归属于存货达到目前场所和状态的其他支出。

二、发出存货的计价方法

发出存货的计价方法分为实际成本法和计划成本法两类。实际成本法又包括个别计价法、先进先出法、加权平均法等三种具体方法。

(一) 个别计价法

个别计价法的含义、操作步骤、适用范围等如表4-2所示。

表4-2 个别计价法

含义	以每批存货实际单位成本作为该批存货的发出成本，实物流动与成本流动相一致。
操作步骤	① 存货按批次分别存放并建立卡片，注明该批存货的批次和单价等信息。 ② 发出存货时仓管员要在发料单上注明发货批次，会计据此确定成本。
缺点	手续烦琐、对仓库管理要求高。
适用范围	① 适用于贵重物品、或单位体积大容易辨认进货批次的存货，如珠宝、设备等。 ② 不适用单位体积小、数量多且收发频繁的存货。

【业务处理 1】

采用个别计价法求得 9 月份发出 PU 革成本以及月末结存的 PU 革成本，并根据有关会计凭证，登入 PU 革的“物资明细账”中，如图 4-2 所示。

假设 9 月 8 日发出 PU 革 300 米是 9001 批次，则成本 = 300×15. 25 = 4 575(元)

假设 9 月 15 日发出 PU 革 1 300 米，其中有 100 米是 9001 批次，有 1 200 米是 9002 批次，则成本 = 100×15. 25+1 200×15. 35 = 19 945(元)

期末结存 PU 革的成本 = 200×15. 10+200×15. 30 = 6 080(元)

物资明细账

最高储备量 2000　　最低储备量 200　　存放地点：第 1 仓库

总页		页数	
编号		计量单位	米
名称及规格		PU 革	

21 年		凭证	摘要	借（收入）方				核对号	贷（发出）方				结 存			
月	日			批号	数量	单价	金 额		批号	数量	单价	金 额	批号	数量	单价	金 额
9	1	略	结存										8005	200	15. 10	3 020
9	5	略	购入	9001	400	15. 25	6 100						8005 9001	200 400	15. 10 15. 25	9 120
9	8	略	发出						9001	300	15. 25	4 575	8005 9001	200 100	15. 10 15. 25	4 545
9	13	略	购入	9002	1200	15. 35	18 420						8005 9001 9002	200 100 1200	15. 10 15. 25 15. 35	22 965
9	15	略	发出						9001 9002	100 1200	15. 25 15. 35	19 945	8005	200	15. 10	3 020
9	28	略	购入	9003	200	15. 30	3 060						8005 9003	200 200	15. 10 15. 30	6 080
9	30	略	本月合计		1800		27 580			1600		24 520		400		6 080

图 4-2　物资明细账

(二) 先进先出法

先进先出法的含义、优缺点、适用范围等如表 4-3 所示。

表 4-3　先进先出法

含义	按最早入库的存货最先发出这一假定成本流转程序，计算本期发出和期末结存存货的成本，此种方法下，成本流转与实物流转不一定一致。
优点	① 可以随时结转存货成本，及时反映存货的资金占用情况。 ② 期末库存的存货，其成本与这种存货的现行市场成本价最接近。 ③ 对企业而言，当物价持续下跌时采用先进先出法符合谨慎性原则。
缺点	① 计算工作量大，对存货进出频繁的企业更是如此。(企业若采用电算化会计，此缺点不存在) ② 物价上涨且涨幅较大时，会虚增企业利润，导致企业多交税。
适用范围	适用于进出货次数不多，价格波动幅度较大的存货。

【业务处理 2】

采用先进先出法计算 9 月份发出以及月末结存的 PU 革成本，并根据有关会计凭证，登记到 PU 革的"物资明细账"中，如图 4-3 所示。

9 月 8 日发出 PU 革 300 米的成本 = 200×15.10+100×15.25 = 4 545(元)

9 月 15 日发出 PU 革 1 300 米成本 = 300×15.25+1 000×15.35 = 19 925(元)

期末结存 PU 革的成本 = 200×15.35+200×15.30 = 19 945(元)

最高储备量 2000　　**物资明细账**

最低储备量 200　　存放地点：第 1 仓库

总页		页数	
编号		计量单位	米
名称及规格		PU 革	

21年月	日	凭证	摘要	借（收入）方 数量	借（收入）方 单价	借（收入）方 十万千百十元角分	核对号	贷（发出）方 数量	贷（发出）方 单价	贷（发出）方 十万千百十元角分	结存 数量	结存 单价	结存 十万千百十元角分
9	1	略	结存								200	15.10	302000
9	5	略	购入	400	15.25	610000					200 400	15.10 15.25	912000
9	8	略	发出					200 100	15.10 15.25	454500	300	15.25	457500
9	13	略	购入	1200	15.35	1842000					300 1200	15.25 15.35	2299500
9	15	略	发出					300 1000	15.25 15.35	1992500	200	15.35	307000
9	28	略	购入	200	15.30	306000					200 200	15.35 15.30	613000
9	30	略	本月合计	1800		2758000		1600		2447000			

图 4-3 物资明细账

(三) 加权平均法

加权平均法的含义、计算公式、优缺点、适用范围等如表 4-4 所示。

表 4-4 加权平均法

含义	月末，汇总期初结存存货和本月收入存货的数量、成本，求得本月存货的加权平均单价，作为计算本月发出存货成本和月末结存存货成本的单价。此种方法下，成本流转与实物流转不一定一致。
公式	本月加权平均单价 = $\frac{\text{月初结存存货实际成本+本月入库存货实际成本}}{\text{期初结存存货数量+本月入库存货的数量}}$ 本月发出存货成本 = 本月发出存货数量×本月加权平均单价 期末结存存货成本 = 期初结存实际成本+本月入库存实际成本-本月发出存货成本
优点	核算工作量较小，发出存货单位成本较均衡
缺点	账簿记录平时无法反映发出及结存存货的情况，不利于存货的日常管理
适用范围	适用于收入批次较多，数量较大、价格波动不大的存货

【业务处理 3】

采用加权平均法计算 9 月份发出以及月末结存的 PU 革成本，并根据有关会计凭证，登入 PU 革的"物资明细账"中，如图 4-4 所示。

9 月 PU 革加权平均单价 = (3 020+27 580)÷(200+1 800) = 15.30(元/米)

9 月发出 PU 革的成本 = 1 600×15.30 = 24 480(元)

期末结存 PU 革的成本 = 400×15.30 = 6 120(元)

物资明细账

最高储备量 2000　　　　最低储备量 200　　　　存放地点：第1仓库

总页		页数	
编号		计量单位	米
名称及规格		PU革	

21年		凭证	摘要	借（收入）方										核对号	贷（发出）方										结存									
月	日			数量	单价	十	万	千	百	十	元	角	分		数量	单价	十	万	千	百	十	元	角	分	数量	单价	十	万	千	百	十	元	角	分
9	1	略	结存																						200	15.10			3	0	2	0	0	0
9	5	略	购入	400	15.25			6	1	0	0	0	0												600									
9	8	略	发出												300										300									
9	13	略	购入	1200	15.35		1	8	4	2	0	0	0												1500									
9	15	略	发出												1300										200									
9	28	略	购入	200	15.30			3	0	6	0	0	0												400									
9	30	略	本月合计	1800			2	7	5	8	0	0	0		1600	15.30		2	4	4	8	0	0	0	400	15.30			6	1	2	0	0	0

图4-4　物资明细账

子项目3：原　材　料

【业务呈现1】

如图4-5至图4-8所示。

广东省增值税专用发票

发　票　联

开票代码：422 093 0211449
开票号码：4822820309
开票日期：2021年9月3日
校 验 码：45039806508 93084 3457

机器编号：44003135199

购买方	名　　称：福建苏喜服饰有限公司 纳税人识别号：350582001393 地 址、电 话：晋江工业园区 0595-8320812 开户行及账号：晋江工行 350125966124756	密码区	3=6*225193<-9-2>0-3905/* 4*1>+22-1+1285>0>1</4935 +4-000←215-1>@/0-1369+4 4>+0>-0>@0>2/33<9@25￥#7

货物或应税劳务、服务名称	规格型号	单位	数量	单价	金　额	税率	税　额
锦棉布		码	2500	20.00	50 000.00	13%	6 500.00
合　　计					￥50 000.00		￥6 500.00
价税合计（大写）	※伍万陆仟伍佰元整				（小写）￥56 500.00		

销售方	名　　称：广东省天富棉纺股份有限公司 纳税人识别号：440581756375108 地 址、电 话：广州市香港路19幢C号 98570518 开户行及账号：广州工行香港路营业处 390518308490532	备注	广东省天富棉纺股份有限公司 390518308490532 发票专用章

收款人：　　复核：　　开票人：江湖　　销货单位：（章）

第三联：发票联　购货方记账凭证

图4-5　增值税专用发票

广东省增值税专用发票

发 票 联

机器编号：44008135205

开票代码：422 083 0340493
开票号码：4772820093
开票日期：2021 年 9 月 3 日
校 验 码：45039806508 93084 3457

购买方	名 称：福建苏喜服饰有限公司 纳税人识别号：350582001393 地 址、电 话：晋江工业园区 0595-8320812 开户行及账号：晋江工行 35012596612475б	密码区	41-*225193<-9-2>0-3905/* 501>+22-1+1285>0>1</4936 +7-000←215-1>@/0-1369+0 0>+0>-0>@0>2/33<9@25￥88

货物或应税劳务、服务名称	规格型号	单位	数量	单价	金 额	税率	税 额
运费		吨公里	250	6.00	1 500.00	9%	135.00
合 计					￥1 500.00		￥135.00
价税合计（大写）	※壹仟陆佰叁拾伍元整				（小写）￥1 635.00		

销售方	名 称：广东省海通物流股份有限公司 纳税人识别号：440117008895 地 址、电 话：广州市澳门路 8 幢 33 号 98570518 开户行及账号：广州工行澳门路营业处 480518360323455	备注	广东省海通物流股份有限公司 440117008895 发票专用章

收款人： 复核： 开票人：李秋兰 销货单位：（章）

第三联：发票联 购货方记账凭证

图 4-6 增值税专用发票

中国工商银行
转账支票存根

BY 02 0054387

附加信息

出票日期 2021 年 9 月 3 日

收款人：广东天富棉纺股份有限公司
金额：￥58 135.00
用途：付材料买价、运费的价税款

单位主管：秀苏印喜 会计：刘东来

图 4-7 银行转账支票存根

材 料 入 库 单

2021 年 09 月 04 日

收料仓库：第 1 仓库　　交库单位：采购部门

编号	品名	规格	单位	数量 请收	数量 实收	单价	十	万	千	百	十	元	角	分
A18	锦棉布		码	2500	2500									
备注						合计								

仓库负责人　　验收人 王华感

第四联 财务

图 4-8 材料入库单

【知识准备】

原材料按实际成本计价的核算是指对原材料的收入、发出、清查、结存等日常业务均按其实际成本进行核算。采用实际成本核算应设置“在途物资”“原材料”等账户。

按供应单位或材料品种设置明细账	
借　　在途物资(总账)	贷
期初尚未验收入库材料的实际成本	
本期已购但尚未验收入库材料的实际成本	本期验收入库材料的实际成本
期末尚未验收材料的实际成本	

按种类及品名设置明细账	
借　　原材料(总账)	贷
期初结存材料的实际成本	
本期验收入库材料的实际成本	本期发出材料的实际成本
期末结存材料的实际成本	

一、外购材料入库的核算

(一) 外购存货成本的确定

外购存货成本是指存货从采购到验收入库前发生的与采购有直接关系的所有支出，包括买价、相关税费、运输费、装卸费、保险费和其他可归属于存货采购成本的费用。其中：

相关税费是指购买存货过程发生的进口关税、消费税、资源税等价内税和不能抵扣的增值税进项税额以及相应的教育费附加。

其他可归属于存货采购成本的费用包括采购过程的仓储费、包装费、运输途中的合理损耗、入库前的挑选整理费等。

(二) 外购存货的账务处理

(1) 单货同到，根据审核无误的原始凭证编制记账凭证并登记相应账户：

借：原材料——某某材料
　　应交税费——应交增值税(进项税额)
　　贷：银行存款(或应付票据、应付账款等科目)

(2) 单先到货后到，分两步进行账务处理：

第一步，根据审核无误的单据编制记账凭证并登记相应的账户：

借：在途物资——某某供货商(或材料品种)
　　应交税费——应交增值税(进项税额)
　　贷：银行存款(或应付票据、应付账款等科目)

第二步，根据审核无误的“入库单”编制记账凭证并登记相应的账户：

借：原材料——某某材料
　　贷：在途物资——某某供货商(或材料品种)

(3) 货到单未到。

材料已送达企业，但采购单据未送达的，将材料入库单存档备查，待收到单据时，再抽出入库单，编制单货同到的记账凭证；到了月末，单据仍未送达，可按材料合同价暂估入账：

借：原材料——某某材料
　　贷：应付账款——暂估应付账款

下月初，红字冲销上月末暂估入账的记账凭证：

借：原材料——某某材料
　　贷：应付账款——暂估应付账款

待收到采购单据时，按正常程序编制单货同到的记账凭证。

二、材料发出的核算

1. 发出存货成本的确定

在实际成本法下，可根据存货的特点、结合企业管理的要求，选择使用个别计价法、先进先出法、加权平均法中的某种计算方法计算发出存货的成本。

2. 发出存货的账务处理

根据领料单、限额领料单或发出材料汇总表，编制记账凭证并登记到相关账户中：

借：生产成本——某某产品(直接材料)
　　制造费用【车间一般消费材料】
　　管理费用【行政部门领用材料】
　　销售费用【专设销售机构领用材料】
　　其他业务成本【材料发出用于销售】
　　贷：原材料——某种材料或某类材料

【业务处理 1】

1. 业务(一)属于单货同到型，财务人员根据图 4-5、图 4-6 所提供的资料，计算本次所购材料的总成本和单位成本，并填到入库单的财务联中，如图 4-9 所示。

材料采购成本＝50 000. 00+1 500. 00＝51 500. 00(元)
增值税进项税＝6 500. 00+1 500×9%＝6 635. 00(元)
本次购入锦棉布的单位成本＝51 500. 00÷2 500＝20. 60(元/码)

2. 财务人员以图 4-5、图 4-6、图 4-7、图 4-9 为原始凭证编制记账凭证并登记到相关账户中。

材料入库单

2021年09月04日

收料仓库：第1仓库				交库单位：采购部门										
编号	品名	规格	单位	数量		单价	金额							
				请收	实收		十	万	千	百	十	元	角	分
A18	锦棉布		码	2500	2500	20.60		5	1	5	0	0	0	0
备注						合计	¥	5	1	5	0	0	0	0

仓库负责人　　　　验收人 王华感

第四联 财务

图4-9　材料入库单

借：原材料——锦棉布　51 500.00
　　应交税费——应交增值税(进项税额)　6 635.00
　贷：银行存款　58 135.00

知识拓展

小规模纳税人(小企业不一定是小规模纳税人)购入材料时，其所支付的增值税进项税额应计入所购材料的成本。

【范例】小规模纳税人海发公司购入AF材料一批，价款总计50 000元，增值税进项税款6 500元，对方代垫运费545(含税)元，材料已验收入库，价税款及对方代垫运费均以银行存款支付，根据审核无误的原始凭证编制会计分录如下：

借：原材料——AF材料　57 045.00
　贷：银行存款　57 045.00

【业务呈现2】

花朵童装股份有限公司存货采用计划价格核算，材料成本差异下设“原材料”和“周转材料”两个明细账，本月该公司购入原材料的计划成本和差异已全部记入“材料成本差异明细账——原材料”中，本月发出材料的计划成本也已全部登记入账，如图4-10所示。

材料成本差异明细账

明细账户：原材料　　　　单位：元

21年		凭证	摘要	本月收入			差异分配率	本月发出			本月结存		
月	日			计划成本	成本差异 超支	成本差异 节约		计划成本	成本差异 超支	成本差异 节约	计划成本	成本差异 超支	成本差异 节约
10	1	略	结存								32000		100
10	7	略	发出					30000			2000		
10	12	略	购入	50000	2100						52000		
10	15	略	发出					51000			1000		
10	29	略	购入	23000	1360						24 000		

图4-10　材料成本差异明细账

请结合图 4-11 的相关资料，编制本月发出材料的记账凭证并登记到相关账户中。

请计算本月“材料成本差异明细账——原材料”的差异分配率，结转本月发出材料的成本差异并登记到相关的账户中。

花朵童装股份有限公司材料费用汇总分配表

2021 年 10 月 31 日

发出材料 / 分配对象	A 材料			B 材料			C 材料			金额合计
	数量	单价	金额	数量	单价	金额	数量	单价	金额	
男童套装	2000	12	24 000	1000	15	15 000				39 000
女童套装	1800	12	21 600	800	15	12 000				33 600
基本车间							250	8	2 000	2 000
辅助车间							500	8	4 000	4 000
管理部门							300	8	2 400	2 400
合　计	3 800	12	45 600	1 800	15	27 000	1 050	8	8 400	81 000

复　核　　　　　　　　　　制　单

图 4-11　材料费用汇总分配表

【知识准备】

原材料按计划成本计价的核算是指对原材料的收入、发出、清查、结存等业务，无论是总分类核算还是明细分类核算，均按其计划成本计价。原材料采用计划成本核算时，应当设置“物资采购”“原材料”“材料成本差异”等账户。

“材料采购”账户反映的内容与“在途物资”账户反映的内容基本一致，区分实际成本与计划成本的关键账户是“原材料”账户和“材料成本差异”账户。

借　　　　原材料(总账)　　　　贷

借	贷
期初结存材料的计划成本	
本期验收入库材料的计划成本	本期发出材料的计划成本
期末结存材料的计划成本	

按种类及品名设置明细账

借　　　　材料成本差异(总账)　　　　贷

借	贷
① 入库材料的超支差异	② 入库材料的节约差异 ③ 发出材料差异(超支蓝字、节约红字)
④ 结存材料应承担的超支差异	⑤ 结存材料应承担的节约差

按“原材料、包装物、低值易耗品”分类别或分品种设置明细账

一、外购材料按计划成本入库的核算

(1) “单货同到”或者“单先到货后到”，均分两步进行账务处理。

第一步：根据采购单据编制记账凭证并登记相应的账户：

借：材料采购——某某供货商(实际采购成本)
　　应交税费——应交增值税(进项税额)
　　贷：银行存款（或应付票据、应付账款等科目）

第二步：根据审核无误的“入库单”编制记账凭证并登记相应的账户：

借：原材料(计划单价×验收入库数量)
　　材料成本差异(超支记借方、节约记贷方)
　　贷：材料采购——某某供货商(实际采购成本)

（2）货到单未到的平时不处理，月末仍未到的，其暂估的处理与实际成本核算中的暂估的处理一样，但有二点区别。第一：应以计划价格作为暂估价；第二：下月材料入库后应按计划成本核算中“单货同到”的程序，分两步进行账务处理。

二、计划成本下发出存货成本的核算

与实际成本核算法下发出存货的核算基本相同，唯一不同的就是发出存货的金额是根据存货的计划单价计算得出的。

发出材料的计划成本 = 发出材料的数量×发出材料的计划单价

三、结转发出存货的材料成本差异

月份终了，计算当月材料成本差异率，分配当月发出材料的成本差异。

1. 材料成本差异的计算

$$\text{本月材料的成本差异率}=\frac{\text{月初结存材料成本差异}+\text{本月收入材料成本差异}}{\text{月初结存材料计划成本}+\text{本月收入材料计划成本}}\times 100\%$$

说明：差异率为正数是超支差异，为负数是节约差异。

$$\text{各领用对象负担的材料成本差异}=\frac{\text{该领用对象领用}}{\text{材料的计划成本}}\times\text{本月材料成本差异率}$$

2. 结转当月发出材料的成本差异

借：生产成本——某某产品【计划成本×差异率、超支蓝字、节约红字】
　　制造费用【计划成本×差异率、超支蓝字、节约红字】
　　管理费用【计划成本×差异率、超支蓝字、节约红字】
　　销售费用【计划成本×差异率、超支蓝字、节约红字】
　　贷：材料成本差异——原材料【超支蓝字、节约红字】

【业务处理 2】

（1）编制发出材料的记账凭证(以会计分录代替)：

借：生产成本——男童套装	39 000.00
——女童套装	33 600.00
制造费用——基本生产车间	2 000.00
生产成本——辅助生产成本	4 000.00
管理费用——物料费	2 400.00
贷：原材料——A 材料	45 600.00
——B 材料	27 000.00
——C 材料	8 400.00

(2) 计算本月材料成本差异率及本月发出存货应负担的差异。

① 计算发出材料成本差异率：

$$\text{花朵童装十月材料成本差异率}=\frac{-100+(2\ 100+1\ 360)}{32\ 000+(50\ 000+23\ 000)}\times100\%=3.2\%$$

② 计算花朵童装本月各领用对象应负担的材料成本差异：

男童套装=39 000×3.2%=1 248(元)

女童套装=33 600×3.2%=1 075.2(元)

基本车间=2 000×3.2%=64(元)

辅助车间=4 000×3.2%=128(元)

行政管理部门=2 400×3.2%=76.8(元)

(3) 编制本月各领用对象应负担材料成本差异的会计分录：

借：生产成本——男童套装	1 248.00
——女童套装	1 075.20
制造费用——基本车间	64.00
辅助生产成本——基本车间	128.00
管理费用——物料费	76.80
贷：材料成本差异——原材料	2 592.00

(4) 在“材料成本差异——原材料”明细账上登记本月发出原材料的成本差异。

材料成本差异明细账

明细账户：原材料　　　　　　单位：元

21年		凭证	摘要	本月收入			差异分配率	本月发出			本月结存		
月	日			计划成本	成本差异 超支	成本差异 节约		计划成本	成本差异 超支	成本差异 节约	计划成本	成本差异 超支	成本差异 节约
10	1	略	结存								32000		100
10	7	略	发出					30 000			2000		
10	12	略	购入	50 000	2100						52000		
10	15	略	发出					51 000			1000		
10	29	略	购入	23 000	1360						24 000		
10	31	略	本月合计	73 000	3460			81 000	2592		24 000	768	

图 4-12

子项目 4：自制存货

【业务呈现】

幸福家具厂半成品“胶合板”验收入库，成本计算单、入库单如图 4-13、图 4-14 所示，请根据审核无误的原始凭证编制记账凭证。

成本计算单

完工半成品数量：10000 平方米

半成品名称：胶合板　　2021 年 9 月　　月末在产品数量：2000 平方米

成本项目	直接材料	燃料及动力	直接人工	制造费用	合计
生产费用累计	90 000.00	3 500.00	34 000.00	8 000.00	135 500.00
完工产品成本	75 000.00	3 000.00	30 000.00	7 000.00	115 000.00
完工产品单位成本	7.5	0.30	3.00	0.70	11.50
月末在产品成本	15 000.00	500.00	4 000.00	1 000.00	20 500.00

复　核　　　　制　单

图 4-13　成本计算单

幸福家具厂存货入库单

2021 年 09 月 30 日

收料仓库：半成品仓							交库单位：生产部门							
编号	品名	规格	单位	数量		单价	金额							
				请收	实收		十	万	千	百	十	元	角	分
A18	胶合板		平方米	10000	10000	11.50	1	1	5	0	0	0	0	0
备　注						合 计	1	1	5	0	0	0	0	0

第四联财务

仓库负责人　　　　验收人 陈志强

图 4-14　存货入库单

【知识准备】

自制存货是由企业自行加工或者生产的存货，包括企业自制原材料、自制半成品、自制产成品等。

一、自制半成品、库存商品的含义

自制半成品，是指经过一定生产过程并已检验合格交付半成品仓、但仍需继续加工才能成为商品产品的中间产品。

如果一个生产车间验收合格的半成品直接交付下一个生产车间继续生产，不需要送交半成品仓的话，则视同在产品。

企业自制的库存商品是指完成所有生产过程，经检验合格交付成品仓，可以按合同规定的条件送交订货单位或者对外出售的产成品。

企业应设置“自制半成品”“库存商品”等总分类账户进行会计核算，并按账户的类别或品种进行明细分类核算。

二、自制存货的账务处理

（1）根据审核无误的“存货入库单”编制如下会计分录：

借：自制半成品【验收入库的是半成品】
　　库存商品【验收入库的是产成品】
　　贷：基本生产成本

（2）生产领用自制半成品：

借：基本生产成本
　　贷：自制半成品

（3）企业领用半成品或库存商品用于职工福利，按半成品或库存商品的销售价：

借：应付职工薪酬
　　贷：主营业务收入
　　　　应交税费——应交增值税（销项税额）

按企业已经确定的存货发出计价方法，确定发出存货生产成本：

借：主营业务成本
　　贷：自制半成品【发给职工的是半成品】
　　　　库存商品【发给职工的是产成本】

（4）在建工程领用存货见项目四的子项目六；企业出售库存商品、半成品等存货见项目十，此处不再叙述。

【业务处理】

根据图 4-12、图 4-13 编制记账凭证并登记到相应的账户中：

借：自制半成品——胶合板	115 000.00	
贷：基本生产成本		115 000.00

子项目 5：周转材料

【业务呈现 1】

新海鞋业公司是一家新开业的中小企业，招聘的会计人员是刚从学校会计专业毕业的学生，对该企业的包装物、低值易耗品，究竟是要在“周转材料”账户核算，还是要在“包装物”及“低值易耗品”账户核算，拿不定主意，请你给一个解决方案，并说明理由。

【知识准备】

周转材料是指企业反复使用仍保持原有形态不变、价值逐渐转移、又不能被确认为固定资产的包装物、低值易耗品以及施工企业的钢模板、木模板、脚手架等存货。周转材料是企业非商品存货，多供企业内部使用，除包装物外，一般不随商品流转而转移。

本子项目主要讲述低值易耗品和包装物的核算。

一、低值易耗品

低值易耗品是指单位价值较低、使用年限较短、其实物既不是产品的组成部分，也不能作为固定资产的有形物品。低值易耗品还有品种多、数量大、收发频繁、容易损坏等特点。如图 4-15 所示。

某企业的包装容器　　某企业的生产工具　　某企业的档案柜

图 4-15　低值易耗品

列入“周转材料——低值易耗品”账户或“低值易耗品”账户核算的有：常用工具、专用工具、管理用具、替换设备、劳动保护用品、其他。

二、包装物

包装物是指为包装本企业商品而储备的各种包装容器，如铁桶、纸箱、编织袋等，如图 4-16 所示。

某礼品厂的包装袋　　某企业发货用的纸制包装箱　　某品牌饲料包装袋

图 4-16　包装物

列入“周转材料——包装物”账户或“包装物”账户核算的有：

(1) 生产领用，作为产品组成部分的包装物；

（2）随同产品出售单独计价的包装物；

（3）随同产品出售不单独计价的包装物；

（4）出借给购货方的包装物；

（5）出租给购货方的包装物。

【业务处理 1】

企业应设置“周转材料”总分类账户进行包装物、低值易耗品的会计核算。并在“周转材料”总分类账户下设置包装物、低值易耗品等二级明细分类账；在二级账下设置“在库、在用、摊销”等三级明细分类账。

企业采用计划价格核算周转材料的，还应设置“材料成本差异——周转材料成本差异”账户，来核算周转材料的成本差异。

如果是小企业，也可以单独设置包装物、低值易耗品总账科目分别进行包装物、低值易耗品的会计核算；包装物数量不多的小企业可以不单独设置包装物科目，而将包装物并入原材料科目核算。

知识拓展

下列各项不属于包装物核算的范畴：

（1）各种包装材料，如纸、绳、铁皮等，在“原材料——辅助材料”账户核算。

（2）以出售为目的自制的包装物，在“库存商品”账户核算。

（3）用于储存和保管存货而不对外出售的包装物，应按其使用年限的长短和价值的大小，分别在“固定资产”账户或“周转材料——低值易耗品”账户核算。

【业务呈现 2】

如图 4-17 所示。

领　料　单

领料单位 一车间　　　　　　　　　　　　凭证编号

发料仓库 2号仓　　　2021年　10月　9日　　　用　途 用于A产品生产

类别	编号	品名	规格	单位	数量		单价	金额							
					请领	实发		十	万	千	百	十	分	角	分
		塑料盒		只	2000	2000	0.5			1	0	0	0	0	0
备注：						合计			¥	1	0	0	0	0	0

负责人：陈嘉琦　　　　发料人：黄峰　　　　领料人：侯爵

图 4-17　领料单

【知识准备】

一、包装物采购的核算

包装物采购、入库环节的账务处理和原材料采购、入库环节的账务处理基本相同，也通过"在途物资(实际成本)"或"材料采购(计划成本)"科目进行会计核算，本处不再详述。

二、生产领用包装物的核算

生产领用包装物，用于包装产品，是产品实体的组成部分，应根据审核无误的领料单编制会计分录：

借：基本生产成本——某产品生产成本
　　贷：周转材料——包装物(在库)

三、销售领用包装物的核算

(1) 随同产品出售但不单独计价的包装物，是为销售服务，应根据审核无误的领料单编制会计分录：

借：销售费用——包装费
　　贷：周转材料——包装物(在库)

(2) 随同产品出售但单独计价的包装物，实际上是在出售产品的同时又出售包装物。

① 根据有关销售发票和收款单据编制会计分录：

借：银行存款(或应收账款等科目)
　　贷：其他业务收入(按销售价)
　　　　应交税费——应交增值税(销项税额)

② 根据包装物出库单等凭证结转出售包装物成本：

借：其他业务成本
　　贷：周转材料——包装物(在库)

四、出借出租包装物的核算

出借和出租都是提供给客户暂时使用，区别在于出借是无偿使用，出租是有偿使用。

(1) 一次摊销法下出借出租包装物的核算。

一次摊销法是指将周转材料的全部价值，在领用时一次性计入领用部门或对象的当期成本费用。一次性摊销不必通过"周转材料——包装物(摊销)"账户进行会计核算。

① 发出对外租借的包装物：

借：销售费用【出借】
　　其他业务成本【出租】
　　贷：周转材料——包装物(在库)

提示：实行小企业会计准则的企业，出租包装物发出时借记“营业外支出”账户。

② 收回被租借包装物的残料：

借：原材料——废料
　　贷：销售费用【出借】
　　　　其他业务成本【出租】

提示：实行小企业会计准则的企业，收回出租包装物残料贷记“营业外支出”账户。

(2) 分次摊销法下出租出借包装物的核算。

分次摊销是指将周转材料的全部价值分次转入使用部门或对象的成本费用，一般通过“周转材料——包装物(摊销)”账户进行会计核算。如果只分二次摊销也叫“五五摊销法”。

① 发出对外租借的包装物：

借：周转材料——包装物(出租或出借)
　　贷：周转材料——包装物(在库)

② 对外租借包装物的摊销(按期分次摊销)：

借：销售费用(出借)
　　其他业务成本(出租)
　　贷：周转材料——包装物(摊销)

提示：执行《小企业会计准则》的企业，摊销出租包装物借记“营业外支出”账户。

③ 收回被租借包装物的残料(若可用在备查账登记，不重入“包装物”账户)：

借：原材料——废料
　　周转材料——包装物(摊销)
　　贷：销售费用(出借)
　　　　其他业务成本(出租)
　　　　周转材料——包装物(出租或出借)

提示：实行小企业会计准则的企业，收回出租包装物残料贷记“营业外支出”账户。

五、包装物出租出借押金收取、退还与没收的核算

无论是出借还是出租包装物，一般情况下都会向客户收取押金，这样可以加强对出借或出租包装物的管理，保证客户不随意损坏包装物并按时归还。

(1) 收取押金(退还押金编制相反的分录)：

借：银行存款(或库存现金)
　　贷：其他应付款——某客户

(2) 没收押金或以押金抵租金：

借：其他应付款——某客户
　　贷：其他业务收入
　　　　应交税费——应交增值税(销项税额)

提示：实行小企业会计准则的企业，没收出租包装物押金贷记“营业外收入”账户。

（3）直接收取租金：

借：银行存款(或库存现金)
　　贷：其他业务收入
　　　　应交税费——应交增值税(销项税额)

提示：实行小企业会计准则的企业，收取出租包装物租金贷记“营业外收入”账户。

【业务处理2】

本业务所领用的包装物用于A产品的生产，构成产品一部分，应根据审核无误的领料单编制会计分录：

借：基本生产成本——A产品	1 200.00	
贷：周转材料——包装物		1 200.00

初试身手

万红公司为增值税一般纳税人，请对下列业务进行账务处理。

（1）公司领用一批包装物包装商品出售，实际成本500元，不向客户另收费用。

（2）公司销售商品时出租给甲客户一批包装物，实际成本800元，包装物已发。

（3）租期一个月，发出包装物时转账收取租金339元(含税)及押金1 000元。

（4）一个月期满，客户不能如期归还包装物，企业没收其押金。

如果万红公司执行《小企业会计准则》，上述业务又该如何处理？

【业务呈现3】

如图4-18所示。

领　料　单

领料单位 包装车间　　　　　　　　　　　　　凭证编号

发料仓库 3号仓　　　　2021年 11月5日　　　用　途 包装产品用

类别	编号	品名	规格	单位	数量		单价	金额							
					请领	实发		十	万	千	百	十	分	角	分
		封口机		架	10	10	300			3	0	0	0	0	0
备注：采用五五摊销法							合计		¥	3	0	0	0	0	0

负责人：陈嘉琦　　　发料人：黄峰　　　领料人：侯爵

图4-18　领料单

【知识准备】

1. 一次摊销法

（1）低值易耗品领用时，将其全部价值一次性转入使用部门或对象的成本费用：

借：销售费用【专设销售机构领用】
　　制造费用【生产车间领用】
　　管理费用【行政部门领用】
　　贷：周转材料——低值易耗品（在库）

（2）低值易耗品报废时收回残值：

借：原材料——废料
　　贷：销售费用【专设销售机构领用】
　　　　制造费用【生产车间领用】
　　　　管理费用【行政部门领用】

2. 五五摊销法

（1）低值易耗品领用时，将低值易耗品的价值全部从在库转为在用：

借：周转材料——低值易耗品（在用）
　　贷：周转材料——低值易耗品（在库）

同时摊销所领用低值易耗品全部价值的50%。

借：销售费用【专设销售机构领用】
　　制造费用【生产车间领用】
　　管理费用【行政部门领用】
　　贷：周转材料——低值易耗品（摊销）

（2）低值易耗品报废时摊销低值易耗品剩余50%的价值：

借：销售费用【专设销售机构领用】
　　制造费用【生产车间领用】
　　管理费用【行政部门领用】
　　贷：周转材料——低值易耗品（摊销）

同时，结转全部摊销额：

借：周转材料——低值易耗品（摊销）100%
　　贷：周转材料——低值易耗品（在用）100%

如果报废低值易耗品有废料回收，则根据收料单编制如下会计分录：

借：原材料——废料
　　贷：销售费用【专设销售机构领用】
　　　　制造费用【生产车间领用】
　　　　管理费用【行政部门领用】

【业务处理3】

根据低值易耗品领料单，先将领用低值易耗品的全部价值从在库转为在用：

借：周转材料——低值易耗品(在用)　　3 000.00
　　贷：周转材料——低值易耗品(在库)　　3 000.00

同时，摊销所领用低值易耗品价值的50%：

借：制造费用——包装车间(低值易耗品摊销)　　1 500.00
　　贷：周转材料——低值易耗品(摊销)　　1 500.00

初试身手

万红公司为增值税一般纳税人，请对下列业务进行账务处理。

(1) 业务呈现3所领用的封口机使用六个月后报废，请编制“摊销低值易耗品剩余价值”以及“结转全部摊销额”的会计分录。

(2) 假设报废时，收回残料价值100元，已验收入库，请编制相应的会计分录。

子项目6：委托加工物资

【业务呈现】

2021年3月10日，一般纳税人天和纺织厂委托七彩公司印染一批坯布，请进行相关的业务处理。发出等待印染的白坯布，如图4-19所示。

图4-19　委托公司印染的白坯布

【知识准备】

一、委托加工物资含义

委托加工物资就是企业(可能因自身业务繁忙、可能因自身技术水平有限、可能出于降低成本的需要)委托外单位将企业的材料物资或半成品，加工成企业所需要的另一种存货。

二、账户设置

借	委托加工物资(总账) 贷
① 发出加工物资的实际成本 ② 应负担的加工费、往返运杂费 ③ 应计入加工成本的税费等	① 加工后收回物资的实际成本 ② 发出加工物资剩余退回的实际成本
正在加工中物资的实际成本	

应根据受托加工单位或加工物资的具体品种设置明细账

三、账务处理

(1) 发出物资委托加工的账务处理，如表 4-5 所示。

表 4-5 发出委托加工物资的账务处理

按实际成本核算的企业	按计划成本核算的企业
借：委托加工物资——受托加工单位 贷：原材料(或自制半成品等)	借：委托加工物资——受托加工单位 贷：原材料(或自制半成品等) 材料成本差异(超支蓝字、节约红字)

(2) 支付往返运费及加工费：

借：委托加工物资——受托加工单位
应交税费——应交增值税(进项税额)
贷：银行存款

(3) 应税消费品缴纳消费税的账务处理，如表 4-6 所示。

表 4-6 应税消费品交纳消费税的账务处理

收回后直接用于销售的消费品	收回后用于连续生产的消费半成品
借：委托加工物资——受托单位 贷：应付账款(银行存款)	借：应交税费——应交消费税 贷：应付账款(银行存款)

(4) 加工结束收回加工物资的账务处理，如表 4-7 所示。

表 4-7 收回加工物资的账务处理

按实际成本核算的企业	按计划成本核算的企业
借：原材料(或库存商品等) 贷：委托加工物资——受托加工单位	借：原材料(或库存商品等) 材料成本差异(超支记借、节约记贷) 贷：委托加工物资——受托加工单位

注：加工后收回物资的实际成本=拨付加工物资的实际成本+往返运杂费+加工费+应计入加工成本的税金-拨付加工物资剩余退回的实际成本。

【业务处理】

(1) 2021 年 3 月 10 日，天和纺织公司财务根据审核无误的“委托加工商品发货单”(见图 4-20)编制记账凭证(以会计分录代替，下同)如下：

借：委托加工物资——七彩印染厂　　41 750.00
　贷：原材料——白坯布　　41 750.00

委托加工商品发货单

发货单位：第一仓库

加工单位：七彩印染厂　　*2021*年 *3*月 *10* 日　　字 第　号

编号	品名规格	计量单位	应发数量	实发数量	单位成本	金额									
						千	百	十	万	千	百	十	元	角	分
S236	白坯布	码	5000	5000	8.35			¥	4	1	7	5	0	0	0
合同编号：委加 20110533 号															

发货人：才向前　　制表：才向前

图 4-20　委托加工商品发货单

(2) 天和纺织支付三通物流往返运费 465 元，运费的增值税 41.85 元，坯布加工后用于应纳增值税项目，同年 3 月 20 日，根据运费的增值税专用发票(略)以及银行结算凭证(略)编制记账凭证如下：

借：委托加工物资——七彩印染厂　　465.00
　　应交税费——应交增值税(进项税额)　　41.85
　贷：银行存款　　506.85

(3) 2021 年 3 月 20 日，天和纺织厂支付七彩公司印染费 5 035 元，增值税 654.55 元，根据七彩公司提供的增值税专用发票(略)以及有关银行结算凭证(略)编制记账凭证如下：

借：委托加工物资——七彩印染厂　　5 035.00
　　应交税费——应交增值税(进项税额)　　654.55
　贷：银行存款　　5 689.55

(4) 2021 年 3 月 20 日，白坯布已印染完毕，全部收回。根据委托加工商品入库单(详见图 4-21)等原始凭证计算加工后的实际成本并编制记账凭证如下：

借：原材料——彩色布　　47 250.00
　贷：委托加工物资——七彩印染厂　　47 250.00

委托加工商品入库单

收货单位：第一仓库

加工单位：七彩印染厂　　2021年3月20日　　字第　号

编号	品名规格	计量单位	应收数量	实收数量	单位成本	加工收回物资总成本				
						总成本	原料	加工费	物流费	税金
S336	彩色布	码	5000	5000	9.45	47 250.00	41 750.00	5 035.00	465.00	—
合同编号：委加20110533号										

验收人：才向前　　制表：才向前

图 4-21　委托加工商品入库单

初试身手

美英烟草股份有限公司委托玉溪卷烟厂将一批烟叶加工成烟丝，期间转账支付玉溪卷烟厂代收的消费税9 800元整，收回的烟丝将继续加工成高档卷烟，请根据有单据(略)编制支付消费税的会计分录。

子项目7：存货清查

【业务呈现】

2021年9月30日，天龙男装股份有限公司进行了一次存货清查，结果如图4-22所示，请对清查结果，进行批准前和批准后的账务处理。

存货盘点报告表

2021年9月30日

存货编号	名称规格	计量单位	数量		单价	盘盈		盘亏		原因
			账存	实存		数量	金额	数量	金额	
C01	锦棉布	码	3300	3280	8.5			20	170	正常的计量差错
C02	钮扣	百粒	160	164	25.5	4	102			正常的收发误差
D01	拉链	条	5000	3000	1.20			2000	2400	台风造成的损失

保管员：　　清查员：

图 4-22　存货盘点报告表

【知识准备】

一、存货清查概述

1. 存货清查的目的

通过定期或不定期清查，对存货在管理过程中可能出现的计量计算差错、自然损耗、贪污失窃、变质等现象，及时发现、及时处理，既保护存货安全、也保证存货账实相符。

2. 存货清查的方法

(1) 实地盘点(含点数、过磅等)或技术测算存货数量并鉴定其质量。

(2) 将“盘点后的实际库存数”与“盘存日存货的账面数”相核对。

(3) 编制“存货盘点报告表”，在报告表中注明盘亏原因并提出处理意见，报相关职能部门或负责人审批。

二、存货清查的账务处理

1. 账户设置

借	待处理财产损溢——待处理流动资产损溢 贷
① 批准前转入的盘亏、毁损存货成本 ② 经批准结转的盘盈存货的成本	① 批准前转入的盘盈存货的成本 ② 经批准转销的盘亏、毁损存货成本

如果在期末结账前处理完毕，账户则无余额

2. 账务处理

(1) 盘盈。

批准处理前：

借：存货相关科目

　　贷：待处理财产损溢——待处理流动资产损溢

批准后，进行处理：

借：待处理财产损溢——待处理流动资产损溢

　　贷：管理费用

(2) 盘亏。

对盘亏的各种处理意见如表 4-8 所示。

表 4-8　盘亏处理

盘亏原因	财务会计处理	税务处理
自然损耗、定额内损耗	正常损失，列管理费用	进项税额不转出
意外事故、自然灾害	非常损失，列营业外支出	进项税额不转出
管理不善造成被盗、丢失、霉烂变质	非常损失，追究管理人员责任，损失净值列管理费用	进项税额应转出

① 自然损耗、定额内损耗造成的报废：

批准处理前：

借：待处理财产损溢——待处理流动资产损溢

　　贷：存货相关科目

批准后，进行处理：

借：原材料——残料(废料入库则记本账户)
　　其他应收款——某某人(过失人应赔偿数额)
　　管理费用(正常损失净额)
　　贷：待处理财产损溢——待处理流动资产损溢

② 因管理不善造成被盗、丢失、霉烂变质所产生的损失也称非常损失：

批准处理前：

借：待处理财产损溢——待处理流动资产损溢
　　贷：存货相关科目
　　　　应交税费——应交增值税(进项税额转出)

提示：意外事故、自然灾害造成的损失，其账务处理也一样，只是进项税额不必转出。

批准后，进行处理：

借：原材料——残料(废料入库则记本账户)
　　其他应收款——某某人(过失人应赔偿数额)
　　其他应收款——保险公司(如果材料有投保，保险公司应赔偿数额)
　　管理费用(管理不善造成的被盗、丢失等导致的损失净额)
　　营业外支出(自然灾害等导致的非常损失净额)
　　贷：待处理财产损溢——待处理流动资产损溢

知识拓展

《小企业会计准则》规定：盘盈存货，应转入“营业外收入”；盘亏存货，正常损失和非正常损失，其扣除残值及赔偿后的净损失均计入“营业外支出”。

【业务处理】

天龙男装财务部根据“存货盘点报告表”编制审批处理前的会计分录如下：

1. 批准前

(1) 盘亏：

借：待处理财产损溢——待处理流动资产损溢	2 570.00	
贷：原材料——锦棉布		170.00
——拉　链		2 400.00

(2) 盘盈：

借：原材料——纽扣	102.00	
贷：待处理财产损溢——待处理流动资产损溢		102.00

2. 批准后

主管批复如下：锦棉布和纽扣属保管过程中的正常盈亏，按规定结转；拉链毁损系受台风侵袭所致，从税务角度属正常损失，进项税额不必转出，从财务角度属非常损失，应计入营业外支出。

（1）对盘亏的处理：

借：管理费用——盘亏损失	170.00	
营业外支出——非常损失	2 400.00	
贷：待处理财产损溢——待处理流动资产损溢		2 570.00

（2）对盘盈的处理：

借：待处理财产损溢——待处理流动资产损溢	102.00	
贷：管理费用——盘盈		102.00

初试身手

请按《小企业会计准则》的规定：对天龙男装盘盈、盘亏存货进行批准前、批准后的账务处理。

子项目8：存货期末计量

【业务呈现1】

2021年常红公司资产负债表日，持有40英寸平板电视8 000台，其中7 000台已订有销售合同，每台合同销售价为950元，每台市场销售价为980元，销售一台40英寸平板电视的销售费用及税金合计50元，请计算资产负债表日，常红公司8 000台40英寸平板电视的可变现净值。

【知识准备】

一、存货期末计量的含义

存货的计量属性主要有历史成本、可变现净值。

《企业会计准则》规定：资产负债表日，存货应当按照成本与可变现净值孰低计量。当存货成本低于可变现净值时，存货按成本计量；当存货成本高于可变现净值时，应当提取存货跌价准备，计入当期损益。

二、可变现净值的确定

存货成本是指期末存货的实际成本，也叫存货的历史成本，可变现净值则要根据不同的存货及其具体情况分别确定。

(1) 已签订销售合同的存货：

① 直接用于出售的存货：

可变现净值=合同价-估计销售费用和相关税金(不含增值税和所得税、下同)

② 加工后再出售的存货：

可变现净值=合同价-至完工估计将要发生的成本-估计销售费用和相关税金

(2) 未签订销售合同的存货：

① 直接用于出售的存货：

可变现净值=市场正常售价-估计销售费用和相关税金(不含增值税和所得税、下同)

② 加工后再出售的存货：

可变现净值=市场正常售价-至完工估计将要发生的成本-估计销售费用和相关税金

(3) 存货中如果部分已签订了销售合同，部分未签订销售合同，则分别确定后再合计。

【业务处理 1】

常红公司 2021 年 12 月 31 日：

其中已订销售合同的 40 英寸平板电视可变现净值=(950-50)×7 000=6 300 000(元)

其中未订销售合同的 40 英寸平板电视可变现净值=(980-50)×1 000=930 000(元)

全部 40 英寸平板电视可变现净值=6 300 000+930 000=7 230 000(元)

初试身手

凤凰公司 2021 年资产负债表日，存有 10 000 码白坯布。公司决定将白坯布染色后出售，其中 8 000 码已订销售合同，每码合同售价 5 元。市场同类彩色布每码正常售价 4.95 元。估计每码染色费用 0.5 元，销售费用及税金 0.2 元。

求：凤凰公司 2021 年资产负债表日，全部白坯布可变现净值。

【业务呈现 2】

2021 年 12 月 31 日，天龙男装股份有限公司存货的实际成本高于可变现净值，并且估计短期内没有回升的可能。公司决定提取跌价准备，有关原始凭证如图 4-23 所示。

存货减值准备提取表

2021 年 12 月 31 日

名称规格	计量单位	数量 ①	可变现单价 ②	预计费税 ③	可变现净值 ④=①×②—③	实际成本 ⑤	应提减值准备 ⑥ = ④ — ⑤	审　批
锦棉布	码	8000	6. 50	500	51 500	68 000	-16 500	财务经理：
钮扣	百粒	3000	20. 50	500	61 000	76 500	-15 500	同意 刘杰
拉链	条	6000	1. 00	100	5 900	8 000	-2 100	单位负责人：
…	…	…	……	……	……	……	……	
合计				3 500	356 500	450 500	-94 000	同意 蔡天龙印

审核：刘杰　　　　制表：蔡晓米

图 4-23　存货减值准备提取表

【知识准备】

一、存货跌价准备的确认

(1) 企业存货存在以下情况之一时，应当按存货成本与可变现净值的差额提取跌价准备：

① 各种原因造成存货市价持续下跌，在可预见的未来没有回升可能；

② 使用该存货制造商品，商品的售价低于商品的生产成本；

③ 现有存货不能满足新产品的生产需求，其市场销售价又低于其账面价值；

④ 其他足以证明该项存货实质上已经发生减值的情形。

(2) 企业存货存在以下情况之一时，应当将存货的账面价值全部确认为跌价准备。

① 已经霉烂变质的存货；

② 已经过期并且毫无转让价值的存货；

③ 虽没过期，但已经没有使用价值和转让价值的存货；

④ 其他足以证明已无使用价值和转让价值的存货。

二、账户设置

1. 存货跌价准备

借　　　　　　存货跌价准备	贷
① 实际发生的存货跌价损失金额 ② 冲减已售存货所提的跌价准备金额	① 提取的存货跌价准备金额
	已计提尚未转销的存货跌价准备

2. 资产减值损失

借　　　　　　资产减值损失	贷
① 会计主体确认的资产减值金额	① 在减值范围内，资产价值又恢复的 ② 转入本年利润的资产减值损失
年末无余额	

说明：

(1) 本科目可按资产减值的项目设置明细账，进行明细核算。

(2) 资产减值损失确认后，减值资产的折旧或摊销费用应在未来期间作相应的调整，以使该资产在剩余使用寿命内，系统地分摊调整后的资产账面价值(扣除预计净残值)。

(3) 资产减值损失一经确认，在以后会计期间不得转回。但企业提取的坏账准备、存货跌价准备、持有至到期投资减值准备、贷款损失准备等相关资产的价值得以恢复的，可在原计提的减值准备金额内，按恢复增加的金额贷记本科目。

三、账务处理：

（1）资产负债表日，当存货成本高于其可变现净值时，按存货成本高于可变现净值的差额，编制如下会计分录：

借：资产减值损失——提取存货跌价准备
　　贷：存货跌价准备

（2）提取存货跌价准备后存货价值又增加的，在原提取范围内转回已提的跌价准备，应编制如下会计分录：

借：存货跌价准备
　　贷：资产减值损失——提取存货跌价准备

（3）提取了存货跌价准备的存货对外出售，在结转存货成本的同时应冲减已提的跌价准备，编制如下会计分录：

借：存货跌价准备
　　贷：主营业务成本（或其他业务成本）

知识拓展

《小企业会计准则》规定：小企业不提存货跌价准备，低值易耗品、包装物等周转材料，均采用一次摊销法进行摊销。

【业务处理 2】

天龙男装财务部根据“存货减值准备提取表”编制会计分录如下：

借：资产减值损失——提取存货跌价准备　　94 000.00
　　贷：存货跌价准备　　94 000.00

知识拓展

（1）2021 年 1 月，已提跌价准备的拉链 6 000 条全部出售，请根据图 4-21 的资料，编制结转已售拉链成本和冲减拉链已提跌价准备的会计分录。

（2）2021 年 12 月 31 日，已提跌价准备的纽扣，每百粒单价涨至 24 元，请根据图表 4-31 的资料，编制纽扣转回已提跌价准备的会计分录。

项目五　固定资产

知识目标：熟悉固定资产的含义、确认条件、折旧范围、期末计量等基本理论。
能力目标：掌握固定资产取得、折旧、后续支出、处置等相关业务的账务处理。
思政目标：创新固定资产监管思路，提高固定资产利用效率，建设节约型企业。

固定资产是企业生产经营重要的物质基础和技术基础，直接关系到产品的质量与产品的生产成本，也是转变发展方式，构建资源节约型、环境友好型企业的关键。

子项目1：固定资产基本理论

【业务呈现】

天业股份有限公司取得一块土地使用权，其使用权作价50万元；同时应支付耕地占用税、契税5万元；应支付农民在土地上的果树等补偿费10万元；公司在该地块上建设一幢办公楼，各项建筑成本合计80万元。请问，会计做账时，该办公楼的固定资产原值应是多少？

【知识准备】

所谓固定资产是指为生产商品、提供劳务、出租或经营管理而持有的、使用寿命超过一个会计年度的有形资产。

一、固定资产的确认

企业有形资产既要符合固定资产的定义，又要同时满足两个条件，方能确认为固定资产。
第一，该项有形资产所包含的经济利益很可能流入企业。
第二，该项有形资产的成本能够可靠计量。

二、固定资产的分类

（1）固定资产按经济用途分为直接服务于生产经营的固定资产和非直接服务于生产经营的固定资产。

（2）按产权关系分为自有固定资产和租入固定资产；租入固定资产又分为融资租入固定资产（视同自有）和经营租入固定资产（代管资产）。

（3）按使用情况分为在用固定资产、未使用的固定资产、不需用的固定资产。

(4) 考虑各种标准，固定资产可综合分为六大类，分别是生产经营的固定资产、非生产经营的固定资产、租出固定资产、不需用固定资产、未使用固定资产、融资租入固定资产。

三、固定资产的计价

固定资产的计价基础是历史成本(也称实际成本)，即企业某项固定资产的购建成本为该项固定资产达到预定可使用状态前所发生的，与其购建相关的一切合理、必要开支。

1. 外购固定资产的计价

外购固定资产的入账价值包括买价、进口关税、消费税以及为使固定资产达到预定可使用状态前所发生的可直接归属于该项资产的其他支出。特定项目的固定资产入账价值还应包括购建固定资产时支付的不可以抵扣的增值税。

特定项目的固定资产主要有：

(1) 纳税人用于非增值税应税项目、免征增值税项目的固定资产。

(2) 纳税人用于集体福利或个人消费的固定资产。

(3) 纳税人自用消费品，具体明确为应征消费税的游艇、汽车和摩托车。

2. 投资者投入的固定资产

按投资各方确认的价值入账(不公允的除外)。

3. 企业自行建造的固定资产

企业自行建造的固定资产的入账价值包括验收合格之前发生的各种材料费用、人工费用以及应计入建造成本借款费用、税费等。

4. 改扩建固定资产

改扩建固定资产的入账价值等于原账面价值加上改扩建发生的支出减去改扩建发生的变价收入。

5. 接受捐赠的固定资产的入账价值

(1) 捐赠方提供合法凭据的，以凭据上标明的金额加上应当支付的相关税费(不含按规定可以抵扣的增值税)，作为入账价值。

(2) 捐赠方没有提供合法凭据的，以下列顺序确定其入账价值：

① 如果同类或类似固定资产存在活跃市场的，以同类或类似固定资产的市场价格为标准估计的金额加上应当支付的相关税费作为入账价值。

② 如果同类或类似固定资产不存在活跃市场的，以该固定资产预计未来现金流量的现值为入账价值。

③ 如果捐入的是旧固定资产，以按上述方法确定新固定资产的价值减去按该固定资产新旧程度估计的价值损耗后的余额作为入账价值。

6. 盘盈固定资产的入账价值

市场上有同类固定资产，以市场价格减去估计折旧后的净值入账；市场上无同类固定资产：以该固定资产的预计未来现金流量的现值入账。

【业务处理】

该办公楼的固定资产原值=800 000+100 000+50 000=950 000(元)

说明：土地使用权 50 万元应计入无形资产。

子项目 2：固定资产的取得

【业务呈现】

2021 年 3 月 31 日，远行鞋业股份有限公司盘盈电脑一台，相关资料如图 5-1 所示，请根据图 5-1 及有关资料，填制固定资产卡片并按《企业会计准则》的规定编制批准前和批准后的会计分录。

固定资产盘盈盘亏表

2021 年 3 月 31 日

<table>
<tr><td rowspan="2">固定资产编号</td><td rowspan="2">名称</td><td rowspan="2">规格型号</td><td colspan="3">盘盈</td><td colspan="3">盘亏</td><td colspan="3">毁损</td><td rowspan="2">原因</td></tr>
<tr><td>数量</td><td>重置价值</td><td>新旧程度</td><td>数量</td><td>原值</td><td>折旧</td><td>数量</td><td>原值</td><td>折旧</td></tr>
<tr><td>A10899</td><td>台式电脑</td><td>台</td><td>1</td><td>10 000</td><td>八成新</td><td></td><td></td><td></td><td></td><td></td><td></td><td></td></tr>
<tr><td></td><td></td><td></td><td></td><td></td><td></td><td></td><td></td><td></td><td></td><td></td><td></td><td></td></tr>
<tr><td rowspan="2">处理意见</td><td colspan="4">审批部门</td><td colspan="4">清查小组</td><td colspan="4">使用管理部门</td></tr>
<tr><td colspan="4">按会计准则规定处理 行刘印远</td><td colspan="4">负责人：江海涛</td><td colspan="4">销售部门</td></tr>
</table>

图 5-1 固定资产盘盈盘亏表

【知识准备】

一、账户设置

1. 固定资产

借	固定资产（资产类） 贷
增加的固定资产原值	减少的固定资产原值
企业持有的固定资产原值	

按固定资产类别和项目设置明细账

2. 工程物资

借	工程物资（资产类） 贷
购入工程物资的实际成本	领用工程物资的实际
已备尚未使用的各种物资成本	

按“专用材料”“专用设备”“专用器具”等设明细账

3. 在建工程

借 在建工程(资产类)	贷
工程建设领用的设备、物资成本 工程建设人员薪酬、工程建设费用 出包工程的工程款和基建管理费等	验收交付使用的在建工程成本
企业尚未完工或虽已完工但还没办理竣工决算的工程成本	

按“建筑工程”“安装工程”“技术改造工程”“大修理工程”等设明细账

二、账务处理

(一) 购进固定资产

(1) 购进固定资产无须安装的，或由供货方安装并承担安装费用的，均以购买价加上应当由购入方承担的税(不含可抵扣的增值税)、费(指安装费以外的费用如运杂费等)为入账价值，并编制如下的会计分录：

借：固定资产——生产经营用固定资产
　　应交税费——应交增值税(进项税额)
　　贷：银行存款(或长期应付款等科目)

(2) 由购方负责安装并承担安装费用的外购固定资产，包括购入设备直接交付安装和购入设备先入库后安装两种，先入库后安装的，其账务处理和自营建造固定资产中的“工程材料先入库后领用”类同，此处只讲述“购入设备直接交付安装”的固定资产的账务处理。

① 购入设备直接交付安装时：

借：在建工程——某工程
　　应交税费——应交增值税(进项税额)
　　贷：银行存款(或长期应付款等科目)

② 安装设备领用企业生产经营材料：

借：在建工程——某工程
　　贷：原材料——某材料

③ 结转安装人员薪酬：

借：在建工程——某工程
　　贷：应付职工薪酬

（3）设备安装完毕交付使用，办理竣工决算时：

借：固定资产——生产经营用固定资产
　　贷：在建工程——某工程

初试身手

2021 年 3 月，远行鞋业购入一条智能生产线，进价 180 000 元，增值税 23 400 元，运费 1 350 元，增值税 121.50 元，有关款项已转账付讫，生产线安装完毕，验收合格交付使用，安装费由售方承担，固定资产验收单见图 5-2，请进行相应账务处理。

固定资产交接（验收）单

2021 年 3 月 31 日　　　　第 01503 号

编号	设备名称	规格型号	数量	出售（或承建）单位	附技术资料
11-04	制鞋流水线		1 条	石狮工贸有限公司	
原值	其中：设备费	安装费	预计使用年限	预计净残值率 1.2%	
181 350.00	180 000.00		10 年	预计净残值 2176.20	
验收部门	验收人签章	验收意见	保管使用人签章	部门主管签章	
生产车间	丁达勇	合格	丁达勇	吴雅丽	

制表：丁达勇

图 5-2　固定资产交接单

（二）自建固定资产

自建固定资产按承建方式分为自营方式建造的固定资产和出包方式建造的固定资产。

1. 自营方式建造的固定资产

如果购进工程材料直接交付工程建设，其账务处理和购进设备直接交付安装的一样，本处主要讲述购进材料先入库后领用的账务处理。

（1）购入工程建设专用设备、专用材料，验收入库：

借：工程物资——专用设备或专用材料
　　应交税费——应交增值税（进项税额）
　　贷：银行存款等科目

（2）工程建设领用专用设备、专用材料：

借：在建工程——某工程
　　贷：工程物资

（3）工程建设领用企业生产经营用存货：

借：在建工程——某工程
　　贷：原材料（或库存商品）

（4）提取工程建设人员工资及福利费：

借：在建工程——某工程
　　贷：应付职工薪酬——工资或福利费

（5）结转工程建设应承担水电、蒸汽等的辅助服务：

借：在建工程——某工程
　　贷：生产成本——辅助生产成本

（6）工程建设完工前（完工后）的借款利息：

借：在建工程——某工程（财务费用）
　　贷：应付利息

（7）工程完工，达到预定可使用状态，交付使用，办理竣工决算时：

借：固定资产——生产经营用固定资产
　　贷：在建工程——某工程【（2）+（3）+（4）+（5）+（6）（完工前的利息）】

2. 出包方式建造的固定资产

（1）按合同约定，向承建企业支付工程价款：

借：在建工程——发包工程
　　贷：银行存款

（2）工程完工，办理竣工决算，结转工程成本：

借：固定资产——生产经营用固定资产
　　贷：在建工程——发包工程

初试身手

2021 年 4 月，远行鞋业自制一条制鞋流水线，发生下列业务（有关单据略）：

（1）5 日购入制鞋设备，买价 12 万元、增值税 1.56 万元，已验收入库，价税款转账付讫。

（2）16 日，工程建设领用制鞋设备。

（3）18 日，工程建设领用生产用材料，价值 1.8 万元。

（4）28 日，提取工程建设员工薪酬 4 万元。

（5）30 日，工程验收交付使用，办理竣工决算，请进行相关的账务处理。

（三）投资者投入的固定资产

借：固定资产【评估价+由接受方承担的费用】
　　应交税费——应交增值税（进项税额）
　　贷：实收资本【合同约定的份额】
　　　　资本公积【差额】

初试身手

2021 年 5 月，远行鞋业接受达人集团投入的不需要安装的设备一台，该设备原值为 180 000 元，已提折旧 30 000 元，评估确认的价值为 120 000 元，达人集团没有提供增值税专用发票。双方协商认定：此项投资的资本份额为 100 000 元，请进行相应的账务处理。

（四）接受捐赠的固定资产

借：固定资产【捐入固定资产的确认价值+由受赠方承担的费用】
　　应交税费——应交增值税(进项税额)
　　贷：营业外收入【确认值+税款】——捐赠利得
　　　　银行存款【受赠方支付的费用】

初试身手

2021 年 7 月远行鞋业接受慈惠集团捐献的新设备一台，慈惠集团提供的增值税专用发票显示：该设备原值 50 000 元，增值税 6 500 元。远行鞋业转账支付运费 1 500 元、运费增值税 135 元，设备无须安装，验收后直接交付使用，请进行账务处理。

（五）盘盈固定资产

（1）盘盈尚未处理前：

借：固定资产——未使用固定资产【按重置价值的净值】
　　贷：以前年度损益调整

（2）经批准进行处理(即确定应纳所得所、结转留存收益)：

借：以前年度损益调整
　　贷：应交税费——应交所得税【税率为 25%】
　　　　盈余公积——法定盈余公积【(以前年度损益调整-所得税)×10%】
　　　　利润分配——未分配利润【差额】

知识拓展

小企业盘盈固定资产，按《小企业会计准则》规定，批准前应编如下会计分录：

借：固定资产【同类或类似固定资产市价——按新旧程度估计的折旧】
　　贷：待处理财产损溢——待处理固定资产损溢

批准后，应编制如下的会计分录：

借：待处理财产损溢——待处理固定资产损溢
　　贷：营业外收入

【范例】执行《小企业会计准则》的甲公司在财产清查过程中发现一台未入账的设备，约七成新。市场上同类商品的重置成本 20 000 元。则甲公司应编制如下会计分录：

（1）盘盈固定资产（即批准前）时：

借：固定资产——未使用固定资产　　14 000.00
　　贷：待处理财产损溢——待处理固定资产损溢　　14 000.00

（2）相关主管批示，按规定（即批准后）处理：

借：待处理财产损溢——待处理固定资产损溢　　14 000.00
　　贷：营业外收入　　14 000.00

【业务处理】

（1）根据“固定资产盘盈盘亏表”（图 5-1）等相关单据编制记账凭证（以分录代替）。

① 批准前：

借：固定资产——未使用固定资产　　8 000.00
　　贷：以前年度损益调整　　8 000.00

② 经批准进行处理（即确定应纳所得税、结转留存收益）：

借：以前年度损益调整　　8 000.00
　　贷：应交税费——应交所得税　　2 000.00
　　　　盈余公积——法定盈余公积　　600.00
　　　　利润分配——未分配利润　　5 400.00

（2）根据“固定资产盘盈盘亏表”（图 5-1）、设备本身的文字资料及相关单据登记固定资产卡片，如图 5-3、图 5-4 所示。

固定资产卡片（正面）

项目		停用记录						
制造国家	中国	原因		日期		原因	日期	
制造厂商	清华同方							
制造日期	2018、3、17							
制造号码	A2012050789	提取折旧			大修理记录			
使用年限	5	年	月	折旧额	日期	凭证号	摘要	金额
购置日期	2021年3月31日（盘盈日）							
原值	8000元							
其中：安装费	0							
净残值率	100元							

图 5-3　固定资产卡片（正面）

<table>
<tr><th colspan="10">固定资产卡片（反面）</th></tr>
<tr><td rowspan="5">附属物品</td><td>名称</td><td>规格</td><td>数量</td><td rowspan="5">设备变动</td><td colspan="2">安装地址</td><td colspan="2">用　途</td><td>变动年月</td></tr>
<tr><td>无</td><td></td><td></td><td colspan="2">辅助车间</td><td colspan="2">辅助生产</td><td>2021、3、31</td></tr>
<tr><td></td><td></td><td></td><td colspan="2"></td><td colspan="2"></td><td></td></tr>
<tr><td></td><td></td><td></td><td colspan="2"></td><td colspan="2"></td><td></td></tr>
<tr><td></td><td></td><td></td><td colspan="2"></td><td colspan="2"></td><td></td></tr>
<tr><td rowspan="4">部件备品</td><td>A</td><td></td><td>1</td><td rowspan="4">最大外形</td><td>长</td><td>32 cm</td><td rowspan="4">清理记录</td><td>清理日期</td><td></td></tr>
<tr><td>B</td><td></td><td>2</td><td>宽</td><td>18 cm</td><td>清理费用</td><td></td></tr>
<tr><td>C</td><td></td><td>1</td><td>高</td><td></td><td>累计折旧</td><td></td></tr>
<tr><td></td><td></td><td></td><td>总重量</td><td>4 公斤</td><td>变价收入</td><td></td></tr>
<tr><td>会计科长</td><td colspan="3">刘后佳</td><td>复核</td><td></td><td>登　记</td><td></td><td>设卡日期</td><td>2021、3、31</td></tr>
</table>

图 5-4　固定资产卡片(背面)

子项目 3：固定资产租赁

【业务呈现】

2021 年 6 月 30 日，远行鞋业股份有限公司向海峡租赁公司融资租入一台不需要安装的设备。合同约定租期 4 年，总租金 2 080 000 元，于每年的年初等额支付，增值税税率 13%，租赁期满，设备归远行鞋业股份有限公司所有。另外公司一次性转账支付含税(税率 6%)手续费 10 600 元、含税运费 10 900 元(税率 9%)，请进行相应的账务处理。

【知识准备】

租赁是指在合同规定的期限内，出租人出让资产使用权给承租人，以获取租金的行为。固定资产租赁按其性质可分为经营租赁和融资租赁。

一、固定资产经营租赁

(一) 经营租入固定资产

经营租入固定资产，因产权不归企业所有，所以不通过“固定资产”账户核算其价值，也不提折旧。其实物验收后直接在“备查账簿”上登记，经营期满归还经营租入固定资产，直接在“备查账簿”上注销。

(1) 承租人支付(不分是哪个部门租用的)初始直接费用：

借：管理费用

　　贷：银行存款

（2）承租人预付一年以上的租金：

借：预付账款
　　贷：银行存款

注：预付一年以内的租金直接列为成本费用。

（3）承租人支付租金（或用预付款抵付租金）：

借：管理费用【行政部门租用固定资产租金】
　　制造费用【生产部门租用固定资产租金】
　　销售费用【专设销售机构固定资产租金】
　　应交税费——应交增值税（进项税额）
　　贷：银行存款（或预付账款）

注：出租不动产，月租金低于3万元的免征增值税。

（4）承租人支付经营租入固定资产的押金：

借：其他应收款
　　贷：银行存款

注：收回押金编制相反的会计分录。

（5）企业经营租入固定资产发生改良（如装修）支出时：

借：长期待摊费用【在承租期内按期分摊】
　　贷：银行存款等科目

初试身手

运行鞋业从大商公司经营租入一间沿街店用作新品展示，以扩大销售。

（1）该店面价值1 000万元，预计使用50年；

（2）租入时转账支付相关费用5 000元；

（3）租期三年，远行鞋业于开始日一次性预付租金100万元；

（4）远行装修店面，转账支付各种费用30 000元；

（5）每年年末用预付款抵扣租金40万元、增值税5.2万元，不足部分转账付讫；

（6）每年年末分摊装修费用10 000元；

（7）租赁期满后，退还办公用房。

（二）经营租出固定资产

企业将暂时不用或者不需要用的固定资产对外出租，可以提高固定资产的利用效率。经营租出固定资产所有权属于出租企业，所以还是企业自有资产，仍然要提取折旧。

（1）企业将不需要用的固定资产转为经营出租，应编如下会计分录：

借：固定资产——出租用固定资产
　　贷：固定资产——不需用固定资产

(2) 按月对出租固定资产提取折旧，应编制如下会计分录：

借：其他业务成本
　　贷：累计折旧

(3) 企业收取出租固定资产押金，应编如下会计分录：

借：银行存款
　　贷：其他应付款——出租固定资产押金

注：归还押金编制相反的会计分录。

(4) 企业收取出租固定资产的租金(或用押金抵减租金)，应编如下会计分录：

借：银行存款(或其他应付款)
　　贷：其他业务收入
　　　　应交税费——应交增值税(销项税额)

初试身手

远行鞋业将一条不需要使用的制鞋生产线经营出租给某鞋企。

(1) 该生产线原值15万，预计使用5年，已用3年；

(2) 转账收取押金45 000元；

(3) 按月提取折旧2 500元；

(4) 开出税票、每月含税租金3 390元，用押金抵扣；

(5) 租赁期一年，期满，收回出租设备。

(6) 以库存现金归还剩余押金。

二、固定资产融资租赁

承租方对融资租入固定资产虽不具有所有权，但与资产所有权相关的全部风险和报酬实质上已转移给承租方。因此在会计处理上，承租方将融资租入固定资产视同自有资产，列入“固定资产”账户核算，并按期计提折旧。

融资租入固定资产应以租赁合同规定的付款总额以及签订租赁合同过程中发生的相关费税之和作为其初始入账成本。

(1) 以租赁开始日合同约定的应付租赁款总额：

借：固定资产——融资租入固定资产
　　贷：长期应付款

注：融资租入固定资产如果需要安装，则先计入“在建工程”账户，待安装完毕验收合格后，再转入“固定资产——融资租入固定资产”账户。

(2) 可归属于租赁项目的手续费、律师费、差旅费、印花税等初始直接费用：

借：固定资产——融资租入固定资产
　　贷：银行存款

(3) 每年支付租金及增值税:

借: 长期应付款
　　应交税费——应交增值税(进项税额)
　　贷: 银行存款

(4) 租赁期满，结转固定资产:

借: 固定资产——生产经营用固定资产
　　贷: 固定资产——融资租入固定资产

【业务处理】

(1) 以合同约定的租赁总额以及手续费、运杂费作为初始成本入账:

借: 固定资产——融资租入固定资产	2 100 000.00	
应交税费——应交增值税(进项税额)	1 500.00	
贷: 长期应付款——海峡租赁公司		2 080 000.00
银行存款		21 500.00

(2) 每年支付租金(2 080 000.00÷4=520 000.00)及增值税(520 000×13%)

借: 长期应付款——海峡租赁公司	520 000.00	
应交税费——应交增值税(进项税额)	67 600.00	
贷: 银行存款		587 600.00

(3) 租赁期满，结转固定资产:

借: 固定资产——生产经营用固定资产	2 100 000.00	
贷: 固定资产——融资租入固定资产		2 100 000.00

子项目4: 固定资产折旧

【业务呈现】

天路鞋业股份有限公司新建办公楼一座，建造成本为908 200.00元，预计使用年限为50年，预计残值35 544元，预计清理费用108 200元。请用平均年限法计算该办公楼的年折旧率和月折旧额，并编制相应的记账凭证。

【知识准备】

固定资产折旧是指在固定的使用寿命内，按照确定的方法对固定资产应提取的折旧额进行系统的分摊。

一、影响固定资产折旧的因素

(1) 固定资产原值。原值就是固定资产的初始成本，如果固定资产计提了减值准备，应在扣除了减值准备后再计提折旧。

(2) 固定资产的净残值(预计残值——清理费用)。

(3) 固定资产使用寿命(有形损耗和无形损耗)。

二、计提折旧的固定资产范围

1. 空间范围

不提折旧的固定资产：

(1) 按规定单独估价作为固定资产入账的土地。

(2) 经营租赁方式租入的固定资产。

(3) 融资租赁方式租出的固定资产。

(4) 除房屋建筑物外停用的固定资产。

2. 时间范围

(1) 当月增加的固定资产，当月不提折旧，下月起计提。

(2) 当月减少的固定资产，当月照提折旧，下月起不提。

(3) 已提足折旧继续使用的固定资产不提折旧。

(4) 提前报废的固定资产不提折旧。

三、计提折旧的具体方法

1. 直线法(平均年限法)

(1) 定义：直线法就是按固定资产使用年限平均计算折旧的方法。

(2) 公式：

$$年折旧额=\frac{固定资产原值-(预计净残值收入-预计清理费用)}{固定资产预计使用年限}$$

年折旧率=(1-预计净残值率)÷预计使用年限×100%

月折旧率=年折旧率÷12　　　　月折旧额=固定资产原值×月折旧率

2. 工作量法

(1) 定义：工作量法就是以固定资产应计折旧额除以预计工作量或者工作时间，平均计算单位工作量或工作时间的折旧额。

(2) 公式：

单位工作量折旧额=固定资产原价(1-预计净残值率)÷预计总工作量

某项固定资产月折旧额=该项固定资产当月工作量×单位工作量折旧额

3. 年数总和法

(1) 定义：快速折旧法的一种，固定资产原值减去净残值后的净额乘以一个逐步递减的年折旧率计算出每年的折旧额。

（2）公式：

$$逐年递减的年折旧率=\frac{(预计使用年限-已使用年限)\times 2}{预计使用年限\times(预计使用年限+1)}$$

年折旧额=（固定资产原值-预计净残值）×逐年递减的年折旧率

4. 双倍余额递减法

（1）定义：快速折旧法的一种，就是在不考虑固定资产净残值的情况下，根据每期期初固定资产账面余额乘以双倍直线折旧率来计算当年固定资产年折旧额的一种方法。但是在固定资产折旧年限到期前两年，应将固定资产账面余额扣除净残值后的净值平均摊销。

（2）公式：

年折旧率=2÷预计使用年限　　　　月折旧率=年折旧率÷12

年（或月）折旧额=固定资产年初账面余额×年（或月）折旧率

$$最后二年的年折旧额=\frac{倒数第2年固定资产年初账面余额-净残值}{2}$$

四、固定资产折旧的账务处理

借：管理费用——折旧费【行政部门使用的固定资产折旧】
　　制造费用——折旧费【生产部门使用的固定资产折旧】
　　销售费用——折旧费【专设销售机构使用的固定资产折旧】
　　其他业务成本【经营出租的固定资产折旧】
　　研发支出【用于研究开发无形资产的固定资产折旧】
　　在建工程【为工程建设服务的固定资产折旧】
　　贷：累计折旧

【业务处理】

1. 求预计净残值率

预计净残值率=（35 544-108 200）÷908 200×100%=-8%

2. 求年折旧率

年折旧率=[1-(-8%)]÷50×100%=2.16%

3. 求月折旧额

月折旧额=908 200×2.16%÷12=1634.76

4. 编制记账凭证

借：管理费用——折旧费　　　　1 634.76
　　贷：累计折旧　　　　　　　　1 634.76

初试身手

2021 年 10 月 25 日，天路鞋业股份有限公司购入一项高科技设备，原值 160 万元，预计使用 5 年，预计净残值 4 000 元，请分别采用年数总和法、双倍余额递减法计算该设备每年的折旧率及折旧额。

子项目 5：固定资产后续支出

【业务呈现】

天路公司拥有鞋业批发商场一座，原价 200 万元，预计使用年限 50 年，现已使用 20 年，已提折旧 80 万元。由于扩大经营的需要，决定对其进行改造，以提高使用面积。请财务部门参与监督管理并进行会计核算。

【知识准备】

固定资产后续支出是指固定资产投入使用后，对其进行维护、改扩建、改良所发生的各项支出。

一、资本化后续支出

所谓资本化就是将符合条件的支出计入相关资产的成本，而不是当期损益。如果固定资产的后续支出有可能使流入企业的经济利益超过原先预计，则应给予资本化处理。

（1）停止使用，不提折旧，将固定资产账面价值转入在建工程：

借：在建工程【净值】
　　累计折旧【账面余额】
　　贷：固定资产【原值】

（2）改良或改扩建过程中发生支出（与自营建造工程中的支出处理相同）。

（3）改良或改扩建中发生的变价收入：

借：银行存款（或其他有关科目）
　　贷：在建工程

（4）改良工程完工，交付使用：

借：固定资产
　　贷：在建工程【（1）+（2）-（3）】

（5）改良或改扩建后（改良或改扩建期间不提折旧）应重新计提折旧额：

改良或改扩建后的折旧年限＝原固定资产折旧年限-已使用年限+改良或改扩建后可延的年限-改良时间

二、费用化后续支出

固定资产中小修理的各项支出，应当计入当期损益，因为中小修理只是确保固定资产的正常运行，不会增加固定资产未来经济利益的流入，所以不能计入固定资产的成本。

固定资产大修理的各项支出，如果不满足资本化确认条件，则作为费用化后续支出，计入当期损益。(满足资本化条件的应当计入固定资产的成本)

借：管理费用【行政部门及生产部门的固定资产修理费】
　　销售费用【专设销售机构使用的固定资产修理费】
　　贷：银行存款或其他相关科目

注：《小企业会计准则》规定：小企业生产部门固定资产修理费计入"制造费用"账户。

【业务处理】

(1) 停止使用、不提折旧，将固定资产账面价值转入在建工程：

借：在建工程——改扩建工程　　1200 000.00
　　累计折旧　　800 000.00
　　贷：固定资产——生产经营用固定资产　　2000 000.00

(2) 经财务部门审核，改扩建过程，总共支出 600 000 元，全部通过银行转账付讫：

借：在建工程——改扩建工程　　600 000.00
　　贷：银行存款　　600 000.00

(3) 改扩建过程完工，经有关部门验收合格，交付使用：

借：固定资产——生产经营用固定资产　　1800 000.00
　　贷：在建工程——改扩建工程　　1800 000.00

(4) 改扩建后，提高了使用面积，并使商场的使用寿命延长了 15 年：

改扩建后折旧年限=50-20+15=45 年【注：不考虑建设时间】

初试身手

2021 年 10 月，小企业长亮鞋业基本生产车间对设备进行小修理，转账购进修理用材料 8 000 元，直接交付车间供修理使用，月末维修车间转来应由基本生产车间负担的修理费用 15 000 元，请进行相应的账务处理。

子项目 6：固定资产处置

【业务呈现】

晋工机械股份有限公司 2022 年 4 月 25 日因技术进步提前报废设备一套，该设备原值为 300 000 元，增值税进项税额 39 000. 00 元已认证抵扣，已提折旧 120 000 元。请财务部门监督该设备的清理工作并进行相应的会计核算。

【知识准备】

固定资产满足下列条件之一的，应当终止确认：

（1）固定资产处于处置状态。如企业已准备或正在将某项固定资产出售、对外投资、对外捐赠或用于非货币交换、债务重组等。

（2）该固定资产预期通过使用或处置不能产生经济利益。如达到报废条件需要报废的固定资产、为灾害损毁的固定资产等。

会计上应通过“固定资产清理”账户核算固定资产处置的相关业务。

一、投资转出固定资产

（1）将固定资产终止确认，转入清理：

借：固定资产清理【净值】
　　累计折旧【账面余额】
　　贷：固定资产【原值】

（2）固定资产对外投资：

借：长期股权投资【双方确认的投资额】
　　贷：固定资产清理

（3）固定资产对外投资视同销售，应计取增值税销项税额：

借：固定资产清理【投资额÷(1+增值税税率)×增值税税率】
　　贷：应交税费——应交增值税(销项税额)

（4）固定资产对外投资中发生各种应由投资方负担的费用：

借：固定资产清理【实际发生的金额】
　　贷：银行存款等相关科目

（5）结转固定资产对外投资净损益(注：结转净损益后固定资产清理账户余额为零)：

① 结转净盈利：

借：固定资产清理
　　贷：资产处置收益

② 结转净亏损：

借：资产处置收益
　　贷：固定资产清理

初试身手

2021年10月，天彩服饰将2018年购入的设备投资给围江公司，该设备购入时收到增值税普通发票，原值800万元，现已提折旧160万元，评估价702万元，在对外投资过程中，天彩服饰转账支付搬运费、安装费10万元，请进行相应的账务处理。

二、无偿捐赠转出固定资产

（1）将固定资产终止确认，转入清理(与投资转出固定资产的会计分录相同)。

（2）确认对外捐赠：

借：营业外支出

　　贷：固定资产清理

　　　　应交税费——应交增值税(销项税额)【公允价值×增值税税率】

初试身手

2021年10月，天彩服饰通过晋江市红十字会向灾区捐出设备一台，该设备原值25万元，累计折旧5万元，公允价值18万元，适用增值税税率为13%，请进行相应的账务处理。

三、出售、报废或毁损的固定资产

出售：(变卖)转让不适用或不需用的固定资产，回笼货币资金。

报废：指因固定资产有形损耗或无形损耗导致的正常报废。

毁损：指固定资产非正常报废，因自然灾害或责任事故造成的。

（一）增值税的相关规定

小规模纳税人以及适用简易计税方式计税的一般纳税人销售不动产、经营租赁不动产，按5%的征收率征收增值税。

一般纳税人销售不动产，按9%的征收率征收增值税，销售自已使用过的固定资产(不包括不动产)若符合规定情形或者采用简易办法，则按3%的征收率减按2%征收增值税。

规定情形有：

（1）在纳入"扩大增值税抵扣范围试点的纳税人"之前购进或自制的固定资产。

（2）按规定不得抵扣且未抵扣进项的固定资产。

（3）购进或自制固定资产时为小规模纳税人，认定为一般纳税人后销售该固定资产。

（4）营改增试点日之前取得的固定资产。

例如，某公司2019年9月销售一套营改增之前购进的已用设备，取得收入41 200. 00元，则应征收的增值税销项金额是：41 200. 00÷(1+3%)×2%＝800. 00(元)。

已抵扣进项税额的固定资产正常报废，或者因重大自然灾害造成的报废，已抵扣的进项税额不用转出；已抵扣进项税额的固定资产提前报废，或者因管理不善等原因造成毁损、被盗等，应按下列公式计算不得抵扣的进项税额。

不得抵扣的进项税额=固定资产净值×适用税率。

（二）账务处理

（1）固定资产转入清理，账务处理如下：

① 将待销售或者正常报废固定资产转入清理：

借：固定资产清理【净值】
　　累计折旧【账面余额】
　　贷：固定资产【原值】

② 将提前报废或者非正常损毁的固定资产转入清理：

借：固定资产清理【净值+进项税额转出】
　　累计折旧【账面余额】
　　贷：固定资产【原值】
　　　　应交税费——应交增值税（进项税额转出）

（2）取得收入（通过银行转账收讫），账务处理如下：

① 销售固定资产取得价税款：

借：银行存款【价税款】
　　贷：固定资产清理【售价】
　　　　应交税费——应交增值税（销项税额）

② 毁损、报废固定资产的赔偿款、变价收入或残料入库：

借：银行存款（或原材料等科目）
　　贷：固定资产清理

（3）支付或计提清理费用，账务处理如下：

借：固定资产清理
　　贷：银行存款（或库存现金、应付职工薪酬等科目）

（4）结转固定资产清理净损益，账务处理如下：

① 结转出售固定资产的净收益：

借：固定资产清理
　　贷：资产处置收益

如果是结转出售固定资产净亏损，则编制相反的会计分录。

② 结转报废或损毁固定资产净收益：

借：固定资产清理
　　贷：营业外收入——处置非流动资产净收益

如果结转报废或损毁固定资产的净亏损，则编制会计分录如下：

借：营业外支出——处置非流动资产净损失
　　贷：固定资产清理

【业务处理】

该损毁设备非不动产，属于进项税额已抵扣的固定资产，转入清理时，应当转出已抵扣的进项税额。

（1）固定资产转入清理：

借：固定资产清理	203 400.00	
累计折旧	120 000.00	
贷：固定资产		300 000.00
应交税费——应交增值税(进项税额转出)		23 400.00

注：进项税额转出＝(300 000.00－120 000.00)×13%＝23 400.00

（2）提前报废设备，一些备件验收入库，估值48 400元：

借：周转材料——修理用备件	48 400.00	
贷：固定资产清理		48 400.00

（3）转账支付清理费用8 000元，增值税1040元：

借：固定资产清理	8 000.00	
应交税费——应交增值税(进项税额)	1 040.00	
贷：银行存款		9 040.00

（4）结转净损失：

借：营业外支出——设备报废损失	163 000.00	
贷：固定资产清理		163 000.00

注：设备报废净损失＝203 400+8 000－48 400＝163 000(元)

子项目7：固定资产清查和减值

【业务呈现】

2021年5月，远行鞋业盘亏小型机台一套，相关资料如图5-5所示，该设备2018年5月购进，当年的增值税税率为16%，进项税额9 600元已全额抵扣，请按《企业会计准则》的规定编制批准前、后的会计分录。

<table>
<tr><td colspan="13">固定资产盘盈盘亏表
2021 年 5　月 30　日</td></tr>
<tr><td rowspan="2">固定资产编　号</td><td rowspan="2">名称</td><td rowspan="2">规格型号</td><td colspan="3">盘盈</td><td colspan="3">盘亏</td><td colspan="3">毁损</td><td rowspan="2">原 因</td></tr>
<tr><td>数量</td><td>重置价值</td><td>新旧程度</td><td>数量</td><td>原值</td><td>折旧</td><td>数量</td><td>原值</td><td>折旧</td></tr>
<tr><td>B215997</td><td>小型机台</td><td>套</td><td></td><td></td><td></td><td>1</td><td>6 万</td><td>4 万</td><td></td><td></td><td></td><td></td></tr>
<tr><td rowspan="2">处理意见</td><td colspan="4">审批部门</td><td colspan="4">清查小组</td><td colspan="4">使用管理部门</td></tr>
<tr><td colspan="4">按会计准则规定处理　刘远印行</td><td colspan="4">负责人：江海涛</td><td colspan="4">辅助生产车间</td></tr>
</table>

图 5-5　固定资产盘盈盘亏表

【知识准备】

一、固定资产盘亏的账务处理

一个管理规范的企业，很少会发生固定资产的盘盈或盘亏。对经常出现固定资产盈亏的企业，应加强对固定资产的日常管理，全面落实责任制。对盘盈固定资产的账务处理见子项目 2，对盘亏固定资产的账务处理详述如下：

（1）发现盘亏、批准前的账务处理：

借：待处理财产损溢——待处理固定资产损溢
　　累计折旧【账面余额】
　　贷：固定资产【原值】
　　　　应交税费——应交增值税（进项税额转出）

注：购进或自制固定资产时未抵扣增值税的，盘亏时不存在进项税额转出的问题。

（2）批准后的账务处理：

借：营业外支出——盘亏损失
　　贷：待处理财产损溢——待处理固定资产损溢

二、固定资产减值

企业期末发现固定资产存在下列情形时应提减值准备：

（1）固定资产市价跌幅大大高于因时间推移或正常使用而预计的下跌，并且预计在近期内不可能恢复。

（2）同期市场利率大幅度提高，进而很可能影响到企业计算固定资产可回收金额的折现率，并导致固定资产可回收金额大幅度降低。

（3）固定资产陈旧过时或发生实体损坏等。

（4）其他有可能表明企业资产已发生减值的情形。

计提减值准备时，按固定资产的可回收金额与账面价值的差额编制会计分录：

借：资产减值损失——固定资产减值准备
　　贷：固定资产减值准备【固定资产账面净值——可回收金额】

固定资产减值损失一经确认，在以后的会计期间不得转回；同时固定资产减值损失确定后，其折旧或摊销费用应作相应的调整，以使固定资产在剩余的使用寿命内，系统地分摊调整后的固定资产价值。

【业务处理】

(1) 批准前的账务处理：

借：待处理财产损溢——待处理固定资产损溢	23 200.00	
累计折旧	40 000.00	
贷：固定资产		60 000.00
应交税费——应交增值税(进项税额转出)		3 200.00

注：进项税额转出 = (60 000.00−40 000.00)×16% = 3 200(元)

(2) 批准后的账务处理：

借：营业外支出——盘亏损失	23 200.00	
贷：待处理财产损溢——待处理固定资产损溢		23 200.00

知识拓展

《小企业会计准则》规定：小企业不对固定资产提取减值准备。

项目六　无形资产及长期待摊费用

知识目标：熟悉无形资产的含义、内容、特点及确认条件等基本理论。了解长期待摊费用的内容。

能力目标：掌握无形资产取得、摊销、出租、处置和减值等相关业务的账务处理。掌握长期待摊费用取得、摊销等相关业务的账务处理。

思政目标：依法核算与监督无形资产业务，坚持科技进步，促进企业转型升级。

《企业会计准则——无形资产》规定：无形资产是企业拥有或控制的没有实物形态的可辨认的非货币性资产。无形资产包括专利权、非专利技术、商标权、特许经营权、著作权等内容，正确运用无形资产对企业提升产品的科技含量以及产品的美誉度，推动企业转型升级具有重要意义。

子项目 1：无形资产

【业务呈现 1】

七彩印染厂从 2019 年 7 月开始，对无水染色技术进行研究开发，财务部门参与监督管理并进行核算。

【知识准备】

一、无形资产的确认

确认一项资产为无形资产，除了符合无形资产的定义，还必须同时满足以下两个条件：第一，与该资产有关的经济利益很可能流入企业；第二，该资产的成本能够可靠地计量。

二、无形资产的特征

（1）非实体与可辨认。不存在实物形态但却可以辨认，是可以单独取得和处置的资产。

（2）效益性与不确定。能在较长时间内给企业带来经济利益，但获利能力不能准确认定。

（3）持有的目的是为了企业使用。

（4）属于非货币性的长期资产。

三、无形资产的内容

无形资产一般包括专利权、非专利技术、商标权、著作权、土地使用权、特许经营权等。

（1）专利权，是国家专利主管机关依法授予专利申请人对其发明创造在法定期限内所享有的专有权利，包括发明专利权、外观设计专利权及实用新型专利权。

（2）非专利技术，是非专利人对其发现、发明等科技成果所享有的权利。非专利技术不受法律保护，具有经济性、机密性、动态性的特点。

（3）商标权是商标注册人对其注册商标的专用权，包括文字商标权、图形商标权、记号商标权、组合商标权。商标注册人在有效期(10年)满而未续展的，商标权自行终止(图6-1，图6-2)。

图6-1　注册商品(1)

图6-2　注册商品(2)

（4）著作权，也称版权，是著作权人对其著述和创作的作品所享有的专有权利，包括发表权、署名权、修改权、保护作品完整权、使用和获得报酬权等。

（5）土地使用权，是指国家准许某一企业或单位在一定时期内对国有土地所享有的使用权，包括开发权、利用权和经营权。

（6）特许经营权，又称特许权或特许组合权。指为了实现一定商业目的，由特许人拥有并授予受许人使用的具有市场竞争力的商业要素的组合。在市场竞争中，竞争力表现为品牌的知名度、技术优势、产品质量、服务水平等多种要素的组合。受许人获得特许人授予的特许经营权，从而获得参与市场竞争的一定条件。

四、无形资产的计价

（1）购入的无形资产，按实际支付价款入账。无形资产若属于增值税应税服务项目，并且取得符合抵扣条件的发票，允许抵扣，否则购进时支付的增值税额计入无形资产成本。

（2）接受投资者投入的无形资产，按照投资合同或协议约定的价值入账，但合同或协议约定的价值不公允的除外，无形资产若属于增值税应税服务项目，投资方能够提供增值税抵扣证明的，允许抵扣。

（3）自行研发并依法确认的无形资产，研究阶段的支出，应在其发生时确认为费用；开发阶段的支出，具备资本化条件的，计入“无形资产”账户，不具备资本化条件的，计入当期损益。在研究、开发阶段领用自产的产成品，无须视同销售，按成本结转库存商品即可。

（4）接受捐赠的无形资产，有合法单据的，以单据上的金额加上应支付的相关税费为无形资产的入账价值；无合法单据的，以其市价或类似无形资产的市价为入账价值。无形资产若属于增值税应税服务项目，捐赠方能够提供增值税抵扣证明的，允许抵扣。

（5）通过债务重组方式获取的无形资产，以取得无形资产的公允价值为入账价值。无形资产若属于增值税应税服务项目，对方能够提供增值税抵扣证明的，允许抵扣。

【业务处理 1】

（1）七彩印染厂开始研发无水染色技术，从 2019 年 7 月 1 日起至 2019 年 12 月 31 止为研究阶段，期间共领用原材料 18 000 元，提取研究人员工资 136 000 元，转账支付其他研究费用 200 000 元。

① 2019 年发生的各项研发支出：

借：研发支出——费用化支出	354 000. 00	
贷：原材料		18 000. 00
应付职工薪酬——工资		136 000. 00
银行存款		200 000. 00

② 2019 年 12 月 31 日，经确认当年发生的各项研发支出均属研究阶段支出：

借：管理费用——研发费用	354 000. 00	
贷：研发支出——费用化支出		354 000. 00

（2）2020 年该项技术进入开发阶段，共发生各项支出 360 000 元，均符合资本化条件，其中，提取开发人员工资 250 000 元，转账支付其他各项费用 110 000 元。2019 年底，开发活动结束，成功开发并申请一项专利技术，请进行相应的账务处理。

① 2020 年发生的各项研发支出：

借：研发支出——资本化支出	360 000. 00	
贷：应付职工薪酬——工资		250 000. 00
银行存款		110 000. 00

② 2020 年 12 月 31 日，该项技术研发完成并确认为企业的无形资产：

借：无形资产——无水染色技术	360 000. 00	
贷：研发支出——资本化支出		360 000. 00

初试身手

2021 年 1 月，远行鞋业接受海创公司投资转入的商标权一项，海创公司提供的增值税专用发票注明：该商标权总价 60 万元，增值税 36 000 元，合同约定的资本份额为 50 万元，增资手续和商标权的过户手续已经依法办理完毕，请进行相应账务处理。

【业务呈现 2】

根据图 6-3 编制相应的记账凭证。

无形资产摊销计算单

2021 年 1 月　　单位：元

无形资产种类	无形资产名称	使用部门	无形资产原值	摊销年限	年摊销额	月摊销额
专利技术	无水染色技术	生产部门	360 000	5	72 000	6 000
合		计			72 000	6 000

审核：　　制表：

图 6-3 无形资产摊销计算单

【知识准备】

《企业会计准则——具体准则》对无形资产摊销作了如下规定：

(1) 无形资产应自取得当月起进行摊销，减少当月以及提足摊销额的次月停止摊销；

(2) 无形资产的使用寿命由企业根据相关规定，并结合企业个体情况加以确定；

(3) 使用寿命不确定的无形资产不应摊销，但至少应在每年年末进行减值测试；

(4) 无形资产应摊销金额是其成本扣除预计残值和已经提取的减值准备后的金额。

(5) 无形资产一般采用直线法进行摊销，同时应进行如下的账务处理：

借：管理费用【生产经营管理直接相关的无形资产摊销】
　　制造费用【与产品制造直接相关的无形资产摊销】
　　贷：累计摊销

【业务处理 2】

根据图 6-3，编制记账凭证如下（以会计分录代替）：

借：制造费用——无形资产摊销　　6 000.00
　　贷：累计摊销　　6 000.00

知识拓展

小企业无形资产摊销一般不考虑净残值。

法律或合同规定了使用年限的按规定年限分期摊销；无规定年限的应综合各种因素进行确定；小企业无法可靠估计无形资产使用寿命的，按不超过 10 年的期限进行摊销。

【业务呈现3】

2022年1月1日起，七彩印染厂将某项非专利技术租给九天印染厂。

【知识准备】

无形资产出租就是在合同规定的期限内向承租人转让无形资产的使用权(不含土地使用权)，出租方仍然享有无形资产的所有权。具体账务处理如下。

(1) 取得租金收入：

借：银行存款
　　其他业务收入
　　应交税费——应交增值税(销项税额)

(2) 出租无形资产摊销：

借：其他业务成本
　　贷：累计摊销

(3) 支付与无形资产出租相关的费用：

借：其他业务成本
　　贷：银行存款

【业务处理3】

(1) 每月按时转账收取租金(含税)848.00元：

借：银行存款	848.00
其他业务收入	800.00
应交税费——应交增值税(销项税额)	48.00

(2) 经计算，专有技术每月应摊销金额为560元：

借：其他业务成本	560.00	
贷：银行存款		560.00

【业务呈现4】

2022年1月1日，七彩印染厂向B公司转让无水染色技术，获得含税(税率6%)收入424 000元，已转入本企业存款账户，增值税税率6%。公司派技术员到B公司指导“无水染色”技术的运用，时间2个月，薪酬20 000元由七彩公司承担。2个月后技术转让结束，请根据相关单据编制会计分录。

【知识准备】

出售无形资产就是企业转让土地使用权或者转让其他无形资产所有权的行为，出让方在获得收益的同时也要依法纳税。

企业转让技术、商标权、著作权、商誉(不在无形资产账户核算)、自然资源和其他权益性无形资产的使用权或所有权，增值税税率为6%。

企业转让土地使用权的增值税税率为9%，如果是转让2016年4月30日前取得的土地使用权，可选择适用简易计税方法，计算公式如下：

应缴纳的增值税=(出售土地使用权时取得的全部售价和价外费用—取得该土地使用权的原价)×5%

具体账务处理如下：

借：银行存款【无形资产销售收入】
　　累计摊销【已提摊销账面余额】
　　无形资产减值准备【没提减值准备的，不必借记本科目】
　　贷：无形资产【该项无形资产的账面余额】
　　　　应交税费——应交增值税(销项税额)
　　　　银行存款【支付由出售方承担的费用】
　　　　资产处置收益【根据具体业务判断借贷方向】

注：如果转让的无形资产免征增值税，则不必贷记“应交税费——应交增值税”账户。

【业务处理4】

无水染色技术于2020年12月31日研发(见本项目子项目1的业务处理1)成功，从2021年1月1日开始(见本项目的子项目1的业务处理2)摊销，至2022年1月1日出售时，已累计摊销一年，但未提取减值准备。相关账务处理如下：

借：银行存款	424 000.00	
累计摊销	72 000.00	
贷：无形资产——无水染色技术	360 000.00	
应交税费——应交增值税(销项税额)		24 000.00
应付职工薪酬		20 000.00
资产处置收益		92 000.00

【业务呈现5】

2022年1月31日，七彩印染厂经评估发现，出租(见本项目子项目1业务处理3)收回的非专利技术已不能为企业带来经济效益，决定给予报废。请进行相应的账务处理。

【知识准备】

无形资产的报废就是企业转销预期不能为企业带来经济效益的无形资产，转销后，该无形资产相关的“无形资产”“累计摊销”账户余额为零，具体账务处理如下：

借：营业外支出【报废净损失】
　　累计摊销【已提摊销账面余额】
　　无形资产减值准备【没提减值准备的，不必借记本科目】
　　贷：无形资产【该项无形资产的账面余额】

【业务处理 5】

出租[见本子项目业务呈现 3]收回的非专利技术已不能为企业带来经济效益，决定给予报废。至报废时，该项非专利技术账面原值 150 000 元，已经摊销 90 000 元，已提减值准备 50 000 元，相关账务处理如下：

借：营业外支出	10 000.00	
累计摊销	90 000.00	
无形资产减值准备	50 000.00	
贷：无形资产		150 000.00

【业务呈现 6】

2021 年 12 月 31 日，七彩印染厂评估发现，公司专有技术 B 因出现可代替新技术，为企业创利能力将大幅下降，专有技术 B 账面原值 100 000 元，已经摊销 30 000 元，估计可回收金额为 20 000 元，请对专有技术 B 提取减值准备并进行账务处理。

【知识准备】

《企业会计准则》规定：年度终了，企业的无形资产发生下列情形，导致无形资产的账面价值高于其可回收金额，应当计提无形资产减值准备：

（1）某项无形资产被新技术所取代，为企业创造经济利益的能力大幅下降。

（2）某项无形资产已超过法律保护期限，还保有部分使用价值。

（3）某项无形资产的市价在当期大幅下跌，并在剩余摊销期内不会恢复。

（4）某项无形资产已被证明发生了大幅减值的情形。

具体账务处理如下：

借：资产减值损失——提取无形资产减值准备
　　贷：无形资产减值准备【账面余额高于可回收金额的差额】

知识拓展

《小企业会计准则》规定：小企业不提无形资产减值准备。

小企业无形资产的全部业务（含无形资产取得、出租、出售、报废、对外投资等）的账务处理无不涉及“无形资产减值准备”账户。

【业务处理 6】

专有技术 B 应提减值准备金额 = 100 000 - 30 000 - 20 000 = 50 000(元)

相关账务处理如下：

借：资产减值损失——提取无形资产减值准备　　50 000.00
　　贷：无形资产减值准备　　50 000.00

子项目 2：长期待摊费用

【业务呈现】

七彩印染厂 2021 年的年初以经营租赁方式租入一座办公楼，租期六年，七彩印染厂根据需要对该办公楼进行装修，装修工程承包给泉海建筑集团第一工程队，七彩印染厂财务部门参与监督管理并进行会计核算。

【知识准备】

长期待摊费用是指企业已经支出，应由本期和以后各期负担的，摊销期在一年以上(不含一年)的各项费用。

一、长期待摊费用的内容

企业的长期待摊费用主要包括：开办费、租入固定资产改良支出、固定资产大修理支出、股票发行费用等。企业应当由本期负担的借款利息、租金，企业已缴纳的税金等不能作为长期待摊费用。

(1) 开办费：是指企业自批准筹建之日起，至开始生产、经营(包含试生产、试营业)之日止(即筹建期间)发生的各项费用。

(2) 租入固定资产的改良支出：是指企业由于生产经营上的需要，对经营性租入固定资产进行改良所发生的各项支出。

(3) 固定资产大修理支出：企业固定资产大修理支出因金额较大、受益期较长(一般在一年以上)，所以应当通过“长期待摊费用”账户进行账务处理。

(4) 股票发行费用：指企业与股票发行直接相关的费用，一般包括股票承销费、注册会计师费(包括审计、验资、盈利预测等费用)、评估费、律师费、公关及广告费、印刷费及其他直接费用等。

二、账务处理

(1) 发生长期待摊费用时(如果通过在建工程核算的，完工后再转入长期待摊费用)：

借：长期待摊费用(或在建工程)
　　贷：应付职工薪酬
　　　　银行存款

注：长期待摊费用应按费用项目(支出项目)设置明细账户，进行明细核算。

(2) 按月摊销长期待摊费用：

借：管理费用【受益对象为行政部门】
　　制造费用【受益对象为车间或生产部门】
　　销售费用【受益对象为企业销售部门】
　　贷：长期待摊费用

注：开办费在企业开始生产经营时，一次性转入“管理费用”账户。

【业务处理】

(1) 七彩印染厂支付泉海建筑集团第一工程队承包款 108 000 元时：

借：在建工程——经营租入固定资产装修工程	108 000.00	
贷：银行存款		108 000.00

(2) 工程完工，七彩印染厂验收合格时：

借：长期待摊费用——经营租入固定资产装修费用	108 000.00	
贷：在建工程——经营租入固定资产装修工程		108 000.00

(3) 七彩印染厂按月摊销经营租入固定资产装修费用：

借：管理费用	1 500.00	
贷：长期待摊费用——经营租入固定资产装修费		1 500.00

注：月摊销额 =(108 000÷6)/ 12=1 500(元)

知识拓展

《小企业会计准则》规定：小企业筹建期间发生的开办费，不通过“长期待摊费用”账户核算，直接记入小企业的“管理费用”账户。

项目七 流动负债

知识目标：熟悉流动负债的含义、特点、分类及各项具体流动负债的管理要求。

能力目标：掌握应付账款、预收账款、短期借款、应付票据、应付职工薪酬、应交税费等各类流动负债的账务处理。

思政目标：重视对流动负债业务的核算与监督，诚信经营，依法维护债权人的合法权益，为营造良好的营商环境尽企业应尽的责任。

流动负债是指企业在一年或超过一年的一个营业周期内必须偿还的债务。流动负债具有偿还期短、偿还额小、偿还形式多样化的特点。当流动负债产生时，一般按未来应付金额或面值来计量流动负债。

子项目1：应付账款

【业务呈现】

2021年10月9日七彩印染厂从天虹公司购进一批染料，增值税专用发票(略)注明：价款80 000元，增值税10 400元，对方代垫含税(税率9%)运费545元。染料已验收入库但款项尚未支付。财务部门参与监督管理并进行会计核算。

【知识准备】

应付账款是企业因采购存货或接受劳务而产生的应付未付款，属于应付金额肯定的流动负债，其入账时间为存货所有权发生转移的时间或是所接受劳务已提供的时间。

企业应设“应付账款”账户对其进行总括核算，并按照供应单位设置明细账进行明细核算。“应付账款”贷方登记因采购存货或接受劳务而形成的短期应付债务，借方登记用银行存款、商业汇票偿还的债务金额，期末余额一般在贷方，表示尚未偿还的债务金额。

【业务处理】

(1) 染料验收入库、款项尚未支付时：

借：原材料——染料	80 500.00	
应交税费——应交增值税(进项税额)	10 445.00	
贷：应付账款——天虹公司		90 945.00

(2) 七彩印染厂转账支付天虹公司应付款项时：

借：应付账款——天虹公司	90 945.00
贷：银行存款	90 945.00

子项目 2：预收账款

【业务呈现】

2021 年 12 月 9 日，根据购销协议，天虹公司转账收到七彩印染厂预购染料的款项，计人民币 10 万元，天虹公司根据审核无误的单据进行相应的账务处理。

【知识准备】

预收账款是企业按合同规定，在发货之前向购货单位预先收取的一部分货款，属于应付金额可以肯定的流动负债。与应付账款不同的是，预收账款是在销售环节形成的，其债务需要以货物偿还，而非用货币偿还。

企业应当设置“预收账款”账户对企业发生的预收款项进行核算，但如果企业发生的预收款项不多，也可以直接在“应收账款”账户核算。

【业务处理】

(1) 天虹公司收到七彩印染厂预付的购货款时：

借：银行存款	100 000.00
贷：预收账款——天虹公司	100 000.00

(2) 天虹公司按合同规定向七彩印染厂发运染料，增值税专用发票(略)记账联上注明：价款 100 000 元，增值税 13 000 元，根据审核无误的单据确认销售收入，编制会计分录：

借：预收账款——天虹公司	113 000.00
贷：主营业务收入	100 000.00
应交税费——应交增值税(销项税额)	13 000.00

(3) 七彩印染厂补付价税款 28 700 元，天虹公司根据进账单等单据编制会计分录：

借：银行存款	13 000.00
贷：预收账款——天虹公司	13 000.00

子项目 3：短期借款

【业务呈现】

2021 年 6 月 30 日，七彩印染厂从工商银行晋江支行借入一笔款项，期限、本金、利率如图 7-1 所示。借款合同规定每季的季末付息，期满一次还本，请进行相应的账务处理。

中国工商银行（流动资金贷款）借款凭证（回单） ③

日期：贰零贰壹**年**陆月零叁拾日　　银行编号 158189

<table>
<tr><td rowspan="3">收款单位</td><td>全　称</td><td colspan="2">福建七彩印染厂</td><td rowspan="3">借款单位</td><td>全　称</td><td colspan="10">福建七彩印染厂</td></tr>
<tr><td>账　号</td><td colspan="2">5263086353</td><td>放款账号</td><td colspan="10">601323071</td></tr>
<tr><td>开户银行</td><td colspan="2">工商银行晋江支行</td><td>开户银行</td><td colspan="10">工商银晋江支行</td></tr>
<tr><td colspan="2">借款期限
（最后还款日）</td><td>2021. 12. 30</td><td>利率</td><td>8 %</td><td>起息日期</td><td colspan="10">2021. 6. 30</td></tr>
<tr><td colspan="2" rowspan="2">借款申请额</td><td colspan="4" rowspan="2">人民币
（大写）贰佰肆拾万元整</td><td>千</td><td>百</td><td>十</td><td>万</td><td>千</td><td>百</td><td>十</td><td>元</td><td>角</td><td>分</td></tr>
<tr><td>￥</td><td>2</td><td>4</td><td>0</td><td>0</td><td>0</td><td>0</td><td>0</td><td>0</td><td>0</td></tr>
<tr><td colspan="2" rowspan="2">借款原因
及用途</td><td rowspan="2">流动周转资金</td><td colspan="3" rowspan="2">银行核定金额</td><td>千</td><td>百</td><td>十</td><td>万</td><td>千</td><td>百</td><td>十</td><td>元</td><td>角</td><td>分</td></tr>
<tr><td>￥</td><td>2</td><td>4</td><td>0</td><td>0</td><td>0</td><td>0</td><td>0</td><td>0</td><td>0</td></tr>
<tr><td colspan="3" rowspan="3">备注：</td><td>期　限</td><td colspan="2">计划还款日期</td><td colspan="10">计划还款金额</td></tr>
<tr><td>6 个月</td><td colspan="2">2021. 12. 30</td><td colspan="10">￥2 400 000.00</td></tr>
<tr><td colspan="13">上述借款业已核准发放并转入你单位账户，借款到期应按期归还。　此致
借款单位：福建七彩印染厂
中国工商银行福建省分行 晋江支行 2021. 6. 30 转讫
（银行盖章）2021 年 6 月 30 日</td></tr>
</table>

此联系核定放款回单代借款单位往来户收款通知

图 7-1　借款凭证

【知识准备】

短期借款是企业为了满足正常生产经营的需要而向银行或其他金融机构借入的期限在一年以内(包含一年)的各种款项。

企业应设置“短期借款”账户，核算各种借款的取得与归还，并按债权人设置相应的明细账，进行明细核算；

企业应设置“应付利息”和“财务费用”两个账户，核算短期借款利息的提取与支付。

对短期借款利息，银行一般按季收取。企业则每月预提、季末一次性支付。如果利息金额较少，可以不按月预提，在季末支付的时候将当季利息一次性计入“财务费用”账户。

【业务处理】

(1) 2021年6月30日，七彩印染厂根据中国工商银行(流动资金贷款)借款凭证(回单)等原始凭证编制记账凭证：

借：银行存款　　2400 000.00
　贷：短期借款——工商银行晋江支行　　2400 000.00

(2) 7月30日，按月提取短期借款利息，根据自制原始凭证编制记账凭证：

借：财务费用——利息支出　　16 000.00
　贷：应付利息——工商银行晋江支行　　16 000.00

注：月息 = 2400 000×8%÷12 = 16 000(元)

(3) 9月30日，支付本季度应付利息，根据银行结算单据编制记账凭证：

借：财务费用——利息支出　　16 000.00
　应付利息——工商银行晋江支行　　32 000.00
　贷：银行存款　　48 000.00

说明：7月、8月利息均有预先提取，9月的利息没有提取就直接支付了。

初试身手

(1) 2021年10月、11月、12月，七彩印染厂继续按月提取短期借款利息。

(2) 2021年12月31日，七彩印染厂归还短期借款本金及第四季度的利息。

子项目4：应付票据

【业务呈现】

2021年5月10日，七彩印染厂开出一张面值为135 600元、期限为6个月的不带息商业汇票，向天虹公司购进一批染料，增值税专用发票(略)上注明：染料价款120 000元，增值税进项税额15 600元，财务部门参与监督管理并进行会计核算。

【知识准备】

应付票据是企业因购买存货、接受劳务或抵付应付账款等需要而签发、承兑商业汇票所形成的债务。

一、登记“应付票据备查账簿”

企业签发、承兑商业汇票后，应在“应付票据备查账簿”上进行登记，商业汇票到期要在备查账簿上注销，备查账簿的格式如图7-2所示。

应付票据备查账簿

第　　页

年		凭证号码	交易合同号码	票据种类	票据号码	出票日期	到期日期	票面金额	票面利率	承兑单位	收款单位	注销	备注
月	日												

图 7-2　应付票据备查账簿

二、不带息票据账务处理

（1）因购买商品、接受劳务需要，签发、承兑不带息的商业汇票：

借：在途物资（或原材料）
　　应交税费——应交增值税（进项税额）
　　贷：应付票据（面值）——某公司

（2）票据到期，支付款项：

借：应付票据（面值）——某公司
　　贷：银行存款

（3）商业承兑汇票到期，由于种种原因未能付款：

借：应付票据（面值）——某公司
　　贷：应付账款（面值）——某公司

注：如果是银行承兑汇票到期，出票方未能付款，出票方应贷记“短期借款”账户。

三、带息票据账务处理

（1）因购买商品、接受劳务需要，签发、承兑商业汇票，会计分录与不带息票据相同。
（2）按月提取票据利息：

借：财务费用——利息支出
　　贷：应付票据（利息）——某公司

（3）票据到期，还本付息：

借：应付票据（面值+已提利息）——某公司
　　财务费用（尚未提取的利息）——利息支出
　　贷：银行存款

（4）商业承兑汇票到期，由于种种原因未能付款：

借：应付票据（面值+已提利息）——某公司
　　财务费用（尚未提取的利息）——利息支出
　　贷：应付账款（面值+已提利息）——某公司

提示：如果是银行承兑汇票到期，出票方未能付款，出票方应贷记“短期借款”账户。

知识拓展

应付票据进行账务处理时，要编制记账凭证、登记应付票据总账和明细账，还要登记备查账簿，不可将登记备查账簿与登记总账、明细账混淆。应收票据也如此。

【业务处理】

(1) 签发、承兑商业汇票时，在“应付票据备查账簿”(略)上登记。

(2) 账务处理

① 购买染料，签发、承兑不带息的商业汇票：

借：在途物资——染料	120 000.00	
应交税费——应交增值税(进项税额)	15 600.00	
贷：应付票据(面值)——天虹公司		135 600.00

② 2019 年 11 月 9 日，七彩印染厂转账归还票据款：

借：应付票据(面值)——天虹公司	135 600.00	
贷：银行存款		135 600.00

(3) 转账支付票据款，在“应付票据备查账簿”(略)上注销。

初试身手

(1) 万和公司采购材料 8 万元，增值税税率 13%，材料已入库，开出一张为期 3 个月的银行承兑汇票支付价税款，票据月息 0.5%。

(2) 万和公司按月提取票据利息(可以只编制某一月份的会计分录)。

(3) 票据到期，万和公司转账归还本金及三个月的利息。

(4) 假设，万和公司到期无力付款，请进行相应的账务处理。

子项目 5：应付职工薪酬

【业务呈现 1】

七彩印染厂 2021 年 10 月份职员张卓著的考勤记录表、如图 7-3 所示，请计算张卓著 2021 年 10 月份应付职工薪酬，并填入“工资结算汇总表”的相关栏目里。

七彩印染厂员工考勤记录表

部 门：行政部门　　　　姓 名：张卓著　　　　编 号：1001

月标准工资	6525 元		日标准工资			300 元	
项目 月日	旷工	事假	病假	婚丧产假	出勤	加班	备注
10.01	法定节假日					√	
10.02							
10.03							
10.04	双休日						根据《劳动法》及相关规定，加班工资计算方式如下： 1. 工作日加班，加班工资是标准工资的 1.5 倍。 2. 休息日加班，加班工资是标准工资的 2 倍。 3. 法定休假日加班，加班工资是标准工资的 3 倍。
10.05							
10.06							
10.07					√		
10.08					√		
10.09					√		
10.10					√		
10.11					√		
10.12	双休日						
10.13							
10.14					√		
10.15					√		
10.16					√		
10.17					√		
10.18					√		
10.19	双休						
10.20							
10.21					√		
10.22					√		
10.23					√		
10.24			√				
10.25					√		
10.26	双休						
10.27							
10.28					√		
10.29					√		
10.30					√		
10.31		√					
合 计	0	1	1	0	17	1	

图 7-3　员工考勤记录表

【知识准备】

一、职工薪酬的定义

职工薪酬也称人工费用，是企业为获得职工提供的服务而给予各种形式的报酬以及其他相关支出的总和。

二、职工薪酬的范围

(1) 职工的工资，奖金，津贴和补贴，职工工伤、婚假、产假、探亲假、停工学习、执行社会义务等特殊情况下支付的工资。

(2) 职工福利费，指尚未分离办社会职能的企业，内设福利机构人员薪酬。

(3) 医疗保险费、养老保险费、失业保险费、工伤保险、生育保险。

(4) 职工住房公积金。

(5) 工会经费和职工教育经费。

(6) 非货币性福利，如企业以自己的产品或外购商品发放给职工作为福利。

(7) 辞退福利，即因解除与职工的劳动关系所给予的补偿。

(8) 其他与获得职工服务相关的支出。

知识拓展

职工医疗保险、养老保险、失业保险、工伤保险、生育保险、住房公积金统称“五险一金”，其中生育保险并入职工医疗保险管理，但还是一个独立存在的险种。工伤保险、生育保险单位缴费，职工不缴费；其他三险一金，单位和职工均要按规定的比例缴费。不同地方、不同企业“五险一金”的缴费比例会有些差异。

三、职工薪酬的计算

(1) 职工薪酬核算的原始记录：

① 考勤记录(见图 7-3)，是计算计时工资的主要依据。

② 产量记录(见图 7-4)，是计算计件工资的主要依据。

七彩印染厂生产工人产量记录表

车 间：基本生产车间　　　　姓 名：陈帮　　　　编 号：1032

时间						任务安排						任务完成情况			
月份	日期	产品名称	工序编号	工序名称	交付加工数量(m²)	交验数量(m²)	合格数量(m²)	返工数量	工废数量	料废数量	定额工时	计件单价	合格品工资	废品工资	合计
1	1	针织布	T05	印花	1 000	1 000	1 000				7.5	0.45	450		450
1	2	针织布	T05	印花	1 000	1 000	1 000				8	0.15	150		150
1	3	针织布	T05	印花	1 020	1 020	1 020				8	0.15	153		153
1	4	针织布	T05	印花	1 030	1 030	1 030				8	0.15	153		153
1	31	针织布	T05	印花	1 050	1 050	1 050				8	0.15	154.5		154.5
合计		针织布	T05	印花	26 800	26 800	26 800				183.5		4320		4320
备注	注：❶------表示省略；❷本月无旷工、请假；1 月 1 日元旦加班，故单价 3 倍。														

图 7-4　生产工人产量记录情况

（2）根据职工薪酬的原始记录及有关资料计算员工的计时工资。

原劳动和社会保障部 2009 年 2 月公布了职工全年月平均工作时间和工资折算办法。

月制度计薪日＝(365－104)÷12＝21.75 天

日标准工资＝月标准工资÷21.75

职工月计时工资＝月标准工资＋加班工资－旷工、事病假等应扣工资

旷工应扣工资＝旷工天数×日标准工资×旷工应扣工资系数

事假应扣工资＝事假天数×日标准工资×事假应扣工资系数

病假应扣工资＝病假天数×日标准工资×病假应扣工资系数

系数由各企业自行规定：比如有的企业规定旷工扣双倍工资，则旷工应扣工资系数为 2；事假扣全部工资，则事假应扣工资系数为 1；病假者不分工龄，均扣一半工资，则病假者应扣工资系数为 0.5。

【业务处理 1】

根据图 7-3 的考勤记录及有关资料，计算张卓著工资如图 7-5 所示。

工 资 结 算 表

2021 年 10 月 31 日

部门	姓名	应付工资								代扣款项			实发工资	签名
		月标准工资	计件工资	加班工资	奖金	应扣工资			应付工资合计	三险一金	个人所得税	合计		
						旷工	事假	病假						
行政部门	张卓著	6525 ①		900 ②			300 ③	90 ④	7035 ⑤	1266.30 ⑥	23.06 ⑦	1289.36 ⑧	5745.64 ⑨	
	小计													
合计														

图 7-5 员工工资结算情况

各项数据的出处或计算过程：

（1）月标准工资 6 525 元由图 7-3 抄录。

（2）加班工资＝1(天数)×300(日标准工资)×3(法定节假日加班工资倍数)＝900(元)

（3）事假应扣工资＝1(天数)×300(日标准工资)×1(事假扣工资系数)＝300(元)

（4）病假应扣工资＝1(天数)×300(日标准工资)×0.3(病假扣工资系数)＝90(元)

（5）应付工资合计＝①＋②－③－④＝6 525＋900－300－90＝7 035(元)

（6）代扣的三险一金＝⑤×(8%＋1.5＋0.5%＋8%)＝7 035×18%＝1 266.30(元)

说明：8%、1.5、0.5%、8%分别为个人负担的养老保险比例、医疗保险比例、失业保险比例、住房公积金比例。

（7）代扣的个人所得税＝(7 035－1 266.3－5 000)×3%＝768.70×3%＝23.06(元)

说明：768.70 元对应的个人所得税税率为 3%，速算扣除率为 0。张卓著未婚、未购房、父母在职，故无专项附加扣除，也无依法确定的其他扣除，且无已预缴预扣税额。

（8）代扣款项合计＝⑥＋⑦＝1 266.30＋23.06＝1 289.36(元)

（9）实发工资=⑤-⑧=7 035-1 289.36=5 745.64（元）

说明：上述计算过程中，日标准工资、加班天数、事假天数、病假天数等数据均来源于图 7-3；法定节假日加班工资倍数、病（事）假扣工资系数均为单位内部规定。

知识拓展

最新个人所得税计算：

应纳税所得额=累计收入-累计减除费用-累计专项扣除-累计专项附加扣除-依法确定的其他扣除。

其中：减除费用每人每月 5 000 元。专项扣除指个人每月缴交的养老保险、医疗保险、失业保险、住房公积金。专项附加扣除指个人子女教育扣除、首套住房贷款利息扣除、赡养老人扣除等。其他法定扣除项目包括符合条件的商业健康保险等项目。

应纳所得税额=应纳税所得额×税率-速算扣除率-已预缴预扣税额

初试身手

陈帮个人负担的养老保险、医疗保险、失业保险、住房公积金的比例分别是 8%、1.5%、0.5%、8%，陈帮 2021 年 1 月份产量记录如图 7-5 所示，计件工资已包含了加班工资，请在“工资结算表”（图 7-6）里直接填入或计算填入陈帮本月计件工资、应付工资合计、个人负担的三险一金，并判断是否要交个人所得税，如果要，请计算出应交金额。

注：陈帮无专项附加扣除、无依法确定的其他扣除。

工 资 结 算 表

2021 年 1 月 31 日

部门	姓名	应付工资								代扣款项			实发工资	签名
		月标准工资	计件工资	加班工资	奖金	应扣工资			应付工资合计	三险一金	个人所得税	合计		
						旷工	事假	病假						
印花车间	陈帮	1 000												
	小计													

注：----表示省略；无论当月是否给工人安排生产任务，都发给保底工资 1000 元。

图 7-6 工资结算表

【业务呈现 2】

根据东金电子厂 2021 年 1 月份的“工资结算汇总表”（见图 7-7）编制发放工资的会计分录、编制“人工费用分配表”及会计分录。

工 资 结 算 表

2021 年 1 月 31 日

部门	姓名	应付工资								代扣款项			实发工资	签名
		月标准工资	计件工资	加班工资	奖金	应扣工资			应付工资合计	三险一金	个人所得税	合计		
						旷工	事假	病假						
行政部门	张晋江	12000		1320			300	120	12900	2322	107.34	2429.34	10470.66	张晋江

	小计	95200		6820			300	120	101600	18288	980	19 268	82 332	
基本生产车间	管理人员工资													
	蔡宏村	8520		880					9400	1692	21.24	1713.24	7686.76	蔡宏村

	小计	30870		5730					36600	6588	97	6 685	29 915	
	生产工人工资（生产 A 产品）													
	陈帮	1000	4320						5320	957.60	0	957.60	4362.4	陈帮

	小计	44000	190800					200	234600	42 228	192	42 420	192 180	
辅助车间	张海涛	1000	3200						4200	756	0	756	3444	张海涛

	小计	8000	35000	4500					47500	8550	85	8 635	38 865	
销售部门	肖东游	1000	6850		50				7900	1422	0	1 422	6 478	肖东游

	小计	5000	34550		750				40300	7 254	63	7 317	32 983	
合计		183070		17050	750		300	120	460600	82 908	1417	84 325	376 275	

转账付讫

说明：①- - - 表示省略；②销售人员按推销产品的数量计算的工资归入计件工资范畴。

图 7-7　工资结算汇总表

【知识准备】

一、发放职工工资

发放工资后，根据“工资结算表”(需有职工签章)编制会计分录如下：

借：应付职工薪酬【应付工资合计金额】——工资

　　贷：银行存款【实发工资金额】

　　　　其他应付款——三险一金【代扣由个人负担的金额】

　　　　应交税费——应交个人所得税【代扣金额】

注：如果收回代垫款项如收回代垫水电费等，则应贷记“其他应收款——某职员”账户。

二、职工薪酬的分配

根据企业“员工考勤记录表”“生产工人产量记录表”以及“工资结算表”等资料编制职工薪酬分配表，如图 7-8 所示，并进行相应的账务处理。

职工薪酬分配表

2021年1月31日

受益部门或产品	应付工资金额①	五险一金						
		医疗保险 ②=①×8%	养老保险 ③=①×16%	失业保险 ④=①×2%	工伤保险 ⑤=①×0.5%	生育保险 ⑥=①×0.5%	住房公积金 ⑦=①×8%	合计 ⑧
某产品生产	A	8%A	16%A	2%A	0.5%A	0.5%A	8%A	35%A
某车间管理	B	8%B	16%B	2%B	0.5%B	0.5%B	8%B	35%B
某辅助车间	C	8%C	16%C	2%C	0.5%C	0.5%C	8%C	35%C
销售部门	D	8%D	16%D	2%D	0.5%D	0.5%D	8%D	35%D
行政部门	E	8%E	16%E	2%E	0.5%E	0.5%E	8%E	35%E
在建工程	F	8%F	16%F	2%F	0.5%F	0.5%F	8%F	35%F
合　计	G	8%G	16%G	2%G	0.5%G	0.5%G	8%G	35%G

注：合计G=A+B+C+D+E+F；合计⑧=②+③+④+⑤+⑥+⑦

图7-8　工资及五险一金的分配

1. 职工工资的分配：

借：基本生产成本——某产品【假设应付某产品生产工人的工资金额为A】　A
　　制造费用——某车间【假设应付某车间管理人员的工资金额为B】　B
　　辅助生产成本【假设应付某辅助车间的工人及管理人员的工资金额为C】　C
　　销售费用——职工薪酬【假设应销售人员的工资金额为D】　D
　　管理费用——职工薪酬【假设应行政管理人员的工资金额为E】　E
　　在建工程——某工程【假设应付自建工程所有人员的工资金额为F】　F
　　贷：应付职工薪酬——工资【假设全部员工工资G=A+B+C+D+E+F】　G

2. 五险一金的分配：

借：基本生产成本——某产品【企业承担的某产品生产工人的五险一金】　35%A
　　制造费用——某车间【企业承担的某车间管理人员的五险一金】　35%B
　　辅助生产成本【企业承担的某辅助车间所有员工的五险一金】　35%C
　　销售费用——职工薪酬【企业承担的销售员及专设销售机构人员的五险一金】
　　　　35%D
　　管理费用——职工薪酬【企业承担的行政管理人员的五险一金】　35%E
　　在建工程——某工程【企业承担的自建工程员工的五险一金】　35%F
　　贷：应付职工薪酬——应付医疗保险　8%G
　　　　——应付养老保险　16%G
　　　　——应付失业保险　2%G
　　　　——应付工伤保险　0.5%G
　　　　——应付生育保险　0.5%G
　　　　——应付住房公积金　8%G

3. 提取职工教育经费和工会经费

工会经费按应付工资总额的1.5%提取。

职工教育经费提取比率在应付工资总额1.5%至8%的范围内确定，确定后不得随意变更。职工教育经费连续三个会计年度出现赤字或结余的，管理层应提请内部决策机构批准提高或降低提取比率。调整后的比率不得低于1.5%，可以高于8%但不得导致企业出现亏损。

借：基本生产成本——某产品
　　制造费用——某车间
　　辅助生产成本
　　销售费用——职工薪酬
　　管理费用——职工薪酬
　　在建工程——某工程
　　贷：应付职工薪酬——应付职工教育经费【应付工资总额×提取比例】
　　　　　　　　　　——应付工会经费【应付工资总额×提取比例】

三、新准则下职工福利费用的提取与使用

企业一般不预先计提福利费用，确有支出需要，可按支出数额(不超过职工工资总额的14%)提取。另外实际发生的福利费用如果次数少且金额小，也可不提，在支付时直接列费用。

提取职工福利费的会计分录：

借：基本生产成本——某产品【提取额不超过应付职工工资的14%】
　　制造费用——某车间【提取额不超过应付职工工资的14%】
　　辅助生产成本——某辅助车间【提取额不超过应付职工工资的14%】
　　销售费用——职工薪酬【提取额不超过应付职工工资的14%】
　　管理费用——职工薪酬【提取额不超过应付职工工资的14%】
　　在建工程——某工程【提取额不超过应付职工工资的14%】
　　贷：应付职工薪酬——职工福利费【提取额不超过应付职工工资的14%】

注：为企业内部医务福利人员提取的福利费应计入“管理费用”账户。

初试身手

请编制七彩印染厂使用职工福利费的会计分录：

(1) 领用2 000元库存材料，用来装修职工食堂，该材料进项税额为260元。

(2) 慰问生活困难职工陈帮，给予1 000元的现金补助。

(3) 组织优秀员工参加厦门一日游，转账支付旅游公司8 500元旅游费用。

四、非货币性职工薪酬的核算

企业应通过“应付职工薪酬”账户，归集已经发生的应计入成本费用的非货币性薪酬。

借：基本生产成本——某产品【产品生产工人享有的非货币性职工薪酬】
　　制造费用——某车间【车间管理人员享有的非货币性职工薪酬】
　　辅助生产成本——某辅助车间【辅助车间员工享有的非货币性职工薪酬】
　　销售费用——职工薪酬【销售员或专设销售机构员工享有的非货币性职工薪酬】
　　管理费用——职工薪酬【管理人员享有的非货币性职工薪酬】
　　在建工程——某工程【工程建设人员享有的非货币性职工薪酬】
　　贷：应付职工薪酬——非货币性职工薪酬

【范例】七彩印染厂 2021 年 12 月 25 日转账购入一批水果和非转基因大豆油作为元旦福利发放给全体职工，外购商品含税价为 56 500 元。有关会计分录编制如下：

（1）外购商品并发放给职工时：

借：应付职工薪酬——非货币性福利	56 500. 00	
贷：银行存款		56 500. 00

（2）七彩印染厂行政管理部门分到的元旦福利 12 000 元；基本生产车间管理人员分到元旦福利 8 000 元；基本生产工人分到元旦福利 16 000 元；辅助生产车间分到元旦福利 7 000；销售部门分到元旦福利 9 000 元；在建工程人员分到元旦福利 4 500 元。

借：制造费用——基本生产车间	8 000. 00	
基本生产成本	16 000. 00	
辅助生产成本	7 000. 00	
销售费用——人工费	9 000. 00	
管理费用——人工费	12 000. 00	
在建工程	4 500. 00	
贷：应付职工薪酬——非货币性福利		56 500. 00

五、辞退福利

根据《劳动法》规定和劳动协议的要求，企业提前终止劳动合同、辞退员工时，应向被辞退员工提供一笔资金作为补偿，这就是辞退福利。

（1）企业因提前解除劳动关系向职工支付补偿时：

借：应付职工薪酬——辞退福利
　　贷：银行存款

（2）期末，会计结转补偿：

借：管理费用——人工费
　　贷：应付职工薪酬——辞退福利

初试身手

请编制七彩印染厂有关辞退福利费的会计分录：

（1）2021 年 10 月，工厂提前辞退十名员工，按规定转账发放 120 000 元补偿。

（2）2021 年年终，财务结转辞退补偿 120 000 元。

【业务处理 2】

（1）根据图 7-7 编制发放工资的会计分录：

借：应付职工薪酬——工资	460 600.00
贷：银行存款	376 275.00
其他应付款——代扣三险一金	82 908.00
应交税费——应交个人所得税	1 417.00

（2）根据企业“工资结算表”（图 7-7）或“员工考勤记录表”“生产工人产量记录表”等相关资料编制企业的“人工费用分配表”如图 7-9 所示。

职工薪酬分配表

2021 年 1 月 31 日

受益部门或产品		应付工资金额 ①	五险一金						
			医疗保险 ②=①×8%	养老保险 ③=①×16%	失业保险 ④=①×2%	工伤保险 ⑤=①×0.5%	生育保险 ⑥=①×0.5%	住房公积金 ⑦=①×8%	小计 ⑧
基本车间	A 产品	234 600	18 768	37 536	4 692	1 173	1 173	18 768	82 110
	管理人员	36 600	2 928	5 856	732	183	183	2 928	12 810
	小计	271 200	21 696	43 392	5 424	1 356	1 356	21 696	94 920
辅助车间		47 500	3 800	7 600	950	237.5	237.5	3 800	16 625
销售部门		40 300	3 224	6 448	806	201.5	201.5	3 224	14 105
行政部门		101 600	8 128	16 256	2 032	508	508	8 128	35 560
合计		460 600	36 848	73 696	9 212	2 303	2 303	36 848	161210

图 7-9　职工薪酬分配表

（3）根据审核无误的“人工费用分配表”（图 7-9）提取职工资及五险一金：

借：基本生产成本——A 产品——直接人工	316 710.00
制造费用——基本生产车间	49 410.00
辅助生产成本	64 125.00
销售费用——人工费	54 405.00
管理费用——人工费	137 160.00
贷：应付职工薪酬——职工工资	460 600.00
——应付医疗保险	36 848.00
——应付养老保险	73 696.00
——应付失业保险	9 212.00
——应付工伤保险	2 303.00
——应付生育保险	2 303.00
——应付住房公积金	36 848.00

(4) 分别按应付工资总额 460 600.00 的 1.5%和 5%，提取工会经费和职工教育经费：

借：基本生产成本——A 产品——直接人工　15 249.00
　　制造费用——某车间　2 379.00
　　生产成本——辅助生产成本　3 087.50
　　销售费用——职工薪酬　2 619.50
　　管理费用——职工薪酬　6 604.00
　　贷：应付职工薪酬——应付工会经费　6 909.00
　　　　　　　　　　——应付职工教育经费　23 030.00

子项目 6：应交税费

企业应当设置“应交税费”账户，按照税法规定核算各种应交纳的税费，应交的税金主要有增值税、消费税、所得税、资源税、土地增值税、城市维护建设税、土地使用税、车船使用税、房产税等；应交的费用主要有教育费附加、矿产资源补偿费、排污费等。

企业不需要预计应交数额的税金不在“应交税费”账户核算，如印花税 、关税、车辆购置税、耕地占用税等。

【业务呈现 1】

七彩印染厂从其他企业购进毛坯布，经染整车间生产光坯布，光坯布作为商品对外销售。请根据该企业的相关业务，登记该企业 2021 年 8 月份的“应交税费——应交增值税明细账”，明细账格式见图 7-10。

应交税费—— 应交增值税

单位：元

日期		凭证	摘要	借方						贷方					借或贷	余额
2021 年		凭证∧略∨		合计	进项税额	已交税金	减免税款	出口抵销内销产品应纳税额	转出未交增值税	合计	销项税额	出口退税	进项税额转出	转出多交增值税		
7	…	…	……	……	……	……	…	……	……	……	……	……	……	……	平	0
7	30		本月合计	353500	303500	50000				353500	353500				平	0

图 7-10　应交增值税明细账

【知识准备】

增值税是对销售货物、提供应税劳务、提供应税服务以及进口货物的单位和个人，就其实现的增值额征收的一种流转税。

增值税是我国最大的税种，其收入占我国全部税收的 60%以上。增值税由税务局负责征收，税收收入中 75%为中央财政收入，25%为地方收入。进口环节的增值税由海关负责征收，税收收入全部为中央财政收入。

一、增值税一般纳税人的认定

增值税纳税人连续12个月或者连续4个季度累计销售额在500万以上的为增值税一般纳税人，如果连续12个月或者连续4个季度累计销售额在500万以下并已登记为增值税一般纳税人的企业，允许其在一定期限内转登记为增值税小规模纳税人。

二、增值税专用发票的管理

增值税专用发票只限于增值税一般纳税人领购、使用，增值税小规模纳税人和非增值税纳税人不得领购和使用。

一般纳税人销售货物(包括视同销售在内)、应税劳务、应税服务以及应当征收增值税的非应税劳务，必须向购买方开具增值税专用发票。

一般纳税人购进免征增值税的农产品，按农产品收购发票或者销售发票上注明的农产品买价和9%扣除率计算进项税额；如果该农产品用于生产或委托加工13%税率的货物，可按10%的扣除率计算进项税额。

三、一般纳税人增值税的会计核算

一般纳税人应当在“应交税费”账户下设置“应交增值税”“未交增值税”二级账户，并在“应交增值税”二级账户下开设“进项税额”“已交税金”“减免税款”“出口抵销内销产品应纳税额”“转出未交增值税”“销项税额”“出口退税”“进项税额转出”“转出多交增值税”等三级账户(见图7-10)。

1. 进项税额的账务处理

一般纳税人购进货物、接受劳务、接受投资或捐赠转入的货物，应以依法取得的增值税专用发票(发票联、抵扣联)上注明的增值税额入账，若货物或劳务用于非应税项目，免征增值税项目，则所含的增值税额不得抵扣，应计入货物或劳务成本。

(1) 一般纳税人购进货物，应根据合法的原始凭证(也称单据)编制记账凭证如下：

借：原材料(或在途物资、材料采购)
　　应交税费——应交增值税(进项税额)【增值税票上注明的税款】
　　贷：银行存款(或应付票据、应付账款等科目)

注：购入货物发生退货的，应根据有关单据，进行相反的账务处理。

(2) 一般纳税人接受劳务，应根据合法的原始凭证编制记账凭证如下：

借：生产成本【生产产品接受应税劳务】
　　制造费用【生产车间管理接受应税劳务】
　　管理费用【行政部门管理接受应税劳务】
　　销售费用【专设销售机构管理接受应税劳务】
　　应交税费——应交增值税(进项税额)【增值税票上注明的税款】
　　贷：银行存款(或应付票据、应付账款等科目)

(3) 一般纳税人接受投资或捐赠转入的货物，应根据合法的原始凭证编记账凭证如下：

借：原材料（或在途物资、材料采购）
　　应交税费——应交增值税（进项税额）【增值税票上注明的税款】
　　贷：实收资本——某投资人【接受投资】
　　　　营业外收入——捐赠利得【接受捐赠】

【范例1】七彩印染厂2021年8月5日转账购入毛坯布、促进剂HK、元明粉等原材料，由对方负责送货上门，增值税专用发票如图7-11所示。

浙江省增值税专用发票

发票联

（全国统一发票监制章 国家税务总局 浙江省税务厅）

开票代码：332 035 2131419
开票号码：3099820317
开票日期：2021年8月5日
校验码：3301 9806508 93084 3457

机器编号：33000035925

购买方	名　　称：福建七彩印染厂 纳税人识别号：350582003137 地 址、电 话：晋江工业路18号05958520812 开户行及账号：晋江工行350256912347651	密码区	5*225193<-9-2>0-20>1/*#^$ 9*1>+22-1+1285>0>1</4935 ←6-000←215-1>@/0-1369+9 >1+0>-0>@0>2/33<9@25￥#7

货物或应税劳务、服务名称	规格型号	单位	数量	单价	金额	税率	税额
毛坯布		米	120 000	15.00	1 800 000.00	13%	234 000.00
促进剂HK		Kg	2 000	30.00	60 000.00		7 800.00
元明粉		吨	10	950.00	9 500.00		1 235.00
合　　计					￥1869 500.00		￥243 035.00
价税合计（大写）	※贰佰壹拾壹万贰仟伍佰叁拾伍元整				（小写）￥2 112 535.00		

销售方	名　　称：浙江省绍兴轻纺原料城股份公司 纳税人识别号：310582001393 地 址、电 话：绍兴工业园区13908320812 开户行及账号：绍兴工行柯桥分理处350125966124756	备注	（浙江省绍兴轻纺原料城股份公司 330018308490532 发票专用章）

收款人：　　复核：　　开票人：许继杭　　销货单位：（章）

第三联：发票联 购货方记账凭证

图7-11　增值税专用发票

根据审核无误的增值税专用发票、银行转账凭证（略）、收料单（略）编记账凭证如下：

借：原材料——毛坯布	1 800 000.00
——促进剂Hk	60 000.00
——元明粉	9 500.00
应交税费——应交增值税（进项税额）	243 035.00
贷：银行存款	2 112 535.00

根据审核无误的记账凭证在图7-12上登记增值税明细账。

2. 进项税额转出的账务处理

《增值税暂行条例》规定：非常损失是指因管理不善造成被盗、丢失、霉烂变质的损失。意外事故、严重自然灾害带来的损失不属于非常损失。

下列几种情形，应将已列的增值税进项税额转出：

（1）一般纳税人购进物资、库存商品、在制品发生非常损失，其购进时已支付的增值税进项税额(详见项目四的子项目7：存货清查)应当转出。

（2）固定资产处置及发生非常损失时，其净值所包含的增值税进项税额(详见项目六中的子项目7：固定资产清查和减值)应当转出。

（3）一般纳税人购进物资时支付的增值税已经列入进项税额，之后又改变所购物资的用途，将所购物资用于非应税项目的。

【范例2】2021年8月15日，七彩印染厂发现有600米毛坯布发霉变质，主要原因是管理人员在雨水天忘记关窗造成的，属于管理不善。该批毛坯布购进时单价15元/米，增值税税率为13%，请进行批准前的账务处理。

根据“账存实存对比表”(略)编制记账凭证如下：

借：待处理财产损溢——待处理流动资产损溢　　10 170

　　贷：原材料——毛坯布　　9 000.00

　　　　应交税费——应交增值税(进项税额转出)　　1 170.00

根据审核无误的记账凭证在图7-12上登记增值税明细账。

3. 销项税额的账务处理

一般纳税人销售货物，将自产或加工收回的货物用于职工福利、对外投资、对外捐赠(上述行为视同销售)的，均应计算增值税销项税额。

（1）销售货物或提供劳务，根据增值税专用发票记账联等凭证编制记账凭证如下：

借：银行存款(或应收票据、应收账款等科目)

　　贷：主营业务收入(或其他业务收入)

　　　　应交税费——应交增值税(销项税额)

（2）将自产或加工收回的货物用于动产或不动产建设的，不需要做销项税额确认，并编制记账凭证如下：

借：在建工程——自营工程(或生产成本)

　　贷：库存商品【按成本价计算】

（3）将自产或加工收回的货物用于职工福利、对外投资、对外捐赠的，编制记账凭证如下：

借：应付职工薪酬【用于职工福利】

　　长期股权投资【用于对外投资】

　　营业外支出【对外捐赠】

　　贷：主营业务收入【按销售价计算】

　　　　应交税费——应交增值税(销项税额)

特别提示：外购材料、外购商品、用于职工福利时，应将材料或商品购进时的进项税额转出。

【**范例3**】2021年8月25日，七彩印染厂出售光坯布85 000米，每米不含税售价25元，增值税税率13%，价税款已经转账收讫。

根据审核无误的增值税专用发票记账联（略）、银行收账单据（略）编制记账凭证如下：

借：银行存款	2 401 250.00	
贷：主营业务收入		2 125 000.00
应交税费——应交增值税（销项税额）		276 250.00

根据审核无误的记账凭证在图7-12上登记增值税明细账。

4. 缴纳本月应交增值税的账务处理

内销企业本月应交增值税＝销项税额+进项税额转出－进项税额－减免税款

外销或含外销业务的企业本月应交增值税＝销项税额＋进项税额转出＋出口退税－进项税额－减免税款－出口抵内销品应纳税额

向税务机关缴交本月应交增值税，编制记账凭证如下：

借：应交税费——应交增值税（已交税金）

贷：银行存款

提示：企业交纳本月增值税，在“应交税费——应交增值税”账户核算；企业缴纳以前月份的未交增值税，应在“应交税费——未交增值税”账户核算。

【**范例4**】2021年8月30日，七彩印染厂计算本月应交增值税为34 385元。

本月应交增值税＝276 250（范例3）+1 170（范例2）－243 035（范例1）－0＝34 385（元）

提示：七彩印染厂本月没有减免税款，故该项金额为0。

由于企业资金周转困难，七彩印染厂向税务机关提出税款缓缴申请，经批准，同意本月先缴纳增值税20 000元，其余部分缓缴三个月。企业根据纳税凭单编制记账凭证如下：

借：应交税费——应交增值税（已交税金）	20 000.00	
贷：银行存款		20 000.00

根据审核无误的记账凭证在图7-12上登记增值税明细账。

5. 结转当月增值税

本月应结转的增值税＝本月应交增值税－本月已交增值税

当本月应结转增值税为0时，无须结转。

当月本应结转增值税<0时，为本月多交增值税，应编制结转增值税记账凭证如下：

借：应交税费——未交增值税

贷：应交税费——应交增值税（转出多交增值税）

当月本应结转增值税>0时，为本月应交未交增值税，应编制结转增值税记账凭证如下：

借：应交税费——应交增值税（转出未交增值税）

贷：应交税费——未交增值税

【范例 5】2021 年 8 月份 31 日，七彩印染厂结转当月增值税。

当月应结转增值税 = 34 385 - 20 000 = 14 385（元）

七彩印染厂编制结转增值税的记账凭证如下：

借：应交税费——应交增值税(转出未交增值税)　　14 385.00

　　贷：应交税费——未交增值税　　14 385.00

根据审核无误的记账凭证在图 7-12 上登记增值税明细账。

【业务处理 1】

2021 年 8 月份，七彩印染厂本月的【业务示范 1、2、3、4、5】包括了该厂本月全部增值税业务，现根据每笔业务的记账凭证及所附原始凭证登记“应交税费——应交增值税”明细账如图 7-12 所示。

应交税费—— 应交增值税

单位：元

日期		凭证（略）	摘要	借方						贷方					借或贷	余额
				合计	进项税额	已交税金	减免税款	出口抵销内销产品应纳税额	转出未交增值税	合计	销项税额	出口退税	进项税额转出	转出多交增值税		
7	…	…	……	……	……	……	…	……	……	……	……	……	……	……	平	0
7	30		本月合计	353500	303500	50000				353500	353500				平	0
8	05		购料	243 035	243 035										借	243 035
8	15		盘亏							1 170			1170		借	241 865
8	25		销售							276 250	276 250				贷	34 385
8	30		缴纳税金	20 000		20000									贷	14 385
8	31		未交税金	14 385					14385						平	0
8	31		本月合计	277420	243 035	20000			14385	277 420	276 250		1170		平	0

图 7-12　应交增值税明细账

知识拓展

小规模纳税人不享有进项税额的抵扣权，其购进货物或接受劳务时支付的增值税直接计入购进货物或接受劳务的成本；小规模纳税人销售货物或提供劳务时不能使用增值税专用发票，但要按销售额的 3% 缴纳增值税。

【范例 6】小规模纳税企业新屏公司，本月向一般纳税人万成公司购入材料一批，增值税专用发票上注明货款为 50 000 元，增值税为 6 500 元，材料已验收入库，但价税款尚未支付。

根据材料的入库单等原始凭证，编制记账凭证如下：

借：原材料——某某材料　　56 500.00
　　贷：应付账款——万成公司　　56 500.00

【范例7】新屏公司销售产品一批，所开的普通发票中注明货款(含税)82 400元，增值税征收率为3%，款项已收存银行。

企业根据审核算无误的原始凭证，编制记账凭证如下：

借：银行存款　　82 400.00
　　贷：主营业务收入【82 400÷(1+3%)】　　80 000.00
　　　　应交税费——应交增值税【82 400-80 000】　　2 400.00

提示：小规模纳税人在“应交税费”总账下设“应交增值税”明细账，核算增值税。

【业务呈现2】

2021年10月10日，点亮公司收到增值税专用发票(略)、销售产品发货单(略)、银行进账单等单据。单据显示：点亮公司销售汽油60 000升，单价6元，增值税率13%，价税款已收存银行。

请完成：

(1) 编制销售汽油的记账凭证。

(2) 编制“应交消费税计算表”以及编制提取消费税的记账凭证。

【知识准备】

消费税是国家对在我国境内生产、委托加工和进口应税消费品的单位和个人，按其流转额和规定税率征纳的一种税。

一、消费税的税目与税率

现行消费税共有14个税目，包括烟、酒及酒精、化妆品、贵重首饰及珠宝玉石、鞭炮和焰火、成品油、汽车轮胎、摩托车、小汽车、高尔夫球及球具、高档手表、游艇、木制一次性筷子、实木地板等。

消费税采用比例税率和定额税率两种形式。

二、消费税应纳税额的计算

(1) 从价定率计税：应纳税额=销售额×比例税率。

提示：销售额指向购买方收取的全部价款和价外费用，但不包括增值税、消费税。

(2) 从量定额计税：应纳税额=应税消费品的数量×单位税额。

(3) 复合征收：应纳税额=销售额×比例税率+应税消费品的数量×单位税额。

提示：现行消费税的征收范围中，只有卷烟和白酒采用复合计征的办法

【范例8】假定白酒的税率为20%加1元/千克，如果海西商城2019年9月销售白酒800千克，每千克售价120元，则应交纳的消费税为20 000元，计算过程见图7-13。

应交消费税计算表

2021 年 9 月 30 日　　　　单位：元

项目			税额								
白 酒	计税数量	单位税额	百	十	万	千	百	十	元	角	分
	800	1 元/kg					8	0	0	0	0
	计税销售额	税 率	百	十	万	千	百	十	元	角	分
	96 000	20%			1	9	2	0	0	0	0
合计（大写）	人民币贰万元整			¥	2	0	0	0	0	0	0

会计主管：刘丽芝　　　　制表：李光名

图 7-13　应交消费税计算表

三、应交消费税的账务处理

消费税是价内税，应计入“税金及附加”“在建工程”“管理费用”“委托加工物资”等账户，应交未交消费税所形成的负债，在“应交税费——应交消费税”账户核算。

（1）销售应税消费品，计算结转应交纳的消费税，编制记账凭证如下：

借：税金及附加
　　贷：应交税费——应交消费税

提示：因质量等原因退回已销应税消费品的，经所在地税务机关核准，可退还已征收的消费税税款，但不能自行直接抵减应纳税款。

（2）自产自用应税消费品，计算结转应纳消费税，编制记账凭证如下：

借：在建工程【用于工程建设】
　　管理费用【企业非生产机构使用】
　　应付职工薪酬【用于职工福利】
　　营业外支出【用于捐赠等】
　　贷：应交税费——应交消费税

（3）委托加工应税消费品的账务处理。

① 发出存货委托加工：

借：委托加工商品——受托加工单位
　　贷：库存商品（或原材料等科目）

② 支付返往运费及加工费用：

借：委托加工商品——受托加工单位
　　应交税费——应交增值税（进项税额）
　　贷：银行存款

③ 应税消费品缴纳消费税的账务处理：

❶ 收回后直接用于销售的：

借：委托加工商品——受托加工单位
　　贷：银行存款(或应付账款)

❷ 收回后用于连续生产的：

借：应交税费——应交消费税
　　贷：银行存款(或应付账款)

(4) 进口应税消费品，根据海关完税凭证，编制如下记账凭证：

借：库存商品【商品采购成本+消费税】
　　应交税费——应交增值税(进项税额)
　　贷：银行存款等科目【税款必须用存款支付，货款按是否支付决定所用科目】

【业务处理2】

(1) 编制销售汽油的记账凭证：

借：银行存款　406 800.00
　　贷：主营业务收入　360 000.00
　　应交税费——应交增值税（销项税额）　46 800.00

(2) 编制"应交消费税计算表"以及编制提取消费税的记账凭证，如图7-14所示。

应交消费税计算表

2021年10月31日　　单位：元

项目	计税数量（升）	单位税额	税额 百	十	万	千	百	十	元	角	分	备注
汽油	60 000	1.4			8	4	0	0	0	0	0	
合计	60 000	1.4		¥	8	4	0	0	0	0	0	
合　计（大写）	人民币捌万肆仟元整											

会计主管：杨中正　　制表：毛海立

图7-14　应交消费税计算表

根据审核无误的原始凭证编制提取消费税的记账凭证如下：

借：税金及附加　84 000.00
　　贷：应交税费——应交消费税　84 000.00

初试身手

2021年9月8日，点亮公司从俄国进口一批应税消费品，价值人民币20万元，商品已验收入库，进口环节需缴交的消费税(税率30%)、增值税(税率13%)也转账付讫，但货款尚未支付，请根据海关完税凭证、商品入库单等单据编制记账凭证。

【业务呈现3】

厦门某公司2021年9月主营业务收入应交增值税80 000元，消费税5 000元。请计算结转该企业本月应缴纳城建税、教育费附加。

【知识准备】

城市维护建设税和教育费附加都是以企业实际缴纳的增值税、消费税为计算依据。城市维护建设是一项附加税，属税中税；而教育费附加是一项纳税附加费，属税中费。

一、税率或征收率

（1）城市维护建设税的税率：市区7%，县城5%，其他1%。

（2）教育费附加征收率：全国统一为3%。

二、账务处理

（1）计算结转城建税和教育费附加：

借：税金及附加
　　贷：应交税费——应交城建税【以实际缴纳的增值税、消费税×税率】
　　　　应交税费——应交教育费附加【以实际缴纳的增值税、消费税×征收率】

（2）企业出售固定资产，计算结转应交纳的城建税、教育费附加：

借：固定资产清理
　　贷：应交税费——应交城建税【以实际缴纳的增值税×税率】
　　　　应交税费——应交教育费附加【以实际缴纳的增值税×征收率】

（3）企业出售无形资产，其应纳的城建税和教育费附加，在结转资产时直接扣减。

【业务处理3】

（1）计算应交纳的城市维护建设税，编制结转城建税的记账凭证。

主营业务应纳城市维护建设税=(80 000+5 000)×7%=5 950(元)

借：税金及附加	5 950.00	
贷：应交税费——应交城市维护建设税		5 950.00

（2）计算应缴纳的教育费附加，编制结转教育费附加的记账凭证。

主营业务应缴纳的教育费附加=(80 000+5 000)×3%=2 550(元)

借：税金及附加	2 550.00	
贷：应交税费——应交教育费附加		2 550.00

【业务呈现4】

2021年11月25日，研煤集团会计人员收到增值税专用发票(略)、领料单(略)等单据。单据显示：企业将自产煤炭3 000吨对外销售、5 000吨用于产品生产。每吨煤炭应交资源税5元，请编制计算结转应交资源税的记账凭证。

【知识准备】

资源税是国家对我国境内从事原油、天然气、煤炭、金属矿产品和其他矿产品开发以及生产盐的单位和个人征收的一种税。

一、应纳资源税的计算

应纳资源税=课税数量×单位税额

二、账务处理

1. 计算结转资源税

借：税金及附加【销售应税产品应缴纳的资源税】
　　生产成本或制造费用【自产自用应税产品应缴纳的资源税】
　　贷：应交税费——应交资源税

2. 转账支付资源税

借：应交税费——应缴资源税
　　贷：银行存款

【业务处理4】

(1) 编制“应交资源税计算表”，如图7-15所示。

应交资源税计算表

2021年11月1日至30日　　　　单位：元

项目	计税数量（吨）	单位税额	税额									备注
			百	十	万	千	百	十	元	角	分	
外销煤炭	3 000	5			1	5	0	0	0	0	0	
自产自用煤炭	5 000	5			2	5	0	0	0	0	0	
合计	8 000			¥	4	0	0	0	0	0	0	
合　计（大写）		人民币肆万元整										

会计主管：卓陈辉　　　　制表：周仙锋

图7-15　应交资源税计算表

(2) 根据审核无误的原始凭证编制记账凭证如下：

借：税金及附加　　1 500.00
　　生产成本　　2 500.00
　　贷：应交税费——应交资源税　　4 000.00

【业务呈现 5】

2021 年 12 月，诺尔公司因资金周转困难，对外出售一幢办公大楼，获得价款 2 000 万元，该大楼是 2017 年 12 月购进，到出售时正好四年，购进时成本为 800 万元，支付契税等相关费用 8 万元。转让时按售价的 5% 支付增值税，并分别按 7%、3% 征收城市维护建设税和教育费附加，请计算并结转土地增值税。

【知识准备】

土地增值税是国家对我国境内转让国有土地使用权、地上建筑物及附着物(即转让房地产)并取得收入的单位和个人征收的一种税。

一、土地增值税两种征收方式

(1) 核定征收，按照转让二手房交易价格全额的 1% 征收率征收。

(2) 减除法定扣除项目金额后，按四级超率累进税率征收。

① 增值额<扣除项目金额 50% 的：土地增值税税额=增值额×30%

② 扣除项目金额 50%<增值额<扣除项目金额 100% 的：

应交土地增值税的税额=增值额×40%−扣除项目金额×5%

③ 扣除项目金额 100%<增值额<扣除项目金额 200% 的：

应交土地增值税的税额=增值额×50%−扣除项目金额×15%

④ 扣除项目金额 200%<增值额：

应交土地增值税的税额=增值额×60%−扣除项目金额×35%

二、法定扣除项目

房地产开发企业出售房产或企业自行开发的房地产项目对外转让，其法定扣除项目包括取得土地使用权所支付的金额、房地产开发成本、房地产开发费用、转让房地产有关税金支出、其他扣除项目。(有兴趣的读者可以学习房地产会计，房地产会计中有详细阐述)

从事二手房交易的单位和个人，法定扣除项目分两种情况阐述如下：

(1) 能够提供购房发票的，可减除以下项目金额：

① 取得房地产时有效发票所载的金额；

② 按发票所载金额从购买年度起至转让年度止每年加计 5% 的金额；

③ 按国家规定统一缴纳的与转让房地产有关税金；

④ 取得房地产时所缴纳的契税。

(2) 不能够提供购房发票，但能够提供房地产评估机构按照重置成本评估法，评定的房屋及建筑物价格评估报告的，扣除项目金额按以下标准确认：

① 取得国有土地使用权时所支付的金额证明；

② 中介机构评定的房屋及建筑物价格（不包括土地评估价值），需经主管税务机关对评定的房屋及建筑物价格进行确认；

③ 按国家规定统一缴纳的与转让房地产有关的税金和价格评估费用。

三、账务处理

（1）房地产企业销售房地产计算结转应纳土地增值税：

借：税金及附加

　　贷：应交税费——应交土地增值税

（2）非房地产企业转让土地使用权连同地上建筑物及附着物，计算结转应交土地增值税：

借：固定资产清理

　　贷：应交税费——应交土地增值税

（3）土地使用权在“无形资产”账户核算的，转让土地使用权应交的土地增值税，在收取款项，结转资产损益时作为直接抵减项目，贷记“应交税费——应交土地增值税”账户。

借：银行存款

　　累计摊销

　　贷：无形资产——土地使用权

　　　　应交税费——应交增值税（销项税额）

　　　　应交税费——土地增值税

　　　　差额贷记营业外收入或借记营业外支出

【业务处理 5】

（1）计算应交的土地增值税。

① 法定扣除项目（该企业能够提供购房发票等单据）：

购房成本 800 万元（购房发票所记载金额）

从购买年度起至转让年度止每年加计 5%的金额：800×5%×4＝160 万元

增值税：2 000×5%＝100 元；城建税 100×7%＝7 万元；教育费附加：100×3%＝3 万元

取得房地产时所缴纳的契税及有关费用 8 万元

合计：1 078 万元

② 增值额与增值率：

增值额：2 000－1 078＝922（万元）；

增值率＝922÷1 078＝85.53%。

③ 应交土地增值税＝922×40%－1 078×5%＝314.9（万元）

(2) 根据有关原始凭证，编制结转土地增值税的记账凭证如下：

借：固定资产清理 3 149 000.00
　　贷：应交税费——应交土地增值税 3 149 000.00

知识拓展

提取房产税、城镇土地使用税、车船使用税、矿产资源补偿费、排污费：

借：税金及附加
　　贷：应交税费——应交××税(或应交××费)

知识拓展

车辆购置税、印花税不需要预缴，不通过“应交税费”账户核算。

借：固定资产(支付车辆购置税时)
　　税金及附加(购买印花税票时)
　　贷：银行存款(或库存现金)

项目八　非流动负债

知识目标：熟悉非流动负债的含义、内容、特点及各项非流动负债的管理要求。

能力目标：掌握长期借款、应付债券、长期应付款等各项非流动负债的账务处理。

思政目标：强化对非流动负债业务的核算与监督，优化企业债务结构，依法维护债权人的合法权益，为营造良好的营商环境尽企业应尽的责任。

非流动负债是指偿还期在一年或超过一年的一个营业周期以上的债务。非流动负债主要为了满足购建固定资产、改扩建工程、扩大生产经营规模等长期资金需求。非流动负债具有偿还期长、偿还额大、收益高风险也大的特点。我国现行会计制度规定，非流动负债应当以实际发生额入账。

子项目 1：长期借款

【业务呈现】

2021 年 5 月 31 日七彩印染厂从工商银行晋江支行借入固定资金 200 万元用于生产设备的改扩建，借款期限二年，借款年利率为 7.2%，利息于每年年末支付一次，到期日一次性归还本金及当年发生的利息(图 8-1)。请进行相关业务处理。

××银行贷款凭证③收账通知

日期贰零贰壹**年**伍**月**叁拾壹日

<table>
<tr><td>贷款单位名称</td><td colspan="2">福建七彩印染厂</td><td>贷款种类</td><td colspan="4">长期资金贷款</td><td colspan="2">贷款户账号</td><td colspan="4">51093708918</td></tr>
<tr><td rowspan="2">金额</td><td colspan="3" rowspan="2">人民币（大写）贰佰万元整</td><td>千</td><td>佰</td><td>十</td><td>万</td><td>千</td><td>佰</td><td>十</td><td>元</td><td>角</td><td>分</td></tr>
<tr><td>¥</td><td>2</td><td>0</td><td>0</td><td>0</td><td>0</td><td>0</td><td>0</td><td>0</td><td>0</td></tr>
<tr><td rowspan="2">用途</td><td rowspan="2">工程使用</td><td>单位申请期限</td><td colspan="9">自 2021 年 5 月 31 日起至 2023 年 5 月 31 日止</td><td rowspan="2">利率</td><td rowspan="2">7.2%</td></tr>
<tr><td>银行核定期限</td><td colspan="9">自 2021 年 5 月 31 日起至 2023 年 5 月 31 日止</td></tr>
<tr><td colspan="2">备注：</td><td colspan="12">以上贷款已核准发放，并转入你单位晋江支行英林分理处 51093708918 账号账户。
此致
借款单位：福建七彩印染厂
（银行盖章）2021 年 5 月 31 日
某某银行福建分行晋江支行 英林分理处 2021.5.31 转讫</td></tr>
</table>

图 8-1　银行贷款凭证

【知识准备】

一、长期借款的含义

长期借款是企业向银行等金融机构借入的期限在一年以上(不含一年)的各种款项。

二、长期借款的核算

企业应当设置“长期借款”账户，进行总分类核算，并按贷款机构、借款种类、借款币种设置明细账户，进行明细核算。

企业还应设置“应付利息”账户，对长期借款利息进行总分类核算，并按贷款人设置明细账户，进行明细分类核算。

企业发生长期借款及利息，应进行如下账务处理：

(1) 企业借入各种长期款项，应根据有关单据编制记账凭证：

借：银行存款
　　贷：长期借款——某某银行(或某某贷款人)

企业归还借款本金时，则编制相反的会计分录。

(2) 企业筹建期间，发生的不形成长期资产的长期借款利息：

借：长期待摊费用
　　贷：应付利息——某某银行(或某某贷款人)

(3) 经营期间的借款利息，及与固定资产购建有关但不符合资本化条件的借款利息：

借：财务费用
　　贷：应付利息——某某银行(或某某贷款人)

(4) 与固定资产购建有关且满足资本化条件的借款利息：

借：在建工程(或固定资产)
　　贷：应付利息——某某银行(或某某贷款人)

【业务处理】

(1) 七彩印染厂根据“××银行贷款凭证③收账通知”编制记账凭证。

借：银行存款　　2 000 000.00
　　贷：长期借款——某某银行福建分行晋江支行英林分理处　　2 000 000.00

(2) 改扩建工程发包给承包商，2021 年 6 月 1 日向承包商支付首期工程款 100 万元，根据银行结算凭证，承包商收款凭证编制记账凭证：

借：在建工程——发包工程(改扩建)　　1 000 000.00
　　贷：银行存款　　1 000 000.00

(3) 提取2021年长期借款利息：

借：在建工程——发包工程	42 000.00	
财务费用	42 000.00	
贷：应付利息——某某银行福建分行晋江支行英林分理处		84 000.00

注：2021年百万本金7个月的利息 = 1 000 000×7.2%÷12×7 = 42 000(元)

(4) 年末归还长期借款2021年利息的账务处理：

借：应付利息——某某银行福建分行晋江支行英林分理处	84 000.00	
贷：银行存款		84 000.00

(5) 提取2022年长期借款利息的账务处理：

借：在建工程——发包工程	72 000.00	
财务费用	72 000.00	
贷：应付利息——某某银行福建分行晋江支行英林分理处		144 000.00

2022年百万本金年利息 = 1 000 000×7.2% = 72 000(元)

提示：归还2022年长期借款利息的账务处理请读者自行完成。

(6) 改扩建工程于2022年12月31日验收合格，2023年1月1日七彩印染厂采用汇兑方式向承包商支付剩余款项1 000 000元的账务处理：

借：在建工程——发包工程(改扩建)	1 000 000.00	
贷：银行存款		1 000 000.00

(7) 工程办理竣工决算后交付使用，结转工程建设成本：

借：固定资产——使用中的固定资产	2 114 000.00	
贷：在建工程——发包工程		2 114 000.00

工程成本 = 1 000 000+42 000+72 000+1 000 000 = 2 114 000(元)

(8) 提取2023年长期借款利息(2 000 000×7.2%÷12×5 = 60 000)：

借：财务费用	60 000.00	
贷：应付利息——某某银行福建分行晋江支行英林分理处		60 000.00

(9) 2023年5月31日归还本金及2023年1至5月的利息：

借：长期借款——某某银行福建分行晋江支行英林分理处	2 000 000.00	
应付利息——某某银行福建分行晋江支行英林分理处	60 000.00	
贷：应付利息		2 060 000.00

子项目 2：应付债券

【业务呈现】

2021 年 6 月 30 日，晋江久邻食品有限公司经批准向社会公众按面值发行 3 年期、票面年利率为 6%、到期一次还本付息的公司债券人民币 50 000 000 元，用于补充公司的流动资金，请进行相关业务处理。

【知识准备】

债券是企业为筹集资金而发行的一种书面凭证。发行债券的企业通过凭证上记载的利率、期限等，向投资人允诺在未来某一特定日期还本付息。企业发行偿还期在一年以上的债券，就构成了企业的长期负债。

一、债券的发行价、发行费用、发行期间冻结资金的利息

债券发行价格等于债券票面价值，称为面值发行；债券发行价格高于债券票面价值，称为溢价发行；债券发行价格低于票面价值，称为折价发行。

债券发行期间所冻结资金会产生一定的利息。若冻结资金的利息低于发行费用，其差额符合资本化条件的，应计入相关资产成本，不能资本化或有其他用途的，则计入当期财务费用。若冻结资金的利息高于发行费用，其差额视同债券的溢价收入。

二、账务处理

企业应设置“应付债券”总分类账户，并在“应付债券”总分类账下设置“面值”“利息调整”和“应计利息”三个明细分类账户，进行相关明细核算。

企业发行债券及其相关业务的账务处理如下：

1. 发行

（1）当票面利率等于银行利率时，一般按面值发行：

借：银行存款
　　贷：应付债券——面值

（2）当票面利率高于银行利率时，一般按溢价发行：

借：银行存款【实际收到款项】
　　贷：应付债券——面值
　　　　　　　　——利息调整【溢价部分】

（3）当票面利率低于银行利率时，一般按折价发行：

借：银行存款【实际收到款项】
　　应付债券——利息调整【折价部分】
　　贷：应付债券——面值

2. 提取利息

（1）按面值发行的债券，提取利息时：

借：在建工程（或制造费用、研发支出、财务费用等科目）
　　贷：应付债券——应计利息【票面价值×票面利率】

（2）溢价发行的债券，提取利息时：

借：在建工程（或制造费用、研发支出、财务费用等科目）
　　应付债券——利息调整【溢价部分】
　　贷：应付债券——应计利息【票面价值×票面利率】

注：若是折价发行债券计提利息，则贷记“应付债券——利息调整（折价部分）”

（3）到期还本付息：

借：应付债券——面值
　　应付债券——应计利息
　　贷：银行存款

【业务处理】

（1）七彩印染厂根据债券发行款的银行收账通知及有关单据编制记账凭证：

借：银行存款	50 000 000. 00	
贷：应付债券——面值		50 000 000. 00

（2）按月提取债券利息：

借：财务费用【用于补充企业流动资金的利息】	250 000. 00	
贷：应付债券——应计利息		250 000. 00

月息＝50 000 000. 00×6%÷12＝250 000. 00（元）

（3）2024 年 6 月 30 日到期，一次性还本付息：

借：应付债券——面值	50 000 000. 00	
应付债券——应计利息	9 000 000. 00	
贷：银行存款		59 000 000. 00

初试身手

天虹地产因承建经济适用房，经批准于 2021 年元月 1 日起发行 2 年期、票面年利率为 6%、到期一次还本付息的公司债券人民币 2 000 万元，实际发行价人民币 1 980 万元，发行费用人民币 10 万元。发行期间冻结利息收入人民币 22 万元，实际收到人民币 1 992 万元，请根据审核无误的原始凭证，编制发行债券、按年提取债券利息，到期还本付息的记账凭证。

子项目 3：长期应付款

【业务呈现】

2021 年 6 月 30 日，晋江安邻食品有限公司通过补偿贸易，从国外引进二套全自动的茶叶包装设备，其价款折合人民币 1 000 000 元，该设备投入使用后，所包装的第一批茶叶共 5 吨，每吨售价人民币 60 000 元，该批茶叶销售款全部用于归还引进设备款。

【知识准备】

长期应付款是指长期借款、应付债券以外的各种长期应付款项，主要有采用补偿贸易方式引进外国设备和融资租入固定资产形成的非流动负债。

企业应设置“长期应付款”账户进行总分类核算，并按长期应付款的种类或债权人设置明细账，进行明细分类核算。

一、应付补偿贸易引进国外设备款

补偿贸易是企业从外国引进设备，再用该设备生产的产品归还设备价款的贸易方式。引进时，企业将设备、工具、零配件等外币价款以及应负担的国外运杂费，按规定的汇率折合成人民币，借记“在建工程”及“原材料”等账户，贷记“长期应付款——应付补偿贸易引进设备款”账户。

企业以人民币支付进口关税，国内运杂费、包装费、安装费等引进设备达到预定可使用状态前的一切费用，均应按固定资产计价的原则要求，计入引进设备的原值，除非法规另有规定。

二、应付融资租赁款的核算

（1）企业在租赁开始日，将融资租赁固定资产公允价值与最低租赁付款额的现值进行比较，取较低者作为融资租赁固定资产的入账价值：

借：固定资产——融资租赁固定资产（或者在建工程）
　　未确认融资费用【差额】
　　贷：长期应付款——应付融资租赁款
　　　　银行存款【与融资租赁固定资产有关的必要支出】

（2）在租赁期内合理分摊未确认融资费用：

借：财务费用
　　贷：未确认融资费用【差额】

（3）租赁期满，按合同规定，将融资租赁固定资产所有权转归承租企业：

借：固定资产——生产经营用固定资产
　　贷：固定资产——融资租赁固定资产

【业务处理】

(1) 久邻食品引进设备，根据“固定资产交接验收单”等单据编记账凭证：

借：固定资产——茶叶包装设备　　1 000 000.00
　　贷：长期应付款——应付补偿贸易引进设备款　　1 000 000.00

(2) 销售第一批产品，直接用销售款偿还引进设备款(5 吨×60 000)

借：长期应付款——应付补偿贸易引进设备款　　300 000.00
　　贷：主营业务收入(出口产品增值税为零)　　300 000.00

(3) 结转出口产品成本(略)。

初试身手

太太好商城采用融资租赁方式租入一套不需安装的设备，期限二年，应付付租赁费共计人民币 1 000 000 元，租赁费的现值 900 000 元，设备的公允价值为 880 000 元。租赁费按年平均支付，租赁期满，设备归太太好商城所有。请根据有关单据，编制租入设备、按年支付租金、按年分摊未确认的融资费用以及租赁期满设备所有权转到太太好商城的记账凭证。

项目九　所有者权益

知识目标：熟悉所有者权益的含义、内容构成以及各项所有者权益的管理要求。
能力目标：掌握实收资本、资本公积、留存收益等相关业务的账务处理。
思政目标：依法核算与监督所有者权益业务，维护企业中小投资者的合法权益。

所有者权益是指所有者在企业资产中享有的经济利益，其金额表现为企业资产总额减去负债总额后的余额，即净资产。企业所有者权益一般由投资者投入资本、其他综合收益、留存收益三部分构成。

子项目 1：投资者投入资本的核算

【业务呈现】

2020 年 1 月 31 日，根据双方签订的合同，福建著成服饰股份有限公司按时收到海西投资有限公司投入的资本人民币 500 万元。海西投资股份有限公司拥有著成服饰股份有限公司增资后（增资前注册资本总额 1 200 万）资本总额的 25%。请根据图 9-1～图 9-3 及相关资料进行账务处理。

1. 工商银行进账单（回单或收账通知）

工商银行进账单（回单或收账通知）　1

2020 年 1 月 31 日

出票人	全　称	海西投资股份有限公司	收款人	全　称	福建著成服饰有限公司
	账　号	35035099145068		账　号	350125966124756
	开户银行	中国工商银行厦门支行		开户银行	中国工商银行晋江支行
金额	人民币（大写）	伍佰万元整		千百十万千百十元角分	¥500000000
票据种类	转账支票	票据张数	1		
票据号码	100316			中国工商银行福建省分行 晋江支行 2020.1.31 转讫	
复核	记账			收款人开户银行盖章	

图 9-1　银行进账单

2. 工商企业资金往来专用发票

福建省工商企业资金往来专用发票

副联

客户：海西投资股份有限公司　　2020 年 1 月 31 日　　支票号：3562277921

往来项目	单位	数量	单价	金额										说明
				千	百	十	万	千	百	十	元	角	分	
投资款项					5	0	0	0	0	0	0	0	0	本发票由福建省工商企业在发生商品销售或提供加工业务之外的资金往来时使用。
小写金额合计：				￥	5	0	0	0	0	0	0	0	0	
大写金额：（人民币）伍佰万元整														

开票单位：（章）　福建著成服饰有限公司 88331234567899 发票专用章　　开票人：刘海发

图 9-2　企业资金专用往来发票

附：福建著成服饰股份有限公司与海西投资股份有限公司联营合同(图 9-3)。

联营合同（主要条款）

甲方：海西投资股份有限公司

乙方：福建著成服饰有限公司

为扩大福建著成服饰有限公司的经营规模，经双方协商，同意海西投资股份有限公司出资人民币 500 万元，加盟福建著成服饰有限公司，拥有著成服饰公司增资后 25%的资本份额。从资金到位之日起，福建著成公司的盈亏按双方出资比例分配。

甲方（盖章）海西投资股份有限公司　　乙方（盖章）福建著成服饰有限公司

2020 年 1 月 31 日　　2020 年 1 月 31 日

图 9-3　联营合同

【知识准备】

投资者投入资本包括实收资本和资本公积。

一、实收资本

实收资本是指投资者按照企业章程或合同、协议的约定，实际投入企业的资本，即企业收到投资者根据合同、协议、章程规定实际缴纳的资本数额。

（一）实收资本概述

2014 年，国务院取消了注册资本限制，理论上 1 元钱也可以注册公司，但在公司注册时还是要考虑实际运作的需要，注册资本应当保证公司能够正常运行。

当企业法人实有资本比原有注册资金数额增减超过 20%时，应当持资金使用证明或者验资证明，向原登记机关申请变更登记。注册资本非经法定程序，不得随意增减。

实收资本按投资主体的不同，分为国家资本金、法人资本金、个人资本金和外商资本金；按资本载体的不同，分为货币资本、实物资本和无形资产资本。

（二）实收资本的核算

企业应设置“实收资本”账户；股份有限公司应设置“股本”账户核算企业资本依法定程序增减变动以及期末实有资本的数额，“实收资本（或股本）”账户按投资人设置明细账进行明细核算。

1. 接受人民币投资（略）

2. 接受外币投资

借：银行存款——某外币【外币×交易日即期汇率】
　　贷：实收资本——某某投资人【外币×交易日即期汇率】

3. 接受固定资产或存货投资

借：固定资产（或原材料、库存商品等存货科目）
　　应交税费——应交增值税（进项税额）
　　贷：实收资本——某某投资人

提示：增值税及其金额要严格按国家有关法规的规定来确认。

4. 接受无形资产投资

借：无形资产【协议价或评估价】
　　贷：实收资本——某某投资人

5. 发行股票筹集资本金

（1）面值发行：【（发行价+购买股票资金冻结期间利息——发行费用）= 面值】

借：银行存款【实收款项】
　　贷：股本【每股面值×股票张数】

（2）折价发行【（发行价+购买股票资金冻结期间利息-发行费用）<面值】

借：银行存款【实收款项】
　　财务费用【差额】
　　贷：股本【每股面值×股票张数】

（3）溢价发行【（发行价+购买股票资金冻结期间利息-发行费用）>面值】

借：银行存款【实收款项】
　　贷：股本【每股面值×股票张数】
　　　　资本公积【差额】

提示：实际工作中，股票基本上是溢价发行的，很少出现折价或按面值发行。

6. 企业实收资本（或股本）依法定程序减少

借：实收资本
　　贷：银行存款等账户（或利润分配——未分配利润）

注：因发生重大亏损而减资，贷记“利润分配——未分配利润”账户。

知识拓展

库存股是股票发行公司通过各种方式重新获得已公开发行的股票，库存股不附投票权，但可再行出售或注销，在公司资产负债表上，库存股属于所有者权益的备抵项目。库存股增加记借方，减少记贷方，但库存股不能列为企业的资产。

二、资本公积

资本公积包括资本(或股本)溢价、其他资本公积等。资本公积不专属于某一投资者，而是由全体投资者共同分享。

企业应设置“资本公积”总账，贷方登记各项资本公积的来源，借方登记按规定用途转出的各项资本公积，期末余额在贷方，反映企业实有的资本公积数额。企业还应下设“资本溢价(或股本溢价)”“其他资本公积”明细分类账户，进行资本公积的明细分类核算。

1. 由资本或股本溢价产生的资本公积金，可以用来转赠资本

(1) 非股份制企业，投资人投入货币资金、实物资产、无形资产等，编制会计分录如下。

借：有关账户【实际收到的资金数额】
　　贷：实收资本——投资方【投资人在注册资本中所占的份额】
　　　　资本公积——资本溢价【实收资金超出应占资本份额的部分】

注：按税法规定，确认是否要借记“应交税费——应交增值税(进项税额)”账户。

(2) 股份制企业溢价发行股票，会计分录见“实收资本的核算”。

(3) 资本(或股本)溢价所产生的资本公积金依法转增资本，编制会计分录如下。

借：资本公积——资本溢价
　　贷：实收资本——投资方

2. 因其他原因产生的资本公积，不能用来转赠资本

(1) 权益法核算的长期股权投资，被投资单位除净损益以外的其他所有者权益发生变动形成的资本公积。

① 企业按持股比例计算应享份额，编制会计分录如下。【减少则编制相反的分录】

借：长期股权投资——其他权益变动
　　贷：资本公积——其他资本公积

② 出售长期股权投资时，应冲销与之相关的其他资本公积，编制会计分录如下。

借：银行存款【实际收到款项】
　　借或贷：资本公积——其他资本公积
　　借或贷：投资收益【差额】
　　贷：长期股权投资

(2) 以权益结算的股份支付换取职工或其他方提供服务形成的资本公积。

① 权益工具授予日，按授予股份的公允价值，编制会计分录如下。

借：管理费用(或相关账户)
　　贷：资本公积——其他资本公积

② 行权日，根据实际行权的权益工具数量，编制会计分录如下。

借：资本公积——其他资本公积
　　资本公积——资本溢价【根据具体业务判断借贷方向】
　　贷：实收资本(或股本)

(3) 企业与股东之间的资本性交易(即权益性交易)。

① 控股股东直接或通过控股股东的子公司给本企业捐赠，编制会计分录如下。

借：有关账户【实际收到的捐赠资产】
　　贷：资本公积——其他资本公积

提示：非控股股东的捐赠，除非有证据表明属于资本性投入，否则计入“营业外收入”。

② 股东对公司进行债务豁免或代为偿债，编制会计分录如下。

借：应付账款
　　贷：资本公积——其他资本公积

【业务处理】

(1) 根据银行进账单、工商企业资金往来专用发票、联营合同(复印件)编记账凭证：

借：银行存款	5 000 000. 00
贷：实收资本——海西投资股份有限公司	4 000 000. 00
资本公积——资本溢价	1 000 000. 00

(2) 根据审核无误的记账凭证以及原始凭证登记“实收资本”“资本公积”等账户的明细账。(略)

初试身手

天虹地产股份有限公司经有关部门批准，从股票市场回购本企业股票 200 万股作为库存股，每股收购价 5. 25 元(含交易税费)，请根据审核无误的交易单据编制记账凭证。

子项目 2：其他综合收益的核算

【业务呈现】

千红股份有限公司外币业务采用交易日即期汇率折算，按月计算汇兑差额。

2021 年 12 月 9 日，公司以每股 2 美元的价格购入境外股 1 万股作为可供出售的金融资产，购买日汇率1∶6.4；同年12月31日，该股票每股交易价格2.4美元，当日即期汇率为1∶6.5。

要求：计算该投资的公允价值变动额，汇兑损失或收益，以及其他综合收益入账金额，并编制相关的记账凭证(以会计分录代替)。

【知识准备】

其他综合收益是指根据《企业会计准则》的规定，未在当期损益中确认的各项利得和损失。主要包括：

可供出售金融资产公允价值变动形成的利得和损失；

可供出售外币非货币性项目的汇兑差额形成的利得和损失；

存货或自用房地产转换为采用公允价值模式的投资性房地产形成的利得；

权益法核算的长期股权投资，投资方应享有被投资方单位实现的其他综合收益份额；

现金流量中套期工具产生的利得或损失中属于有效套期的部分；

重新计量设定受益计划净资产或净负债形成的变动等。

一、账户设置

企业应设“其他综合收益”总账，贷方登记其他综合收益增加数，借方登记减少数。“其他综合收益”账户本期发生额列报于利润表，期末余额列报于资产负债表。

二、账务处理

(1) 可供出售融资产公允价值变动形成的利得和损失：

借：可供出售的金融资产【公允价值上升】
　　贷：其他综合收益【利得】

提示：如果公允价值下降，则编制相反的会计分录。

(2) 持有至到期投资重分类为可供出售的金融资产形成的利得和损失：

借：可供出售的金融资产
　　持有至到期投资减值准备【没提取减值准备则不必借记本科目】
　　其他综合收益【根据具体业务判断借贷方向】
　　贷：持有至到期投资

后续：可供出售的金融资产出售了，则将“其他综合收益”转入“投资收益”：

借：银行存款
　　其他综合收益【根据具体业务判断借贷方向】
　　投资收益【根据具体业务判断借贷方向】
　　贷：可供出售金融资产【账面价值】

(3) 自用房地产(或房地产存货)转换为公允价值计量的投资性房地产所形成的利得。

① 转换日，当公允价值大于账面价值时，应编制会计分录如下。

借：投资性房地产【公允价值】
　　累计折旧
　　固定资产减值准备【未提减值准备则不必借记本账户】
　　贷：固定资产【账面原值】
　　　　其他综合收益【差额】

注：公允价值若小于账面价值，形成损失，差额则借记“公允价值变动损益”

② 投资性房地产出售后，应冲销与之相关的其他综合收益，编制会计分录如下。

借：其他综合收益
　　贷：其他业务收入

（4）权益法核算的长期股权投资，投资方应享有被投资方单位实现的其他综合收益份额

① 企业按持股比例计算应享份额，编制会计分录如下。【减少则编制相反的分录】

借：长期股权投资——其他权益变动
　　贷：其他综合收益

② 出售长期股权投资时，应冲销与之相关的其他综合收益，编制会计分录如下。

借：银行存款【实际收到款项】
　　其他综合收益【根据具体业务判断借贷方向】
　　投资收益【根据具体业务判断借贷方向】
　　贷：长期股权投资

【业务处理】

2021 年 12 月 9 日，公司以每股 2 美元的价格购入境外某股票 1 万股作为可供出售的金融资产，购买日汇率 1∶6.4。

借：可供出售的金融资产——某股票	128 000.00	
贷：银行存款		128 000.00

2021 年 12 月 31 日，该股票每股交易价格 2.4 美元，当日即期汇率为 1∶6.5。

该项投资公允价值变动额 = 10 000×(2.4−2)×6.5 = 26 000(元)

该项投资形成的汇兑损失 = 10 000×2×(6.5−6.4) = 2 000(元)

其他综合收益入账金额 = 10 000×2.4×6.5−10 000×2×6.4 = 28 000(元)

借：可供出售的金融资产	28 000.00	
贷：其他综合收益		28 000.00

子项目 3：留存收益

【业务呈现】

福建省领头雁股份有限公司 2021 年年度利润分配方案(如图 9-4 所示)已通过股东大会审议，请根据审核无误的有关原始凭证进行相应的账务处理。

福建省领头雁股份有限公 2021 年度利润分配方案

（2022 年 3 月 24 日股东大会通过）

2021 年年度净利润 3 800 000 元 弥补以前年度亏损　300 000 元 全年可供分配利润　3 500 000 元	
分配方案	1. 提取法定盈余公积金（可供分配利润的 10%）350 000 2. 提取任意盈余公积金（可供分配利润的 5%）175 000 3. 2022 年企业要扩大生产，资金紧张，故 2021 年不进行利润分配
批复	董事长：欧阳雁　　福建领头雁股份有限公司

2020 年 3 月 24 日

图 9-4　利润分配方案文本

【知识准备】

留存收益来源于企业的资本增值，是企业从历年实现的利润中提取或形成的留存于企业内部的积累。留存收益主要由盈余公积和未分配利润两部分组成。

一、盈余公积

1. 盈余公积的含义及分类

盈余公积是企业按规定从净利润中提取的各种累积资金，主要用于弥补亏损、转增资本，发放现金利润或股利。

盈余公积金按提取依据的不同分为法定盈余公积和任意盈余公积。

(1) 法定盈余公积，是企业依据《公司法》的规定从净利润中提取的盈余公积金。有限责任公司和股份有限公司应按照净利润的 10%(非公司制企业提取比例可以超过 10%)提取法定盈余公积金，当法定盈余公积金达到注册资本的 50%时可以不再提取。

（2）任意盈余公积，是企业依据股东大会或类似机构的决议，按股东大会或类似机构批准的比例从净利润中提取的盈余公积金。

2. 盈余公积的核算

（1）提取盈余公积金：

借：利润分配——提取法定盈余公积金
　　　　　　——提取任意盈余公积金
　贷：盈余公积——法定盈余公积金
　　　　　　　——任意盈余公积金

（2）用盈余公积金弥补亏损：

借：盈余公积——公积金
　贷：利润分配——其他转入

（3）经股东大会或有关机构批准，盈余公积可转增资本，但转增资本后的盈余公积金不得少于注册资本的25%：

借：盈余公积——公积金
　贷：实收资本——某投资人

（4）企业当年无利润，但为了企业形象，经批准可以用盈余公积发放利润：

借：盈余公积——公积金
　贷：应付股利

知识拓展

外资企业不提盈余公积金，但要依法提取储备基金，提取比例不得低于税后利润的10%，如果累计提取金额达到其注册资本的50%，可以不再提取。

此外，外资企业股东大会或类似机构还可以决定是否提取企业发展基金、职工奖励及福利基金并规定提取比例。

二、未分配利润

未分配利润是企业留待以后年度分配的结存利润，或留待以后年度弥补的累积亏损。如果是结存利润，可以和以后年度实现的净利润一起分配，也可以用来弥补以后年度的经营亏损；如果是累积亏损，可以用盈余公积金来弥补，也可以等待以后年度实现的利润来弥补。

【业务处理】

根据图9-4编制记账凭证如下：

借：利润分配——提取公积金　525 000.00
　　贷：盈余公积——法定盈余公积金　350 000.00
　　　　　　　　——任意盈余公积金　175 000.00

初试身手

福建狼族股份有限公司2021年4月25日股东大会决议：虽然公司2020年亏损，但之前累积的盈余公积金较多，决定用盈余公积100万发放现金股利。

① 决定用盈余公积金发放现金股利的账务处理；

② 通过银行转账发放现金股利的账务处理。

项目十　收　　入

知识目标： 理解收入的含义、特点及分类，熟练掌握销售收入的确认条件。
能力目标： 掌握现销赊销、委托代销、分期收款销售及销售退回等业务的账务处理。
思政目标： 重视对销售业务的核算与监督，诚信经营，依法维护消费者的合法权益。

收入是企业在销售商品、提供劳务、让渡资产使用权等日常活动中形成的，会导致所有者权益增加，但与投资人投入资本无关的经济利益的总流入。

子项目 1：收入基本理论

【业务呈现】

2021 年 9 月份一般纳税人著成服饰有以下几笔(下列款项均按售价计算)收入业务：

5 日，A 公司购买著成服饰 800 000 元、增值税 104 000 元，价税款全部到账，著成公司开了发货票和提货单，A 公司将货物提走。

10 日，B 公司向著成公司预订 600 000 元的服饰，按合同规定，先预付 200 000 元的货款，货物在 2 月份交接。

15 日，著成公司与三喜集团签订了分期收款发出商品销售合同，三喜集团向著成公司购买 1 000 000 元的服饰，著成公司于 15 日开具发货票和提货单，三喜集团当日就将货品提走。按合同规定，三喜集团提货后应立即付 40%的价税款(当日就到账)，满一个月再付 30%的价税款，满二个月将剩余 30%的价税款全部付清。

20 日，著成公司按合同规定把 565 000 元(含税，税率 13%)的服饰发给 D 公司后，委托银行向 D 公司收款，但款项尚未收到。

如果 9 月份没有再发生服饰销售业务，请确认并计算著成服饰当月的主营业务收入。

【知识准备】

会计要素中的收入是狭义的收入，不包括营业外收入、投资收益、公允价值变动损益等内容。作为会计要素中的收入，具有以下特点。

一、收入的特点

(1) 收入是企业在日常经营中产生的，不是从偶然的交易或者事项中产生。

比如：服装企业生产和销售服装，商业企业采购并销售商品都属于企业的日常业务，而出售固定资产则属于偶然交易，对违规行为或违反合同行为进行罚款则属于偶然事项。

(2) 收入表现为企业资产的增加或负债的减少。

(3) 收入最终会导致企业所有者权益的增加。

(4) 收入只包括本企业的经济利益流入。

提示：为第三方或客户代收款项不属于本企业收入。

二、收入的分类

(1) 收入按性质的不同，分为商品销售收入、提供劳务收入、让渡资产使用权收入。

企业销售商品、产成品、代制品、代修品、原材料、周转材料等均属于商品销售收入。

企业为客户加工、修理、安装、运输、咨询、培训等获得的收入均为提供劳务收入。

企业出租固定资产、转让无形资产的使用权而获得的收入，金融企业因他人使用本企业货币资金而获得的利息收入均属于让渡资产使用权收入。

(2) 收入按主次分为主营业务收入和其他业务收入。

主营业务收入是企业利润形成的主要来源，是企业经常性业务产生的收入。如制鞋企业销售鞋的收入、钢材厂销售钢材的收入、白酒企业销售白酒的收入等。

其他业务收入是企业日常经营活动中取得的除主营业务收入以外的各项收入。如制鞋企业销售鞋材收入、钢材企业厂房租金收入、白酒企业的转让商标使用权的收入等。

判断是主营业务还是其他业务，第一，看企业的营业执照，执照上有注明主营业务范围、兼营业务范围的，那么兼营业务收入就是其他业务收入；第二，营业执照没有注明主营业务范围、兼营业务范围的，就根据业务收入的性质进行判断。

三、收入的确认与计量

收入的确认是企业对所售商品开具或收到财税法规认可的销售发票如增值税专用发票、普通发票(小规模纳税人使用)等并列入有关收入账户，最终计入企业财务报表的过程；收入的计量是指根据财税法规认可的销售发票确定应计入收入账户的金额。

1. 收入确认的条件

(1) 已将商品所有权上的主要风险和报酬转移给购买方，如已开出增值税专用发票。

(2) 既没保留与所有权相联系的继续管理权，也没对已售商品实施控制，如已经发货。

(3) 与交易相关的经济利益能够流入企业，如已收到货款或已办妥托收手续。

(4) 收入和已发生的成本或将要发生的成本都能可靠计量。

可见，企业应在商品已发出，所有权已转移给购货方，并收到货款或取得收款权时确认销售收入。

2. 销售收入确认的具体情形

(1) 采用预收货款销售商品的，应在货物发出当天开具增值税专用发票或国家财税法规认可的销售发票如普通发票(简称开票、下同)等确认收入。

(2) 以委托收款或托收承付方式销售商品的，应在办妥托收手续后开票确认收入。

(3) 商品委托代销的，在收到代销清单或货款后，开票确认收入。

（4）分期收款发出商品的，在合同约定的收款日开票确认收入。

（5）需安装检验的商品，安装程序简单的在发出商品时开票确认收入，安装程序复杂的在安装检验合格后开票确认收入。

（6）附带销售退回条件的商品销售，如能准确估计退货可能性并确认与退货相关负债的，在发出商品时开票确认收入；无法估计退货可能性的，在售出商品退货期满时开票确认收入。

【业务处理】

著成服饰为一般纳税人，确认销售收入时应开具增值税专用发票。

（1）5日，向A公司销售的800 000元服饰应开具增值税专用发票，确认收入。

（2）10日，B公司预订服饰的预付款不属于销售收入，不能开具增值税专用发票。

（3）15日，分期收款发出商品，按合同规定，发出当日三喜集团付40%的价税款，其中价款400 000元，著成服饰应在15日针对这40%的价税款开具增值税专用发票，确认收入，余下价税款，在合同约定的付款日再开具增值税专用发票，确认收入。

（4）15日售给D公司的500 000元服饰，应在办妥托收手续后开具增值税专用发票，确认收入。

由于1月份没再发生其他服饰销售业务，当月著成公司的主营业务收入合计170万元。

初试身手

玉牌股份有限公司属于制造业，下列各项哪些属于收入，哪些不属于收入？

（1）存款利息收入；

（2）出售固定资产、无形资产收入；

（3）罚款收入；

（4）销售材料收入；

（5）没收出租出借包装物押金收入；

（6）出租包装物租金收入；

（7）出售次品收入；

（8）出售交易性金融资产、长期股权投资的收入；

（9）应收取的保险赔偿款。

子项目2：主营业务

【业务呈现】

2021年1月15日，著成服饰按合同规定向三喜集团发出服饰100万元（按售价计），该批服饰生产成本60万元。合同规定采用分期收款方式销售产品：发货当日，三喜集团转账支付40%的价税款，满一个月再付30%的价税款，满二个月将剩余30%的价税款付清。

请根据合同及有关单据进行发货及发货日收到40%价税款的账务处理。

【知识准备】

企业要进行主营业务的核算，首先要开设账户，但一些与主营业务有关的账户如银行存款、库存商品等，由于在其他项目中已有详述，本环节就省略。

一、开设账户

1. 主营业务收入(销售产成品、提供工业性劳务所获得的收入)

主营业务收入(总账)

借	贷
销售退回金额、销售折让金额 期末转入本年利润的主营业务收入	销售商品、自制半成品的收入 提供工业性劳务收入

期末无余额

按主营业务的种类设置明细账

2. 主营业务成本(销售产成品、提供工业性劳务发生的实际成本)

主营业务成本(总账)

借	贷
销售商品、自制半成品的实际成本 提供工业性劳务发生的实际成本	销售退回而冲减的成本 期末转入本年利润的主营业务成本

期末无余额

按主营业务的种类设置明细账

3. 税金及附加

税金及附加(总账)

借	贷
企业应负担的消费税、城建税、教育费附加、房产税、城镇土地使用税、车船税、印花税等	转入“本年利润”的税金及附加

期末无余额

按税费种类设置明细账

4. 发出商品(企业未满足收入确认条件但已发出商品的成本)

发出商品(总账)

借	贷
发出商品的实际成本 结转销售成本后又退回的发出商品成本	已确认收入的发出商品销售成本 退回的发出商品成本的实际成本
尚未结转销售成本的发出商品	

按购货单位、商品类别及品种设置明细账

二、账务处理(以制造业为范例)

(一)采用现销、赊销、托收、商业汇票、预收账款等方式销售商品的账务处理

(1)在确认收入后根据有关单据编制记账凭证如下：

借：银行存款/应收账款/应收票据/预收账款
　　贷：主营业务收入　　【不含税售价】
　　　　应交税费——应交增值税(销项税额)　　【不含税售价×增值税税率】

(2)结转已销商品的成本，编制记账凭证如下：

借：主营业务成本
　　贷：库存商品——××商品

(二)采用分期收款方式销售产品的账务处理

(1)发出商品时，根据有关单据编制记账凭证如下：

借：发出商品——某某购货单位
　　贷：库存商品——××商品

(2)到了合同约定的付款日，开出增值税专用发票，根据有关单据编制记账凭证如下：

借：银行存款(或应收账款、应收票据等)
　　贷：主营业务收入　　【不含税售价】
　　　　应交税费——应交增值税(销项税额)　　【不含税售价×增值税税率】

(3)对已确认收入部分结转成本：

借：主营业务成本
　　贷：发出商品——某某购货单位

(三)委托代销商品的账务处理

委托代销有两种方式，一种是视同买断方式，另一种是收取手续费方式。视同买断方式，委托方按协议价收取代销货款，实际售价由受托方自定，实际售价与协议价之间的差额归受托方所有，委托方不支付受托方代销费用；收取手续费方式，受托方通常按委托方规定的价格出售商品，销售收入全部归委托方所有，但委托方要支付受托方代销手续费。

(1)发出商品时，根据有关单据编制记账凭证如下：

借：发出商品——某某购货单位
　　贷：库存商品——××商品(制造业一般按成本价)

(2)收到代销清单时。

①委托方开具增值税专用发票，确认收入，根据有关单据编制记账凭证如下：

借：应收账款
　　贷：主营业务收入
　　　　应交税费——应交增值税(销项税额)

提示：若是买断，按委托方给受托方的协议价开票确认收入，若是收取手续费，按受托方的实际销售价开票确认收入。

② 根据有关单据，结转已销的代销产品成本：

借：主营业务成本
　　贷：发出商品——某某购货单位

（3）收到汇来的代销款

① 买断方式

借：银行存款　【双方协议价款+税款】
　　贷：应收账款　【双方协议价款+税款】

② 收取手续费方式

借：银行存款　【受托方实际销售的价税款——手续费】
　　销售费用　【手续费】
　　贷：应收账款　【受托方实际销售的价税款】

（四）商业折扣、现金折扣、销售折让（详见项目 03 子项目一）

（五）销售退回

企业售出商品，由于品种、规格、质量不符合要求或其他原因发生的退货，应当办理退货入库手续，并区分不同情况进行账务处理。

（1）发出商品，若尚未确认收入，则根据退回商品入库单等单据编制如下会计分录：

借：库存商品——××商品
　　贷：发出商品——某某购货单位

（2）如果发出商品已确认收入，不论是当月还是以前月份甚至是以前年度销售的商品，都冲减退回当月的销售收入：

借：主营业务收入
　　贷：银行存款或应付账款等账户
　　　　应交税费——应交增值税（销项税额）

提示：如果退回商品，没有取得财税法规认可的规范凭证，不得冲减当期销项税额。

（3）如果退回的商品已结转销售成本，还应冲减退回当月的销售成本。具体冲减方法有两种：第一种是从当月已销同种产品中扣除已退回产品的数量，按当月销售净数量结转销售成本；第二种是退回商品单独计算销售成本，则应编制如下会计凭证：

借：库存商品××商品
　　贷：主营业务成本

【业务处理】

(1) 著成服饰根据发货单等原始凭证编制发出商品的记账凭证如下：

借：发出商品——三喜集团	1 000 000.00
贷：库存商品——某类或某种服饰	1 000 000.00

(2) 当日按合同规定，对可以收到货款或可以取得收款权的40%价税款，开具增值税发票，确认收入如图 10-1 所示。

福建省增值税专用发票

此联不作报销、扣税凭证使用

机器编号：350005058813

开票代码：512 005100234
开票号码：8091723053
开票日期：2021 年 1 月 15 日
校 验 码：80113 96568 13782 30244

购买方	名　　称：中国三喜集团 纳税人识别号：310582001393 地 址、电 话：绍兴工业园区 13908320812 开户行及账号：浙江绍兴工行 350125966124756	密码区	*(6*+031)3<-9-2>0-305/*1 7*->+2-1+1128>0>8<6/493# #2-3001←2+5>/-315=99999 1+8<4>2>3>4>5>6>7>0<0000

货物或应税劳务、服务名称	规格型号	单位	数量	单价	金额	税率	税额
女式上装		件	2 000	200.00	400 000.00	13%	52 000.00
合　计					¥400 000.00		¥52 000.00
价税合计（大写）	※肆拾伍万贰仟元整				（小写）¥452 000.00		

销售方	名　　称：福建著成服饰股份有限公司 纳税人识别号：350582003137 地 址、电 话：晋江工业路 18 号 05958520812 开户行及账号：晋江工行 350256912347651	备注	福建著成服饰股份有限公司 883311234567899 发票专用章

收款人：　　复核：　　开票人：曾林　　销货方：（章）

第一联：记账联 销货方记账凭证

图 10-1　银行贷款凭证

根据增值税专用发票记账联、银行进账单(略)等单据编制记账凭证如下：

借：银行存款(如果对方未付款则借记应收账款)	468 000.00
贷：主营业务收入	400 000.00
应交税费——应交增值税——销项税额	52 000.00

提示：到了合同约定的付款日，即使对方未付款，也要确认收入。

(3) 对已确认收入的40%发出商品结转成本，根据有关单据编制记账凭证如下：

借：主营业务成本	240 000.00
贷：发出商品——三喜集团	240 000.00

提示：已确认收入的发出商品成本＝600 000×40%＝240 000(元)

初试身手

2021 年 3 月，吸吸饮品与久联商城签订代销新产品潜能茶合同，主要条款有：

① 潜能茶每箱不含税供货价 50 元，另按 13%税率代收增值税；

② 久联商场可自行决定潜能茶的零售价，但不得向委托方收取代销手续费；

③ 久联商场每月提供一份代销清单给吸吸饮品，每月结算一次货款。

（1）2020 年 3 月 30 日，吸吸饮品根据合同规定发出潜能茶 400 箱，每箱生产成本 30 元，根据“委托代销商品发货单”财务联编制记账凭证。

（2）2020 年 4 月 30 日，吸吸饮品收到代销清单及增值税票：久联商城本月销售潜能茶 300 箱，价款 15 000 元，增值税 1 950 元，根据有关单据编制记账凭证。

（3）吸吸饮品财务结转已销的代销商品的生产成本。

子项目 3：其他业务

【业务呈现】

2021 年 12 月 12 日至 13 日，应太和服饰有限公司的请求，著成服饰派企业机修师傅利用周末时间为太和服饰有限公司修理生产设备。期间，著成公司以现金支付员工往返交通费 800 元，外出餐费补贴 1 200 元，转账支付员工加班工资 8 000 元。修理完毕，太和服饰开具增值税专用发票，并转账支付著成公司 20 000 元修理费用及 2 600 元增值税。

请根据有关单据进行相应的账务处理。

【知识准备】

企业的其他业务主要包括销售原材料、周转材料、提供非工业性劳务、包装物出租、固定资产经营性出租、转让无形资产使用权等。企业要进行其他业务的核算，应当开设下列账户。

一、设置账户

1. 其他业务收入

借　　其他业务收入（总账）	贷
已确认其他业务收入又退回金额 期末转入“本年利润”的数额	销售材料、周转材料收入、存货租金收入 固定资产经营性租金收入、非工业性劳务收入 转让无形资产使用权收入、代购代销手续收入
	期末无余额

按其他业务的种类设置明细账

2. 其他业务成本

借	其他业务成本(总账) 贷
已销材料、周转材料的成本 提供工业性劳务发生的实际成本 经营性出租固定资产折旧 已转让使用权的无形资产摊销 非工业性劳务的成本 代购代销过程中发生的成本费用	销售退回而冲减的成本 期末转入"本年利润"的其他业务成本

期末无余额

按其他业务的种类设置明细账

二、账务处理(以制造业为范例)

(1) 出售材料、包装物、低值易耗品的账务处理。

① 在确认收入后根据有关单据编制记账凭证如下:

借:银行存款/应收账款/应收票据/预收账款
　　贷:其他业务收入 【不含税售价】
　　　　应交税费——应交增值税(销项税额) 【不含税售价×增值税税率】

② 结转已销材料、包装物、低值易耗品的成本,编制记账凭证如下:

借:其他业务成本
　　贷:原材料/包装物/低值易耗品

(2) 出租包装物的账务处理(详见项目四子项目 5 中出租出借包装物的核算)。

(3) 经营出租固定资产的账务处理(详见项目六子项目 3 固定资产租赁)。

(4) 转让无形资产使用权或称出租无形资产的账务处理(详见项目七子项目 1 无形资产)。

(5) 提供非工业性劳务如运输、修理(对从事修理的企业是工业性劳务,对非修理企业就是非工业性劳务,如服装企业承接修理服装设备业务)等的账务处理。

① 提供非工业性劳务,发生的实际成本,应根据有关单据编制记账凭证如下:

借:劳务成本
　　贷:银行存款等

② 确认非工业性劳务收入,根据有关单据编制记账凭证如下:

借:银行存款/应收账款/应收票据/预收账款
　　贷:其他业务收入 【不含税售价】
　　　　应交税费——应交增值税(销项税额) 【不含税售价×增值税税率】

③ 结转非工业性劳务成本，根据有关单据编制记账凭证如下：

借：其他业务成本
　　贷：劳务成本

提示：如果是工业性劳务，收入计入“主营业务收入”、成本计入“主营业务成本”。

【业务处理】

（1）以现金付交通费、餐费，以存款付加班工资，根据有关单据编制记账凭证如下：

借：劳务成本	10 000.00	
贷：库存现金		2 000.00
银行存款		8 000.00

（2）确认修理收入，根据进账单、增值税专用发票以及相关单据编制记账凭证如下：

借：银行存款	22 600.00	
贷：其他业务收入		20 000.00
应交税费——应交增值税(销项税额)		2 600.00

（3）结转修理设备成本，根据有关单据编制记账凭证如下：

借：其他业务成本（由于是短期修理，工具损耗忽略不计）	10 000.00	
贷：劳务成本		10 000.00

项目十一　费　　用

知识目标：理解费用的含义及分类，掌握生产成本、期间费用的内容及核算方法。
能力目标：能初步进行生产成本的会计核算，熟练掌握期间费用业务的账务处理。
思政目标：在确保质量的前提下降低生产成本与经营费用，建设资源节约型企业。

费用是指企业日常经营活动中发生的，会导致所有者权益减少，与向所有者分配利润无关的经济利益的总流出。费用按经济内容可分成外购材料、外购燃料、外购动力、职工薪酬、折旧费、利息支出、其他支出七大类；按经济用途又分成生产成本和期间费用两大类。

子项目 1：生产成本

【业务呈现】

著成服饰有限公司设置一个基本车间(裁剪、平缝、后整理)，生产男童套装和女童套装，有一个辅助生产车间——供电车间，为企业生产经营提供电力服务。

男童套装和女童套装均(或视同)在生产开始时一次投料，月末在产品的直接人工和制造费用采用定额成本计价法。

各产品的期初在产品成本、产成品数量、期末在产品数量均在各产品的“基本生产成本明细账”或“基本生产成本计算单”等相关表格内列示。

请根据有关原始凭证，采用品种法核算著成服饰 2021 年 3 月份的产品成本。

【知识准备】

生产成本也称制造成本，是指企业为生产一定种类和一定数量的产品所发生的能以货币计量的各种生产耗费。

一、成本项目

制造业的生产成本包含下列项目：

(1) 直接材料，即用于产品生产构成产品实体的原料、主要材料、辅助材料。

(2) 直接人工，即直接参与产品生产的工人工资以及发生或计提的各种费用(五险一金、工会经费、职工教育经费、福利费等)。

(3) 制造费用，车间在制造产品过程中发生的各项费用。

企业可以根据生产特点或管理要求，对需要单独核算、监督和考核的项目进行单列。如：对于耗能较大的企业，可以在成本项目中单设“燃料及动力”项目。

二、成本核算的一般程序

成本核算的一般程序是指企业按照成本核算要求，归集生产经营过程发生的各要素费用，并按经济用途分配，最后算出产品生产成本过程。

(1) 收集整理成本核算的原始资料；

(2) 归集和分配各项要素费用；

(3) 归集和分配辅助生产费用；

(4) 归集和分配基本生产车间的制造费用；

(5) 分配结转完工产品成本；

(6) 编制成本会计报表。

三、成本核算的基本方法

(1) 品种法，以产品的品种为成本核算对象。适用大量大批单步骤生产的企业以及大量大批多步骤生产但财务管理上不要求分步骤核算的企业，如小型水泥厂、铸件熔铸等。

(2) 分批法，以批别或件别为产品成本核算对象。适用于小批单件单步骤(或不需要分步的多步骤)生产的成本核算，如：精密仪器、专用设备、重型机械、船舶制造等。

(3) 分步法，以产品的品种及其所经过的生产步骤作为成本核算对象。适用于大量大批多步骤生产的成本核算，如冶金企业、纺织企业、造纸企业等。

此外，还可以采用分类法、定额法等产品成本核算的辅助方法，但辅助方法必须与产品核算的基本方法(品种法、分批法、分步法)结合起来使用才能发挥作用。

【业务处理】

根据有关原始凭证，著成服饰采用品种法核算 2021 年 3 月份的产成品的生产成本。

一、归集分配各项要素费用

(一) 材料费用的归集与分配

(1) 财务部门根据领料单，限额领料单等审核无误的原始凭证编“材料费用汇总分配表”，如图 11-1 所示。

(2) 根据审核无误的材料费用汇总分配表，编制记账凭证：

借：基本生产成本——男童套装(直接材料)	359 238. 60
基本生产成本——女童套装(直接材料)	218 787. 40
制造费用——基本生产车间(物料消耗)	106. 00
辅助生产成本——供电车间(直接材料)	1 669. 70
贷：原材料	579 801. 70

材料费用汇总分配表

2021 年 3 月 31 日

发出材料 / 分配对象	A 材料	B 材料	C 材料	D 材料	E 材料	合计
男童套装	185 400.35	115 408.00	58 430.25			359 238.60
女童套装	116 297.64	59 513.29	42 976.47			218 787.40
基本车间				48.00	58.00	106.00
供电车间				1 640.70	29.00	1 669.70
合　计	301 697.99	174 921.29	101 406.72	1688.70	87.00	579 801.70

复 核　　　　　　　　制 单

图 11-1 材料费用汇总分配表

(3) 根据记账凭证及所附的“材料费用汇总分配表”(图 11-1)登记有关明细账：

① 在图 11-9 的第②行登记生产男童套装所领用的直接材料。

② 登记生产女童套装所领用的直接材料(略)。

③ 在图 11-5 的第①行登记供电车间领用的直接材料。

④ 在图 11-7 的第①行登记基本生产车间一般使用所领材料。

⑤ 登记原材料明细账(略)。

(二) 人工费用(即职工薪酬)的归集与分配

(1) 根据图 11-2 的资料，编制分配“职工工资及五险一金”的记账凭证。

借：基本生产成本——男童套装(直接人工)	127 300.00	
基本生产成本——女童套装(直接人工)	64 320.00	
制造费用——基本生产车间(人工费用)	26 800.00	
辅助生产成本——供电车间(直接人工)	21 440.00	
销售费用——职工薪酬	44 220.00	
管理费用——职工薪酬	47 704.00	
贷：应付职工薪酬——应付职工工资		247 600.00
——应付医疗保险		19 808.00
——应付养老保险		39 616.00
——应付失业保险		2 476.00
——应付工伤保险		1 238.00
——应付生育保险		1 238.00
——应付住房公积金		19 808.00

注：提取工会经费和职工教育经费略。

(2) 根据记账凭证及所附的“人工费用分配表”登记有关明细账。

① 在图 11-9 的第③行登记生产男童套装所发生的直接人工。

② 登记生产女童套装所发生的直接人工(略)。

③ 在图 11-5 的第②行登记供电车间发生的直接人工。

④ 在图 11-7 的第②行登记基本生产车间管理人员薪酬。

⑤ 登记销售费用、管理费用、应付职工薪酬明细账(略)。

人工费用分配表

2021 年 3 月 31 日

受益部门或受益产品		应付工资金额	五险一金							合计
			医疗保险 8%	养老保险 16%	失业保险 1%	工伤保险 0.5%	生育保险 0.5%	住房公积金 8%	小计	
基本车间	男童套装	95 000	7 600	15 200	950	475	475	7 600	32 300	**127 300**
	女童套装	48 000	3 840	7 680	480	240	240	3 840	16 320	**64 320**
	管理人员	20 000	1 600	3 200	200	100	100	1 600	6 800	**26 800**
	小 计	163 000	13 040	26 080	1 630	815	815	13 040	55 420	**218 420**
供电车间		16 000	1 280	2 560	160	80	80	1 280	5 440	**21 440**
销售机构		33 000	2 640	5 280	330	165	165	2 640	11 220	**44 220**
行政部门		35 600	2 848	5 696	356	178	178	2 848	12 104	**47 704**
合 计		247 600	19 808	39 616	2 476	1 238	1 238	19 808	84 184	**331 784**

复 核　　　　制 单

图 11-2　人工费用分配表

注：“人工费用分配表”的编制过程及方法详见“项目七子项目 5”。

(三) 折旧费用的归集与分配

(1) 根据有关资料，编制折旧费用分配表，如图 11-3 所示。

折旧费用分配表

2021 年 3 月 31 日　　单位：元

应借账户名称	固定资产使用部门	2 月份应提折旧	2 月新增固定资产折旧	2 月减少固定资产折旧	3 月份应提折旧
制造费用	基本车间	10 920	1 600	800	11 720
辅助生产成本	供电车间	4 000		85	3 915
管理费用	行政部门	6 125			6 125
销售费用	专设销售机构	4 115		615	3 500
合 计		**25 160**	**1 600**	**1500**	**25 260**

复 核　　　　制 单

图 11-3　折旧费用分配表

(2) 根据“折旧费用分配表”(图 11-3) 编制记账凭证如下：

借：制造费用——基本车间(折旧费)　　11 720.00

　　辅助生产成本——供电车间(折旧费)　　3 915.00

　　销售费用——折旧费　　3 500.00

　　管理费用——折旧费　　6 125.00

　　贷：累计折旧　　25 260.00

(3) 根据记账凭证及所附的“折旧费用分配表”登记有关明细账。

① 在图 11-5 的第③行登记供电车间本月折旧费用。

② 在图 11-7 的第③行登记基本生产车间本月折旧费用。

③ 登记销售费用、管理费用、累计折旧明细账(略)。

(四) 其他费用的归集与分配

(1) 编制当月其他费用汇总分配表，如图 11-4 所示。

其他费用汇总分配表

2021 年 3 月 31 日　　单位：元

受益部门	成本或费用项目				
	办公费	保险费	劳动保护费	其 它	小 计
基本车间	850. 00	500. 00	384. 00	100. 00	1 834. 00
供电车间	350. 00	250. 00	230. 00	65. 30	895. 30
专设销售机构	1 320. 75	450. 00	150. 00	80. 00	2 000. 75
行政部门	2 510. 25	950. 00	300. 00	150. 00	3 910. 25
合　计	**5 031. 00**	**2 150. 00**	**1 064. 00**	**395. 30**	**8 640. 30**
备　注	假设各项费用均以银行存款支付。				

复 核　　制 单

图 11-4 其他费用汇总分配表

(2) 根据“其他费用汇总分配表”(图 11-4)编制会计分录如下：

借：制造费用——基本车间　1 834.00
　　辅助生产成本——供电车间　895.30
　　销售费用　2 000.75
　　管理费用　3 910.25
　　贷：银行存款　8 640.30

(3) 根据记账凭证及所附的“其他费用汇总分配表”登记有关明细账。

① 在图 11-5 的第④行登记供电车间本月发生的其他费用。

② 在图 11-7 的第④行登记基本生产车间本月发生的其他费用。

③ 登记销售费用、管理费用明细账、银行存款日记账(略)。

二、辅助生产费用的归集与分配

辅助生产费用是指辅助车间为生产辅助产品或提供劳务而发生的各项费用，包括直接材料、直接人工、制造费用等。

辅助生产费用的分配方法有直接分配法、交互分配法、计划分配法、代数分配法。

直接分配法是将归集的辅助生产费用直接分配给辅助生产车间以外的受益对象。直接分配法适用于只有一个辅助生产车间或有两个以上辅助生产车间但相互服务较少的企业。

（一）归集辅助生产费用

如果辅助生产车间单独核算其制造费用，应设置“制造费用——辅助车间”和“辅助生产成本”两个账户，分别归集辅助车间的制造费用和生产费用。

对产品单一、规模不大的辅助生产车间，不必单设辅助车间的“制造费用”账户，辅助车间发生的所有费用均通过“辅助生产成本”账户归集，并按成本项目与费用项目相结合的办法在“辅助生产成本明细账”上开设专栏，如图 11-5 所示。

(1) 在归集和分配各项要素费用时已将供电车间发生的每笔辅助生产费用登记到“辅助生产成本明细账——供电车间”上，如图 11-5 上①、②、③、④所示。

(2) 在“辅助生产成本明细账——供电车间”第⑤行合计本月供电车间的辅助生产费用。

辅助生产成本明细账

供电车间　　　　单位：元

摘要	成本总额								产品成本项目						
	十万	万	千	百	十	元	角	分	直接材料	直接人工	折旧费	办公费	保险费	劳保费	其他
① 分配材料			1	6	6	9	7	0	1669.70						
② 分配薪酬		2	1	4	4	0	0	0		21440					
③ 分配折旧			3	9	1	5	0	0			3915				
④ 其他各项				8	9	5	3	0				350	250	230	65.30
⑤ 本月合计		2	7	9	2	0	0	0	1669.70	21440	3915	350	250	230	65.30
⑥ 本月结转		2	7	9	2	0	0	0	1669.70	23760	3915	350	250	230	65.30

图 11-5　辅助生产成本明细账

（二）辅助生产费用的分配

1. 求分配率

分配率⑤=④ 27 920÷⑥ 55 840=0.50(元/度)

2. 向辅助车间以外的受益对象或部门分配辅助生产费用

基本车间一般使用应分配的电费①=35 000×0.50=17 500(元)

专设销售机构应分配的电费 ②=10 000×0.50=5 000(元)

行政管理部门应分配的电费 ③=10 840×0.50=5 420(元)

电费（辅助生产费用）分配表

2021 年 3 月 31 日　　　　单位：元

受益对象或部门	用电度数	分配率	分配金额
基本车间一般使用	35 000	⑤	① 17 500.00
专设销售机构	10 000	0.50 元/度	② 5 000.00
行政管理部门	10 840		③ 5 420.00
合　　计	⑥ 55 840		④ 27 920.00

复 核　　　　制 单

图 11-6　辅助生产费用分配表

提示：图 11-6 中，用电度数为已知条件，由供电车间或统计部门提供，合计栏中的分配金额 27 920 元为已知条件，来源于图 11-5 的成本总额栏“⑤本月合计”里的数据，图 11-6 其他数据均为根据已知条件求出的数据。

3. 账务处理

根据编制完毕并审核无误的电费分配表(图 11-6)编制记账凭证：

借：制造费用——基本车间	17 500.00
销售费用	5 000.00
管理费用	5 420.00
贷：辅助生产成本——供电车间	27 920.00

4. 登账

根据记账凭证及所附“电费分配表”(图 11-6)登记相关明细账。

(1) 在图 11-7 第⑤行登记基本生产车间分配到的电费(即辅助生产费用)。

(2) 在图 11-5 第⑥行用红笔登记供电车间本月结转辅助生产费用。

三、制造费用的归集与分配

制造费用通常是指企业的生产部门为生产产品或提供劳务而发生的各项间接费用。归集和分配制造费用，是企业产品成本核算的关键程序。

(一) 归集制造费用

(1) 在归集和分配各项要素费用、归集和分配辅助生产费用时就已将基本车间发生的每笔间接费用登记到“制造费用明细账——基本生产车间”上，如图 11-7 ①、②、③、④、⑤所示。

制造费用明细账

基本生产车间　　　　单位：元

摘要	费用总额								费用项目							
	十	万	千	百	十	元	角	分	机物料	人工费	折旧费	辅助费用	办公费	保险费	劳保费	其他
①分配材料				1	0	6	0	0	106.00							
②分配薪酬		2	6	8	0	0	0	0		26800.00						
③分配折旧		1	1	7	2	0	0	0			11720.00					
④其他各项			1	8	3	4	0	0					850.00	500.00	384.00	100.00
⑤电力费用		1	9	6	0	0	0	0				19 600.00				
⑥本月合计		6	0	0	6	0	0	0	106.00	26800.00	11720.00	19 600.00	850.00	500.00	384.00	100.00
⑦本月结转		6	0	0	6	0	0	0	106.00	26800.00	11720.00	19 600.00	850.00	500.00	384.00	100.00

注：本月转出栏，金额用红字

图 11-7　制造费用明细账

(2) 在“制造细账——基本生产车间”第⑥行合计本月基本生产车间的制造费用。

（二）制造费用的分配

1. 求分配率

分配率②=⑤ 60 060÷① 24 024=2.5(元/工时)

2. 向基本生产车间所生产的产品分配应负担的制造费用

男童套装应负担的制造费用③=12 140×2.5=30 350(元)

女童套装应负担的制造费用④=11 884×2.5=29 710(元)

制 造 费 用 分 配 表

车间：基本生产车间　　2021年3月31日　　单位：元

分配对象	分配标准（生产工时）	分配率	应分配金额
男童套装	12 140		③ 30 350.00
女童套装	11 884		④ 29 710.00
合计	① 24 024	② 2.5元/工时	⑤ 60 060.00

复　核　　　　制　单

图 11-8　制造费用分配

提示：图11-8中，生产工时为已知条件，由基本生产车间或统计部门提供，合计栏中的应分配金额⑤60 060元为已知条件，来源于图11-7的费用总额栏“⑥本月合计”里的数据，图11-8其他数据均为根据已知条件求出的数据。

3. 账务处理

根据编制完毕并审核无误的制造费用分配表(图11-8)编制记账凭证：

借：基本生产成本——男童套装(制造费用)　　30 350.00
　　基本生产成本——女童套装(制造费用)　　29 710.00
　　贷：制造费用——基本车间　　60 600.00

4. 登账

根据记账凭证及所附“制造费用分配表”(图11-8)登记相关明细账。

① 在图11-9第④行登记男童套装应负担的制造费用。

② 登记女童套装应负担的制造费用(略)。

③ 在图11-7第⑦行用红笔登记基本生产车间本月结转的制造费用。

四、分配完工产品与月末在产品成本

当月归集的生产费用连同月初在产品成本应在本月完工产品与月末在产品之间分配。

（一）完工产品与月末在产品费用分配的方法

1. 定额成本法

就是将月末在产品定额成本当成月末在产品的实际成本，本月累计生产费用减去月末在产品定额成本后即为当月完工产品成本。

2. 定额比例法

就是按完工产品和月末在产品的定额比例来分配各项生产费用，计算完工产品成本和月末在产品成本。

3. 约当产量法

就是将月末在产品的实有数按其完工程度折算成相当于完工产品的数量(也称月末在产品约当产量)，然后将生产费用按完工产品的产量与月末在产品的约当产量进行分配。

此外还有在产品不计算成本法、在产品按年初固定成本计算法、在产品只计算材料费用法、在产品视同完工产品成本法等。

(二) 著成公司采用定额成本法分配男童套装完工产品成本与月末在产品成本

【补充资料】男童套装本月完工 10 000 件，月末在产品 2 000 件，月末在产品定额工时 2 000 小时；女童套装本月才投产，尚未完工，本月生产费用即为本月在产品成本，无须分配。

该企业定额管理较完善、定额成本较准确。每小时燃料及动力费用定额为 0.3 元；每小时人工费用定额为 10 元；每小时制造费用定额为 2.5 元。

(1) 前面在归集和分配各项要素费用、辅助生产费用、基本车间制造费用时就已将男童套装发生的材料费、人工费、制造费用登记到“基本生产成本明细账——男童套装”上，如图 11-9 上②、③、④所示。

(2) 在“基本生产成本明细账——男童套装”(图 11-9) 第⑤行累计男童套装生产费用。

基本生产成本明细账

名称及规格：男童套装

21年		凭证	摘要	成本总额									产品成本项目					
月	日			百	十	万	千	百	十	元	角	分	直接材料		直接人工		制造费用	
2	28		①在产品成本		1	4	3	1	1	1	4	0	90 761	40	42 700	00	9 650	00
3	31		②分配材料		3	5	9	2	3	8	6	0	359 238	60				
3	31		③分配职工薪酬		1	2	7	3	0	0	0	0			127 300	00		
3	31		④分配制造费用			3	0	3	5	0	0	0					30 350	00
3	31		⑤生产费用累计		6	6	0	0	0	0	0	0	450 000	00	170 000	00	40 000	00
3	31		⑥完工产品成本		5	6	0	0	0	0	0	0	375 000	00	150 000	00	35 000	00
3	31		⑦在产品成本		1	0	0	0	0	0	0	0	75 000	00	20 000	00	5 000	00

图 11-9 基本生产成本明细账

提示：合计一般是汇总当期发生数，累计是汇总累计前全部发生数，也包括期初数。

(3) 编制男童套装产品成本计算单(见图 11-10)。

填制说明：

“生产费用累计”行各项目金额从图 11-9 第⑤行抄录过来。

月末在产品成本计算如下，其中：

直接材料=450 000÷(10 000+2 000)×2 000=75 000(元)

直接人工=2 000×10=20 000(元)　　制造费用=2 000×2.5=5 000(元)

产品成本计算单

		完工产品：10000 件		
产品名称：男童套装		2021 年 3 月		月末在产品：2000 件

成本项目	直接材料	直接人工	制造费用	合计
生产费用累计	450 000.00	170 000.00	40 000.00	660 000.00
完工产品成本	375 000.00	150 000.00	35 000.00	560 000.00
完工产品单位成本	37.50	15.00	3.50	56.00
月末在产品成本	75 000.00	20 000.00	5 000.00	100 000.00

复　核　　　　制　单

图 11-10　产品成本计算单

本月完工产品成本=生产费用累计-月末在产品成本，其中：

直接材料=450 000-75 000=375 000(元)

直接人工=170 000-20 000=150 000(元) 制造费用=40 000-5 000=35 000(元)

完工产品单位成本=完工产品成本÷完工产品数量，计算过程略。

(4) 账务处理：

根据图 11-10 和商品入库单(略)，编制结转完工产品成本的记账凭证如下：

借：库存商品——男童套装　560 000.00
　贷：基本生产成本——男童套装　560 000.00

(5) 登账：

① 根据记账凭证及所附的产品成本计算单，在图 11-9 第⑥行用红笔登记本月完工男童套装的生产成本，第⑦行用蓝笔登记月末在产品成本。

② 在“库存商品——男童套装明细账”上登记验收入库男童套装的生产成本(略)。

子项目 2：期间费用

【业务呈现】

福建苏喜服饰有限公司转账支付(结算凭证略)销售商品的运费，收到货物运输公司开具的增值税专用发票的发票联(如图 11-11 所示)和抵扣联(略)，请进行账务处理。

【知识准备】

期间费用是指不能直接归属于某个特定产品成本的费用，但容易确定其发生期间，可从当期损益中直接扣除，期间费用主要包括管理费用、销售费用、财务费用。

一、管理费用

管理费用是企业行政管理部门为组织和管理企业经营活动所发生的各项必要耗费。

企业应设“管理费用”总账进行总分类核算，并按下列项目设明细账进行明细分类核算：

福建省增值税专用发票

发　票　联

开票代码：350 093 0211449
开票号码：3822820309
开票日期：2021 年 3 月 3 日
校 验 码：35091805308 93084 3457

机器编号：35003345988

购买方	名　　称：福建苏喜服饰有限公司 纳税人识别号：350582001393 地 址、电 话：晋江工业园区 0595-8320812 开户行及账号：晋江工行 350125966124756			密码区	44*2222-13<-0-3>0+3051*? 3*1>+22-1+1285>0>1</4935 +9-000←215-1>@/0-1369+4 >1+0>-0>@0>2/33<9@25#7 ¥		
货物或应税劳务、服务名称	规格型号	单位	数量	单价	金　额	税率	税　额
运输服务		吨公里	3500	1.80	6 300.00	9%	567.00
合　计					¥6 300.00		¥567.00
价税合计（大写）	※陆仟捌佰陆拾柒元整				（小写）¥6 867.00		
销售方	名　　称：福建省晋江海西物流股份有限公司 纳税人识别号：350595377108 地 址、电 话：晋江市香港路 11 幢 C 号 13851851818 开户行及账号：晋江工行香港路营业处 350150667724712			备注	苏喜公司发货给大江集团 （福建省海西大物流股份有限公司 350595377108 发票专用章）		

收款人：　　复核：　　开票人：江流　　销货单位：（章）

第三联：发票联　购货方记账凭证

图 11-11　增值税专用发票

①董事会费；②管理人员薪酬；③业务招待费；④技术开发(或受让)费；⑤工会经费；⑥职工教育经费；⑦劳动保险费；⑧租赁费；⑨咨询费；⑩诉讼费；⑪商标注册费；⑫无形资产摊销；⑬折旧费；⑭低值易耗品摊销；⑮修理费；⑯审计费等。

“管理费用”账户借方登记支付、预提、分摊本期应负担的管理费用，贷方登记本期转入“本年利润”账户的管理费用，期末一般无余额。

二、销售费用

销售费用是企业在销售产品、自制半成品、材料和提劳务过程中发生的各项费用。

企业应设“销售费用”总账进行总分类核算，并按下列项目设明细账进行明细分类核算：

①运杂费；②装卸费；③包装费；④保险费；⑤展览费；⑥委托代销手续费；⑦广告费；⑧售后服务费；⑨出口商品佣金；⑩经营人员薪酬；⑪专设销售机构的办公费、折旧费、修理费等；⑫其他费用

“销售费用”账户借方登记支付、预提、分摊本期应负担的销售费用，贷方登记本期转入“本年利润”账户的销售费用，期末一般无余额。

三、财务费用

财务费用是企业在生产经营过程中为筹集资金而发生的各项费用，包括下列内容：

(1) 借款利息支出(详见项目八子项目 3 和项目九子项目 1)。

(2) 现金折扣(详见项目三子项目 1)。

(3) 商业汇票贴现利息(详见项目三子项目2)。

(4) 应付债券利息(项目九子项目2)。

提示：长期借款利息、应付债券利息只有在不能资本化的条件下才计入财务费用。

(5) 汇兑损益：是在各种外币业务的会计处理过程中，因采用不同的汇率而产生的会计记账本位币的金额差异。

(6) 金融机构手续费，是通过金融机构支付结算及使用信用卡的手续费。

企业应设“财务费用”账户，该账户借方登记支付、预提的财务费用，贷方登记本期转入“本年利润”账户的财务费用，期末一般无余额。

【业务处理】

根据转账支票存根联(略)和运输业增值税专用发票的记账联(见图11-11)以及抵扣联(略)，编制记账凭证如下：

借：销售费用——运费	6 300.00	
应交税费——应交增值税(进项税额)	567.00	
贷：银行存款		6 867.00

初试身手

2021年3月，著成服饰股份有限公司发生部分业务如下：

(1) 公司总经理于5日在晋江金景饭店招待金门县晋江考察团一行十人，转账支付招待费(含税税率3%)1 030元，请进行相应的账务处理。

(2) 31日财务部收到银行转来的“存款利息通知单”显示：著成公司2021年第一季度活期存款利息10 380元，请进行相应的账务处理。

项目十二　利　润

知识目标：了解利润的含义及构成，熟悉利润核算前准备工作的内容及流程。
能力目标：熟练掌握利润形成业务、所得税费用业务、利润分配业务的账务处理。
思政目标：依法核算与监督利润业务，如实计算并缴纳所得税，确保国家税收安全。

利润是指企业在一定时期内各项收入抵偿各项支出后的净额，利润是反映企业经营管理水平的一项综合性指标，企业的经营能力、费用控制水平和资金使用效益都可以通过利润体现出来。

子项目 1：利润核算前的准备工作

【业务呈现】

2021 年 12 月 10 日，著成服饰有限公司总经理办公室发出通知，要求财务部门做好 2019 年年度利润核算前的准备工作，其他部门应配合财务部门的工作。请以著成服饰有限公司财务部门负责人的身份完成这一任务。

【知识准备】

为了真实、准确核算企业的利润，在利润核算前应做好下列准备工作。

一、核对账目

所谓核对账目就是核实各类会计凭证、会计账簿的记录，做到账证相符、账账相符。

二、财产清查

财产清查是对各项财产、物资进行实地盘点和核对，查明财产物资、货币资金和结算款项的实有数额，确定其账面结存数额和实际结存数额是否一致，以保证账实相符的一种会计专门方法。特别指出：年终前的财产清查必须是全面清查。

三、账项调整

在计算利润总额前，应根据权责发生制的原则，将本期应入账的一切经济业务全部入账。

【业务处理】

(1) 著成公司财务部于2021年年度利润核算前进行账证核对、账账核对：

① 账证核对结果：账证相符。

② 资产总分类账期末余额与权益总分类账期末余额相核对，核对结果：平衡。

③ 总分类账户余额与所属明细账户余额之和相核对，核对结果：相等。

④ 会计财产物资明细账余额与保管、使用部门的账卡余额相核对，核对结果：相符。

⑤ 银行存款日记账与银行对账单相核对，核对结果：不相符，但经调整后相符。

⑥ 各应收应付款项明细账余额与客户的账项余额相核对，核对结果：相符。

(2) 著成公司财务部于2021年年度利润核算前进行全面的财产清查：

① 清查盘点库存现金、有价证券。清查结果：账实相符。

② 清查盘点的库存商品、原材料等存货。

清查结果：除男童套装少了2套外，其余库存商品、原材料全都账实相符。

对短少的男童套装进行批准前的账务处理，并查明溢缺原因，向有关部门报请处理。

③ 清查盘点包装物、低值易耗品及各项周转材料，清查结果：账实相符。

④ 清查盘点固定资产。清查结果：账实相符，并且有按时、准确的计提折旧。

(3) 著成服饰财务部于2021年年度利润核算前进行账项调整：

① 本期内发生的一切经济业务均已记入有关账户之内，无须调整。

② 本期应付税金和费用，已根据预提应付数入账，无须调整。

③ 本期应待摊的费用已转账摊销。

④ 本期使用的包装物、低值易耗品等周转材料的磨损费用均已摊销。

⑤ 对已挂账的"待处理财产损溢"经与有关方面联系，现已批复，并进行账务处理：

借：其他应收款——某某保管员

　　贷：待处理财产损溢——待处理流动资产损溢(全额略)

注：已登记"待处理财产损溢——待处理流动资产损溢"和"其他应收款"的明细账，并按会计核算程序的规定登记有关总账。

⑥ 对已发生的各种债权、债务已按合同规定收回或偿付。

⑦ 已售库存商品、原材料的成本已及时计算结转。

⑧ 工会经费、职工教育经费、职工福利费均已按规定计提结转。

子项目2：利润形成

【业务呈现】

2021年12月月末，著成服饰采用账结法结转本年利润，有关资料如图12-1所示。

2021年12月31日 单位：元

会计科目	结账前借方余额	结账前贷方余额
主营业务收入		3 980 000.00
主营业务成本	2 100 000.00	
其他业务收入		189 000.00
其他业务成本	120 000.00	
税金及附加	115 600.00	
销售费用	334 000.00	
管理费用	245 400.00 其中：研发费用 32 000.00	
财务费用	79 600.00 其中：利息费用 58 000.00 利息收入 12 400.00	
信用减值损失	25 000.00	
资产减值损失	31 000.00	
投资收益	280 000.00	
营业外收入		63 000.00
营业外支出	15 000.00	
资产处置收益		100 000.00

图12-1 著成服饰股份有限公司科目余额表

【知识准备】

企业在核对账目、财产清查、账项调整之后就可以进行利润的核算了。

一、企业利润的构成

利润是企业在一定会计期间的经营成果，包括收入减去费用后的净额、直接计入当期利润的利得和损失等。利润的计算公式如下：

（1）营业利润=营业收入-营业成本-税金及附加-销售费用-管理费用-研发费用-财务费用-资产减值损失-信用减值损失+其他收益+投资收益+净敞口套期收益+公允价值变动收益+资产处置收益。

① 营业收入=主营业务收入+其他业务收入。

② 营业成本=主营业务成本+其他业务成本。

（2）利润总额=营业利润+营业外收入-营业外支出。

其中：营业外收入包括：

① 确实无法支付的应付款项。

② 报废、损毁固定资产净收益。

③ 罚款收入。

④ 援外费用收入。

⑤ 对外索赔收入。

营业外支出包括：

① 固定资产盘亏。

② 报残、损毁固定资产净损失。

③ 流动资产的非常损失。

④ 罚款支出。

⑤ 援外费用支出。

⑥ 对外理赔支出。

⑦ 捐赠支出。

（3）净利润=利润总额-所得税费用。

（4）综合收益总额=净利润+其他综合收益的税后净额。

其中：其他综合收益税后净额包括不能重分类进损益的其他综合收益和将重分类进损益的其他综合收益。

不能重分类进损益的其他综合收益又包括：

① 重新计量设定受益计划变动额。

② 权益法下不能转损益的其他综合收益。

③ 其他权益工具投资公允价值变动。

④ 企业自身信用风险公允价值变动。

将重分类进损益的其他综合收益又包括：

① 权益法下可转损益的其他综合收益。

② 其他债权投资公允价值变动。

③ 金融资产重分类计入其他综合收益的金额。

④ 其他债权投资信用减值准备。

⑤ 现金流量套期储备。

⑥ 外币财务报表折算差额。

二、企业利润形成的核算

利润核算方法有两种：账结法和表结法。当企业所得税费用分月结转时，本年利润既可采用账结法也可采用表结法；当企业所得税费用年末一次结转时，由于平时没有结转所得税费用，企业平时费用的构成不完整，适合采用表结法：

（1）表结法：1~11月份的各月利润均通过"利润表"计算完成，"本年利润"账户无任何记录，12月份才将各损益类账户年初以来累计实现的收入或累计发生的费用转入"本年利润"账户。

（2）账结法：每月月末，都将损益类账户中各收入类账户余额转入"本年利润"账户的贷方；各成本、费用、支出类账户余额转入"本年利润"账户的借方。转账后，"本年利润"若借方余额，反映企业至年初开始累计发生的亏损数；"本年利润"账户若贷方余额，反映企业至年初开始累计实现的利润。

在现实工作中，多数企业都采用账结法。

【业务处理】

(1) 将损益类账户中各收入类账户结转前的贷方余额转入本年利润：

借：主营业务收入	3 980 000.00	
其他业务收入	189 000.00	
营业外收入	63 000.00	
资产处置收益	100 000.00	
贷：本年利润		4 332 000.00

(2) 将损益类账户中各成本、费用类账户结转前的借方余额转入本年利润：

借：本年利润	3 345 600.00	
贷：主营业务成本		2 100 000.00
其他业务成本		120 000.00
税金及附加		115 600.00
销售费用		334 000.00
管理费用		245 400.00
财务费用		79 600.00
资产减值损失		31 000.00
信用减值损失		25 000.00
投资收益		280 000.00
营业外支出		15 000.00

(3) 登记12月份的“本年利润”账户。

当月实现的利润=4 332 000.00−3 345 600.00=986 400.00(元)

子项目3：所得税费用

【业务呈现】

著成服饰有限公司2019年实现税前利润人民币1 000万元，其中国债利息收入30万元，违法经营罚款5万元、非公益性捐赠10万元。请采用应付税款法计算提取并结转著成服饰有限公司2019年的所得税费用。

【知识准备】

企业所得税是税务机关向独立核算的企业和其他取得收入的组织，就其会计年度实现的应纳税所得额征收的一种税款。

企业所得税的纳税人包括各类企业、事业单位、社会团体、民办非企业单位和从事经营活动的其他组织。本书以企业为例。

一、所得税的计算

应交所得税=应纳税所得额×所得税税率

应纳税所得额=利润总额(即会计利润)+纳税调增项目金额—纳税调减项目金额

(一)永久性差异。

会计确认的利润总额与税法确认的纳税所得之间存在差异，如果这种差异不会随着时间的推移而自动消失，也不会随着时间的推移而自动转回，就称之为永久性差异。

1. 应纳税所得额调增项目

(1)企业超过年度利润总额12%的公益救济性捐赠；

(2)企业非广告性赞助支出；

(3)企业从非金融机构借款超出同期金融机构贷款利率的利息费用；

(4)企业工资中超过支出标准部分；

(5)企业业务招待费中超过支出标准部分；

(6)企业因违法违规而交付的罚款、罚金和滞纳金。

2. 应纳税所得额调减项目

(1)企业购买国债利息收入。

(2)企业从被投资企业分得的税后利润。

(3)企业用本期税前利润弥补以前年度亏损(在规定的弥补期内)。

(二)暂时性差异

由会计税前利润与纳税所得额之间的计算时间不一致而产生的，虽在当期发生，但可在若干期内转回。在一个较长的时间范围里，会计税前利润总额与纳税所得总额是一致的。暂时性差异主要项目有：固定资产折旧方法和折旧年限不同产生的差异、因计提各种减值准备产生的差异、因计提产品保修费用产生的预计负债等。

二、应付税款法

企业直接按照税法计算的应交所得税金额确认所得税费用数额，不考虑暂时性差异对所得税的影响金额。这种方法适用于规模较小、会计核算不是很健全的企业。

1. 提取应交所得税

借：所得税费用

　　贷：应交税费——应交所得税

2. 结转所得税费用

借：本年利润

　　贷：所得税费用

3. 以银行存款交纳所得税(略)

三、纳税影响会计法：

企业以税法计算的应交所得税金额为主体，加上或者减去暂时性差异对所得税的影响金额后，确认为当期所得税费用。

（1）某一暂时性差异如果造成在一个较长的时间范围内，企业所得税前期交得多，后期交得少，则根据会计利润计算的所得税费用与根据应纳税所得额计算的应交所得税之差额，应当确认为递延所得税资产。

① 前期提取所得税时（前期应纳税所得额大于会计利润）：

借：所得税费用　　　　【按会计利润计算的所得税】
　　递延所得税资产　　　　【差额】
　　贷：应交税费——应交所得税　　　　【按应纳税所得额计算的所得税】

② 后期提取所得税时（后期应纳税所得额小于会计利润）：

借：所得税费用　　　　【按会计利润计算的所得税】
　　贷：应交税费——应交所得税　　　　【按应纳税所得额计算的所得税】
　　　　递延所得税资产　　　　【差额】

（2）某一暂时性差异项目如果造成在一个较长的时间范围内，企业所得税前期交得少，后期交得多，那么根据应纳税所得额求出的应交所得税与根据会计利润求出的所得税费用之差额应确认为递延所得税负债。

① 前期提取所得税时（前期应纳税所得额小于会计利润）：

借：所得税费用　　　　【按会计利润计算的所得税】
　　贷：应交税费——应交所得税　　　　【按应纳税所得额计算的所得税】
　　　　递延所得税负债　　　　【差额】

② 后期提取所得税时（后期应纳税所得额大于会计利润）：

借：所得税费用　　　　【按会计利润计算的所得税】
　　递延所得税负债　　　　【差额】
　　贷：应交税费——应交所得税　　　　【按应纳税所得额计算的所得税】

【业务处理】

1. 应纳税所得额=10 000 000+50 000+100 000−300 000=9 850 000（元）

应交所得税=9 850 000×25%=2 462 500（元）

2. 提取所得税

借：所得税费用　　　　2 462 500.00
　　贷：应交税费——应交所得税　　　　2 462 500.00

3. 结转所得税费用

借：本年利润　　　　2 462 500.00
　　贷：所得税费用　　　　2 462 500.00

子项目 4：利润分配

【业务呈现】

著成服饰有限公司 2020 年年初，历年结存的尚未分配利润 850 500 元，2020 年实现净利润人民币 7 537 500 元，按税后利润的 10%提取法定盈余公积金、3%提取任意盈余公积金、12%作为现金股利分配给投资人，请进行相关的账务处理。

【知识准备】

企业应按国家法规的规定分配可供分配利润。

一、利润分配的顺序

企业当年实现的净利润应当按照下列顺序进行分配：

(1) 弥补以前年度的亏损，五年内的亏损用税前利润弥补，五年之前的亏损用税后利润或盈余公积金弥补。

(2) 提取法定盈余公积金。

如果"利润分配——未分配利润"年初余额在贷方，应提金额 = 本年净利润×10%。

如果"利润分配——未分配利润"年初余额在借方时：

当【本年净利润——"利润分配——未分配利润"年初借方余额】≤ 0 时，不用提取；

当【本年净利润——"利润分配——未分配利润"年初借方余额】>0 时，法定盈余公积金应提金额 =【本年净利润——"利润分配——未分配利润"年初借方余额】×10%

提示：当以前年度累积的法定盈余公积金达到注册资本的 50%时，可以不再提取。

(3) 可供分配利润，当年税后净利加上以前年度累积的未分配利润（或减去尚未弥补的历年累积亏损）、减去当年提取的法定盈余公积金后的余额为可向投资者分配的利润。

可供分配利润应按下列顺序分配：

① 应付优先股股利；

② 提取任意盈余公积金；经董事会或股东大会同意，可按一定比例提取任意公积金。

③ 应付普通股股利；

④ 转作资本或股本的普通股股利。

二、分配利润的核算

1. 企业当年亏损

(1) 将当年发生的净亏损转入未分配利润：

借：利润分配——未分配利润

　　贷：本年利润

（2）用以前年度未分配利润弥补亏损或将本年亏损留待以后年度实现的利润弥补，均不需要单独编制会计分录。

（3）用盈余公积金弥补亏损：

借：盈余公积
　　贷：利润分配——其他转入

（4）转平“利润分配”有关明细科目：

借：利润分配——其他转入
　　贷：利润分配——未分配利润

2. 企业当年实现盈利

（1）将当年实现净利润转入未分配利润：

借：本年利润
　　贷：利润分配——未分配利润

（2）提取盈余（任意）公积金：

借：利润分配——提取法定（任意）盈余公积金
　　贷：盈余公积——法定（任意）盈余公积金

说明：提取任意公积金应在提取法定公积金、优先股分配之后进行。

（3）向股东分配现金股利或利润：

借：利润分配——应付优先股股利
　　　　　　——应付普通股股利
　　贷：应付股利

（4）经批准向股东分派股票股利或办妥转增资本手续后：

借：利润分配——转作资本（或股本）的普通股利
　　贷：应付股利

（5）结平“利润分配”有关明细科目：

借：利润分配——未分配利润
　　贷：利润分配——提取法定盈余公积金
　　　　　　　　——提取任意盈余公积金
　　　　　　　　——应付优先股利
　　　　　　　　——应付普通股股利
　　　　　　　　——转作资本（或股本）的普通股利

【业务处理】

（1）著成服饰将2020年实现的净利润转入未分配利润。

借：本年利润	7 537 500.00	
贷：利润分配——未分配利润		7 537 500.00

（2）按税后利润10%法定盈余公积金，3%为任意公积金：

借：利润分配——提取法定盈余公积金	753 750.00	
——提取任意盈余公积金	226 125.00	
贷：盈余公积——法定盈余公积金		753 750.00
——任意盈余公积金		226 125.00

（3）按税后利润的12%提取现金股利，分配给普通投资者：

借：利润分配——应付普通股股利	904 500.00	
贷：应付股利		904 500.00

（4）结平利润分配有关明细科目：

借：利润分配——未分配利润	1 884 375.00	
贷：利润分配——提取法定盈余公积金		753 750.00
——提取任意盈余公积金		226 125.00
——应付普通股股利		904 500.00

（5）“利润分配——未分配利润”2020年年末贷方余额：

850 500（贷）+7 537 500（贷）-1 884 375（借）= 6 503 625（元）

项目十三　财务会计报告

知识目标：熟悉财务会计报告的含义及分类，熟悉主要会计报表的结构及编制依据。

能力目标：掌握各主要报表的编制方法，能编制资产负债表、利润表、现金流量表。

思政目标：坚持准则，及时如实编制会计报表，确保会计信息的质量符合国家要求。

企业财务会计报告是反映企业某一特定日期的财务状况和某一会计期间经营成果和现金流量的书面文件。财务会计报告包括会计报表、会计报表附注和财务情况说明书。

子项目 1：资产负债表

【业务呈现】

资料一：七匹鹰股份有限公司 2020 年年报如图 13-1 所示。

资产负债表

2020 年 12 月 31 日　　会企 01 表

编制单位：七匹鹰股份有限公司　　单位：元

资　产	行次	年初数	年末数	负债及所有者权益	行次	年初数	年末数
流动资产：				流动负债：			
货币资金			410 000	短期借款			400 000
以公允价值计量且变动计入当期损益的金融资产			200 000	以公允价值计量且变动计入当期损益的金融负债			
应收票据				应付票据			
应收账款			761 400	应付账款			420 000
预付账款			64 000	预收账款			
其他应收款			7 000	应付职工薪酬			40 000
存货			1 768 200	应交税费			24 780
持有待售资产				其他应付款			61 800

图 13-1　七匹鹰股份有限公司 2020 年年报

资　产	行次	年初数	年末数	负债及所有者权益	行次	年初数	年末数
一年内到期非流动资产				持有待售负债			
其他流动资产				一年内到期非流动负债			
流动资产合计			3210 600	其他流动负债			
非流动资产：				流动负债合计			946 580
可供出售金融资产				非流动负债：			
持有至到期投资				长期借款			1200 000
长期应收款				应付债券			
长期股权投资			300 000	长期应付款			
投资性房地产				预计负债			
固定资产			1494 000	递延收益			
在建工程				递延所得税负债			
生产性生物资产				其他非流动负债			
油汽资产				非流动负债合计			1 200 000
无形资产			196 000	负债合计			2 146 580
开发支出				所有者(或股东)权益：			
商誉				实收资本(或股本)			2 400 000
长期待摊费用				他权益工具			
递延所得税资产				其中：优先股			
其他非流动资产				永续债			
非流动资产合计			1990 000	资本公积			400 000
				减：库存股			
				其他综合收益			
				盈余公积			36 540
				未分配利润			217 480
				所有者(或股东)权益合计			3 054 020
资产总计			5200 600	负债和所有者权益总计			5 200 600

图 13-1　七匹鹰股份有限公司 2020 年年报(续)

资料二：七匹鹰股份有限公司 2021 年 5 月份总账的账户资料见图 13-2～图 13-28。

总　　账

总页	账号
	分页

科 目：库存现金

21年		记账凭证		摘　要	借方金额									核对号	贷方金额									借或贷	余额								
月	日	种类	号数		百	十	万	千	百	十	元	角	分		百	十	万	千	百	十	元	角	分		百	十	万	千	百	十	元	角	分
5	31	汇		汇总过入			5	0	0	0	0	0	0	√			4	6	4	0	0	0	0	借				6	0	0	0	0	0

图 13-2　库存现金总账

总　　　账

总页	账号	
	分页	

科　目：银行存款

21年		记账凭证		摘要	借方金额									核对号	贷方金额									借或贷	余额								
月	日	种类	号数		百	十	万	千	百	十	元	角	分		百	十	万	千	百	十	元	角	分		百	十	万	千	百	十	元	角	分
5	31	汇		汇总过入		9	8	2	8	0	0	0	0	√		6	7	2	6	0	0	0	0	借		7	0	6	0	0	0	0	0

图 13-3　银行存款总账

总　　　账

总页	账号	
	分页	

科　目：其他货币资金

21年		记账凭证		摘要	借方金额									核对号	贷方金额									借或贷	余额								
月	日	种类	号数		百	十	万	千	百	十	元	角	分		百	十	万	千	百	十	元	角	分		百	十	万	千	百	十	元	角	分
5	31	汇		汇总过入			2	0	0	0	0	0	0	√										借			2	0	0	0	0	0	0

图 13-4　其他货币资金总账

总　　　账

总页	账号	
	分页	

科　目：交易性金融资产

21年		记账凭证		摘要	借方金额									核对号	贷方金额									借或贷	余额								
月	日	种类	号数		百	十	万	千	百	十	元	角	分		百	十	万	千	百	十	元	角	分		百	十	万	千	百	十	元	角	分
5	31	汇		汇总过入										√		1	0	0	0	0	0	0	0	借		1	0	0	0	0	0	0	0

图 13-5　交易性金融资产总账

总　　　账

总页	账号	
	分页	

科　目：应收票据

21年		记账凭证		摘要	借方金额									核对号	贷方金额									借或贷	余额								
月	日	种类	号数		百	十	万	千	百	十	元	角	分		百	十	万	千	百	十	元	角	分		百	十	万	千	百	十	元	角	分
5	31	汇		汇总过入			4	0	0	0	0	0	0	√										借			4	0	0	0	0	0	0

图 13-6　应收票据总账

总　　　账

总页	账号	
	分页	

科　目：其他应收款

21年		记账凭证		摘要	借方金额									核对号	贷方金额									借或贷	余额								
月	日	种类	号数		百	十	万	千	百	十	元	角	分		百	十	万	千	百	十	元	角	分		百	十	万	千	百	十	元	角	分
5	31	汇		汇总过入				3	5	0	0	0	0	√										借				9	0	0	0	0	0

图 13-7　其他应收款总账

总　　账

总页	账号	
	分页	

科目：原材料

21年		记账凭证		摘要	借方金额									核对号	贷方金额									借或贷	余额								
月	日	种类	号数		百	十	万	千	百	十	元	角	分		百	十	万	千	百	十	元	角	分		百	十	万	千	百	十	元	角	分
5	31	汇		汇总过入		3	8	9	0	0	0	0	0	√		2	3	0	0	0	0	0	0	借		1	2	0	0	0	0	0	0

图 13-8　原材料总账

总　　账

总页	账号	
	分页	

科目：库存商品

21年		记账凭证		摘要	借方金额									核对号	贷方金额									借或贷	余额								
月	日	种类	号数		百	十	万	千	百	十	元	角	分		百	十	万	千	百	十	元	角	分		百	十	万	千	百	十	元	角	分
5	31	汇		汇总过入	3	3	8	5	0	0	0	0	0	√	2	5	1	6	7	5	5	0	0	借	1	6	6	1	7	6	0	0	0

图 13-9　库存商品总账

总　　账

总页	账号	
	分页	

科目：包装物

21年		记账凭证		摘要	借方金额									核对号	贷方金额									借或贷	余额								
月	日	种类	号数		百	十	万	千	百	十	元	角	分		百	十	万	千	百	十	元	角	分		百	十	万	千	百	十	元	角	分
5	31	汇		汇总过入			8	9	0	0	0	0	0	√			9	2	0	9	5	0	0	借		1	0	2	0	0	0	0	0

图 13-10　包装物总账

总　　账

总页	账号	
	分页	

科目：低值易耗品

21年		记账凭证		摘要	借方金额									核对号	贷方金额									借或贷	余额								
月	日	种类	号数		百	十	万	千	百	十	元	角	分		百	十	万	千	百	十	元	角	分		百	十	万	千	百	十	元	角	分
5	31	汇		汇总过入			5	2	0	0	0	0	0	√			2	7	5	0	0	0	0	借			3	8	0	0	0	0	0

图 13-11　低值易耗品总账

总　　账

总页	账号	
	分页	

科目：长期股权投资

21年		记账凭证		摘要	借方金额									核对号	贷方金额									借或贷	余额								
月	日	种类	号数		百	十	万	千	百	十	元	角	分		百	十	万	千	百	十	元	角	分		百	十	万	千	百	十	元	角	分
1	1			上年结转																				借		3	0	0	0	0	0	0	0

图 13-12　长期股权投资总账

总　　账

总页	账号	
	分页	

科目：固定资产

21年		记账凭证		摘要	借方金额									核对号	贷方金额									借或贷	余额								
月	日	种类	号数		百	十	万	千	百	十	元	角	分		百	十	万	千	百	十	元	角	分		百	十	万	千	百	十	元	角	分
1	1			上年结转																				借	1	6	9	6	2	4	0	0	0

图 13-13　固定资产总账

总　　账

总页	账号	
	分页	

科目：无形资产

21年		记账凭证		摘要	借方金额									核对号	贷方金额									借或贷	余额								
月	日	种类	号数		百	十	万	千	百	十	元	角	分		百	十	万	千	百	十	元	角	分		百	十	万	千	百	十	元	角	分
1	1			上年结转																				借		2	3	8	0	0	0	0	0

图 13-14　无形资产总账

总　　账

总页	账号	
	分页	

科目：短期借款

21年		记账凭证		摘要	借方金额									核对号	贷方金额									借或贷	余额								
月	日	种类	号数		百	十	万	千	百	十	元	角	分		百	十	万	千	百	十	元	角	分		百	十	万	千	百	十	元	角	分
5	31			汇总过入										√		1	0	0	0	0	0	0	0	贷		5	0	0	0	0	0	0	0

图 13-15　短期借款总账

总　　账

总页	账号	
	分页	

科目：应付票据

21年		记账凭证		摘要	借方金额									核对号	贷方金额									借或贷	余额								
月	日	种类	号数		百	十	万	千	百	十	元	角	分		百	十	万	千	百	十	元	角	分		百	十	万	千	百	十	元	角	分
5	31			汇总过入										√		2	0	0	0	0	0	0	0	贷		2	0	0	0	0	0	0	0

图 13-16　应付票据总账

总　　账

总页	账号	
	分页	

科目：其他应付款

21年		记账凭证		摘要	借方金额									核对号	贷方金额									借或贷	余额								
月	日	种类	号数		百	十	万	千	百	十	元	角	分		百	十	万	千	百	十	元	角	分		百	十	万	千	百	十	元	角	分
5	31			汇总过入										√			1	1	8	0	0	0	0	贷			1	1	8	0	0	0	0

图 13-17　其他应付款总账

总　　账

总页	账号
	分页

科 目：应交税费

21年 月	日	记账凭证 种类	号数	摘要	借方金额（百十万千百十元角分）	核对号	贷方金额（百十万千百十元角分）	借或贷	余额（百十万千百十元角分）
5	31			汇总过入	25350000	√	38600000	贷	20378000

图 13-18　应交税费总账

总　　账

总页	账号
	分页

科 目：应付职工薪酬

21年 月	日	记账凭证 种类	号数	摘要	借方金额（百十万千百十元角分）	核对号	贷方金额（百十万千百十元角分）	借或贷	余额（百十万千百十元角分）
5	31			汇总过入	29200000	√	35400000	贷	6200000

图 13-19　应付职工薪酬总账

总　　账

总页	账号
	分页

科 目：应付利息

21年 月	日	记账凭证 种类	号数	摘要	借方金额（百十万千百十元角分）	核对号	贷方金额（百十万千百十元角分）	借或贷	余额（百十万千百十元角分）
5	31			汇总过入	1000000	√		贷	1000000

图 13-20　应付利息总账

总　　账

总页	账号
	分页

科 目：累计折旧

21年 月	日	记账凭证 种类	号数	摘要	借方金额（百十万千百十元角分）	核对号	贷方金额（百十万千百十元角分）	借或贷	余额（百十万千百十元角分）
5	31			汇总过入		√	1137000	贷	31980000

图 13-21　累计折旧总账

总　　账

总页	账号
	分页

科 目：累计摊销

21年 月	日	记账凭证 种类	号数	摘要	借方金额（百十万千百十元角分）	核对号	贷方金额（百十万千百十元角分）	借或贷	余额（百十万千百十元角分）
5	31			汇总过入		√	375000	贷	490000

图 13-22　累计摊销总账

总　　账

总页	账号	
	分页	

科目：坏账准备

21年		记账凭证		摘要	借方金额									核对号	贷方金额									借或贷	余额								
月	日	种类	号数		百	十	万	千	百	十	元	角	分		百	十	万	千	百	十	元	角	分		百	十	万	千	百	十	元	角	分
1	1			上年结转																				贷			8	4	6	0	0	0	0

图 13-23　坏账准备总账

总　　账

总页	账号	
	分页	

科目：实收资本

21年		记账凭证		摘要	借方金额									核对号	贷方金额									借或贷	余额								
月	日	种类	号数		百	十	万	千	百	十	元	角	分		百	十	万	千	百	十	元	角	分		百	十	万	千	百	十	元	角	分
1	1			上年结转																				贷	2	4	0	0	0	0	0	0	0

图 13-24　实收资本总账

总　　账

总页	账号	
	分页	

科目：资本公积

21年		记账凭证		摘要	借方金额									核对号	贷方金额									借或贷	余额								
月	日	种类	号数		百	十	万	千	百	十	元	角	分		百	十	万	千	百	十	元	角	分		百	十	万	千	百	十	元	角	分
1	1			上年结转																				贷		4	0	0	0	0	0	0	0

图 13-25　资本公积总账

总　　账

总页	账号	
	分页	

科目：盈余公积

21年		记账凭证		摘要	借方金额									核对号	贷方金额									借或贷	余额								
月	日	种类	号数		百	十	万	千	百	十	元	角	分		百	十	万	千	百	十	元	角	分		百	十	万	千	百	十	元	角	分
1	1			上年结转																				贷			3	6	5	4	0	0	0

图 13-26　盈余公积总账

总　　账

总页	账号	
	分页	

科目：利润分配

21年		记账凭证		摘要	借方金额									核对号	贷方金额									借或贷	余额								
月	日	种类	号数		百	十	万	千	百	十	元	角	分		百	十	万	千	百	十	元	角	分		百	十	万	千	百	十	元	角	分
1	1			上年结转																				贷		2	1	7	4	8	0	0	0

图 13-27　利润分配总账

总 账

总页 账号 分页

科目：本年利润

21年		记账凭证		摘要	借方金额									核对号	贷方金额									借或贷	余额								
月	日	种类	号数		百	十	万	千	百	十	元	角	分		百	十	万	千	百	十	元	角	分		百	十	万	千	百	十	元	角	分
5	31			汇总过入	1	6	4	7	0	8	0	0	0	√	1	9	9	3	0	0	0	0	0	贷			8	6	0	0	0	0	0

图 13-28 本年利润总账

资料三：七匹鹰股份有限公司 2021 年 5 月份部分明细账的账户资料。

（1）应收账款所属明细账的账户资料见图 13-29、图 13-30。

明 细 账

总页 账号 分页

科目：应收账款　　户名：顶新集团

21年		记账凭证		摘要	借方金额									核对号	贷方金额									借或贷	余额								
月	日	种类	号数		百	十	万	千	百	十	元	角	分		百	十	万	千	百	十	元	角	分		百	十	万	千	百	十	元	角	分
5	25	记	54	应收销货款		6	5	0	0	0	0	0	0											借		6	5	0	0	0	0	0	0
5	31			本月合计		6	5	0	0	0	0	0	0																				

图 13-29 顶新集团应收账款明细账

明 细 账

总页 账号 分页

科目：应收账款　　户名：著龙服饰

21年		记账凭证		摘要	借方金额									核对号	贷方金额									借或贷	余额								
月	日	种类	号数		百	十	万	千	百	十	元	角	分		百	十	万	千	百	十	元	角	分		百	十	万	千	百	十	元	角	分
5	25	记	55	收到销货款												2	5	0	0	0	0	0	0	贷			5	0	0	0	0	0	0
5	31			本月合计		2	0	0	0	0	0	0	0			2	5	0	0	0	0	0	0										

图 13-30 著龙服饰应收账款明细账

（2）预付账款所属明细账的账户资料见图 13-31、图 13-32。

明 细 账

总页 账号 分页

科目：预付账款　　户名：绿海农场

21年		记账凭证		摘要	借方金额									核对号	贷方金额									借或贷	余额								
月	日	种类	号数		百	十	万	千	百	十	元	角	分		百	十	万	千	百	十	元	角	分		百	十	万	千	百	十	元	角	分
5	25	记	55	收到销货款		3	0	0	0	0	0	0	0											借		3	0	0	0	0	0	0	0
5	31			本月合计		3	0	0	0	0	0	0	0																				

图 13-31 绿海农场预付账款明细账

明细账

总页 账号 分页

科目：预付账款　　户名：九发集团

21年		记账凭证		摘要	借方金额									核对号	贷方金额									借或贷	余额								
月	日	种类	号数		百	十	万	千	百	十	元	角	分		百	十	万	千	百	十	元	角	分		百	十	万	千	百	十	元	角	分
5	25	记	57	预付购料款												1	3	6	0	0	0	0	0	贷			3	6	0	0	0	0	0
5	31			本月合计		1	0	0	0	0	0	0	0			1	3	6	0	0	0	0	0										

图 13-32　九发集团预付账款明细账

(3) 应付账款所属明细账的账户资料见图 13-33、图 13-34。

明细账

总页 账号 分页

科目：应付账款　　户名：长红轻纺

21年		记账凭证		摘要	借方金额									核对号	贷方金额									借或贷	余额								
月	日	种类	号数		百	十	万	千	百	十	元	角	分		百	十	万	千	百	十	元	角	分		百	十	万	千	百	十	元	角	分
5	29	记	58	应付材料款												2	0	0	0	0	0	0	0	贷		2	0	0	0	0	0	0	0
5	31			本月合计												2	0	0	0	0	0	0	0										

图 13-33　长红轻纺应付账款明细账

明细账

总页 账号 分页

科目：应付账款　　户名：福而塑料

21年		记账凭证		摘要	借方金额									核对号	贷方金额									借或贷	余额								
月	日	种类	号数		百	十	万	千	百	十	元	角	分		百	十	万	千	百	十	元	角	分		百	十	万	千	百	十	元	角	分
5	30	记	59	预付部分货款													5	0	0	0	0	0	0	借			8	0	0	0	0	0	0
5	31			本月合计		1	3	0	0	0	0	0	0				5	0	0	0	0	0	0										

图 13-34　福而塑料应付账款明细账

(4) 长期借款所属明细账的账户资料见图 13-35、图 13-36。

明细账

总页 账号 分页

科目：长期借款　户名：建设银行

21年		记账凭证		摘要	借方金额									核对号	贷方金额									借或贷	余额								
月	日	种类	号数		百	十	万	千	百	十	元	角	分		百	十	万	千	百	十	元	角	分		百	十	万	千	百	十	元	角	分
1	1			上年结转																				贷		8	0	0	0	0	0	0	0

说明：此笔款项是2018年1月20日借入，期限三年。

图 13-35　建设银行长期借款明细账

明细账

科目：长期借款　户名：工商银行

21年		记账凭证		摘要	借方金额									核对号	贷方金额									借或贷	余额								
月	日	种类	号数		百	十	万	千	百	十	元	角	分		百	十	万	千	百	十	元	角	分		百	十	万	千	百	十	元	角	分
1	1			上年结转																				贷		4	0	0	0	0	0	0	0

说明：此笔款项是2016年6月30日借入，期限三年。

图 13-36　工商银行长期借款明细账

根据以上资料，请编制七匹鹰股份有限公司2021年5月份的资产负债表。

【知识准备】

所谓资产负债表是综合反映企业在某一特定日期(月末、季末、年末)全部资产、全部负债和所有者权益状况的报表。资产负债表是会计报表的主要报表，为企业财务分析提供客观数据。

一、资产负债表的结构

1. 编制资产负债表的理论依据

会计平衡公式：资产=负债+所有者权益

2. 资产负债表的基本结构

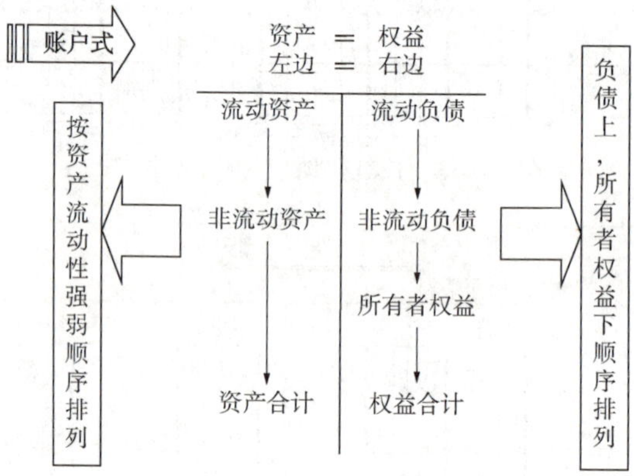

图13-37　资产负债表基本结构图

二、资产负债表的编制方法

(一) 报表中各项目的年初数应根据上一年度资产负债表的期末数填列

如果资产负债表本年度某些项目的名称和内容与上年度不一致，应按本年度的规定，调整上年度资产负债表中该项目的名称和金额，才可填入本年度相对应项目的年初数栏内。

(二) 期末余额的确定有几种不同的方式

1. 根据同名总账期末余额直接填列的报表项目

有些报表项目和总分类账账户同名，且内涵也相同，如开发支出、短期借款、应付职工薪酬(若出现借方余额，则以"-"号填列)、实收资本等，这类报表项目就可以根据同名总账的期末余额直接填列。

2. 根据有关总账或明细账期末余额分析计算填列的报表项目

有些报表项目虽有同名总账，但内涵却不相同，如固定资产、长期借款等，还有一些报表项目根本就没有同名总账，如存货、一年内到期的非流动资产等，这类报表项目都需要根据有关总账或明细账的期末余额分析计算填列。

（三）资产负债表具体项目填列说明

1. 资产项目(见表 13-1)

表 13-1 资产各具体项目填列说明

报表项目	填列依据
货币资金	本项目填列金额=库存现金+银行存款+其他货币资金
以公允价值计量且变动计入当期损益的金融资产	本项目填列金额，根据“交易性金融资产”账户期末余额直接填列
衍生金融资产	本项目填列金额，根据“衍生工具”“套期工具”“被套期工具”等账户期末借方余额分析计算填列
应收票据	本账户期末余额-坏账准备中因应收票据而提取的期末余额 说明：已贴现的商业承兑汇票，如果出票人到期不能付款，应在补充资料中填列；已贴现的银行承兑汇票则不必在报表中反映
应收账款	本项目填列金额=应收账款所属明细账期末借方余额+预收账款所属明细账期末借方余额-坏账准备中因应收账款而提取的期末余额
预付账款	本项目填列金额=预付账款所属明细账借方余额+应付账款所属明细账借方余额-坏账准备中因预付账款而提取的期末余额
其他应收款	本项目填列金额=应收利息期末余额+应收股利期末余额+其他应收款期末余额-坏账准备中因其他应收款而提取的期末余额
存货	本项目填列金额=物资采购+原材料+自制半成品+库存商品+包装物+低值易耗品+发出商品+委托加工物资+委托代销商品+生产成本-存货跌价准备+材料成本差异
持有待售资产	本项目填列金额=同名账户期末余额-持有待售资产减值准备期末余额
一年内到期非流动资产	本项目填列金额=1 年内到期的持有至到期投资+1 年内到期的长期待摊费用+1 年内可收回的长期应收款
其他流动资产	根据相关账户的期末余额填列，如“待处理财产损溢——待处理流动资产净损溢”账户未处理转账，期末有余额，则在本项目填列
流动资产合计	由上述流动资产各项目的金额汇总得出
可供出售金融资产、长期股权投资、生产性生物资产、油汽资产、商誉	各项目金额=各同名账户的期末余额-各同名账户减值准备的期末余额
持有至到期投资	本项目填列金额=同名账户期末余额-1 年内到期的持有到期投资金额 持有至到期投资减值准备期末余额
长期应收款	本项目填列金额=同名账户期末余额-未实现的融资收益-因长期应收款而计提的坏账准备-1 年内可收回的长期应收款
投资性房地产	采用成本模式计量：本项目填列金额=同名账户期末余额-投资性房地产累计折旧期末余额-投资性房地产减值准备期末余额 采用公允价值计量：本项目填列金额=同名账户的期末余额
固定资产	本项目填列金额=同名账户期末余额-累计折旧期末余额-固定资产值准备期末余额+固定资产清理期末余额(借+贷-)

续表

报表项目	填列依据
在建工程	本项目填列金额=在建工程期末余额-在建工程减值准备期末余额+工程物资期末余额-工程物资减值准备期末余额
无形资产	本项目填列金额=同名账户期末余额-累计摊销期末余额-无形资产值准备期末余额
开发支出	本项目根据“研发支出——资本化支出”明细账户的期末账面余额填列
长期待摊费用	本项目填列金额=同名账户期末余额-1年内到期的长期待摊费用
递延所得税资产	根据同名账户的期末余额填列
其他非流动资产	根据相关账户的期末余额填列
非流动资产合计	由上述非流动资产各项目的金额汇总得出
资产总计	本项目填列金额=流动资产合计+非流动资产合计

2. 权益项目(见表13-2)

表13-2　权益各具体项目填列说明

报表项目	填列依据
短期借款、持有待售负债	均根据同名账户的期末余额直接填列
以公允价值计量且变动计入当期损益的金融负债	本项目填列金额，根据“交易性金融负债”账户期末余额直接填列
衍生金融负债	本项目填列金额，根据“衍生工具”“套期工具”“被套期工具”等账户期末贷方余额分析计算填列
应付票据	根据同名账户期末余额直接填列
应付账款	本项目填列金额=应付账款所属明细账期末贷方余额+预付账款所属明细账期末贷方余额
预收账款	本项目金额=预收账款所属明细账期末贷方余额+应收账款所属明细账期末贷方余额
应付职工薪酬、应交税费	均根据同名账户期末贷方余额填列，如借方余额，则加“-”号填列
其他应付款	本项目金额=应付利息期末余额+应付股利期末余额+其他应付款期末余额
一年内到期非流动负债	本项目金额=1年内到期的长期借款+1年内到期的应付债券+1年内到期的长期应付款
其他流动负债	根据有关账户期末余额分析计算填列
流动负债合计	由上述流动负债各项目的金额汇总得出
长期借款、应付债券	均根据同名账户期末余额-1年内到期的数额后填列
长期应付款	本项目金额=同名账户期末余额-未确认融资费用期末余额-1年内到期的长期应付款+专项应付款期末余额
预计负债、递延收益、递延所得税负债	各项目均根据同名账户的期末余额填列
其他非流动负债	根据相关账户的期末余额填列
非流动负债合计	由上述非流动负债各项目的金额汇总得出

续表

报表项目	填列依据
负债合计	本项目填列金额=流动负债合计+非流动负债合计
实收资本(或股本)、资本公积、盈余公积	各项目均根据同名账户期末余额填列
他权益工具	根据相关账户期末余额填列
其他综合收益	根据相关账户期末余额分析计算填列
未分配利润	本项目金额=本年利润(贷+借—)+利润分配(贷+借—)
所有者(或股东)权益合计	由上述所有者权益(或股东权益)各项目的金额汇总得出
负债和所有者权益总计	本项目填列金额=负债合计+所有者(或股东)权益合计

【业务处理】

(1) 根据七匹鹰股份有限公司2020年年报的期末数填列该公司2021年5月份资产负债表中的年初数，如表13-4所示。

表13-3 七匹鹰股份有限公司2019年5月期末余额试算平衡表 单位：元

账户名称	借或贷	期末余额	账户名称	借或贷	期末余额
库存现金	借	6 000	短期借款	贷	500 000
银行存款	借	706 000	应付票据	贷	200 000
其他货币资金	借	20 000	其他应付款	贷	11 800
交易性金融资产	借	100 000	应交税费	贷	203 780
应收票据	借	40 000	应付职工薪酬	贷	62 000
应收账款——顶新集团	借	650 000	应付利息	贷	10 000
——著龙服饰	贷	50 000	应付账款——长红轻纺	贷	200 000
预付账款——绿海农场	借	300 000	——福而塑料	借	80 000
——九发集团	贷	36 000			
坏账准备	贷	84 600	长期借款	贷	1 200 000
			其中：1年内到期		400 000
其他应收款	借	9 000	实收资本	贷	2 400 000
原材料	借	120 000	资本公积	贷	400 000
库存商品	借	1 661 760	盈余公积	贷	36 540
包装物	借	102 000	本年利润	贷	86 000
低值易耗品	借	38 000	利润分配	贷	217 480
长期股权投资	借	300 000			
固定资产	借	1 696 240			
累计折旧	贷	319 800			
无形资产	借	238 000			
累计摊销	贷	49 000			
合计		5 447 600	合计		5 447 600

（2）根据七匹鹰股份有限公司2021年5月总账账户资料和明细账账户资料编制期末余额试算平衡表，如表13-3所示。

（3）根据“七匹鹰股份有限公司2021年5月期末余额试算平衡表”及有关资料，分析、计算并填列该公司2021年5月资产负债表的期末数，如表13-4所示。

表13-4　七匹鹰股份有限公司2021年5月份资产负债表

资产负债表

2021年5月31日　　会企01表

编制单位：七匹鹰股份有限公司　　单位：元

资　产	行次	年初数	年末数	负债及所有者权益	行次	年初数	年末数
流动资产：				流动负债：			
货币资金		410 000	732 000	短期借款		400 000	500 000
以公允价值计量且变动计入当期损益的金融资产		200 000	100 000	以公允价值计量且变动计入当期损益的金融负债			
衍生金融资产				衍生金融负债			
应收票据			40 000	应付票据			200 000
应收账款		761 400	565 400	应付账款		420 000	236 000
预付账款		64 000	380 000	预收账款			50 000
其他应收款		7 000	9 000	应付职工薪酬		40 000	62 000
存货		1 768 200	1 921 760	应交税费		24 780	203 780
持有待售资产				其他应付款		61 800	21 800
一年内到期非流动资产				持有待售负债			
其他流动资产				一年内到期非流动负债			400 000
流动资产合计		3 210 600	3748 160	其他流动负债			
非流动资产：				流动负债合计		946 580	1673 580
可供出售金融资产				非流动负债：			
持有至到期投资				长期借款		1200 000	800 000
长期应收款				应付债券			
长期股权投资		300 000	300 000	长期应付款			
投资性房地产				预计负债			
固定资产		1494 000	1376 440	递延收益			
在建工程				递延所得税负债			
生产性生物资产				其他非流动负债			
油汽资产				非流动负债合计		1200 000	800 000
无形资产		196 000	189 000	负债合计		2 146 580	2 473 580
开发支出				所有者(或股东)权益：			
商誉				实收资本(或股本)		2 400 000	2 400 000
长期待摊费用				其他权益工具			

续表

资　产	行次	年初数	年末数	负债及所有者权益	行次	年初数	年末数
递延所得税资产				资本公积		400 000	400 000
其他非流动资产				其他综合收益			
非流动资产合计		1990 000	1865 440	盈余公积		36 540	36 540
				未分配利润		217 480	303 480
				所有者(股东)权益合计:		3 054 020	3 140 020
资产总计		5 200 600	5 613 600	负债和所有者权益总计		5 200 600	5 613 600

子项目 2：利润表

【业务呈现】

资料一：福建著成服饰是一家小型的股份制企业，总股本 3 千万股，没有潜在普通股。请根据相关资料，著成服饰 2021 年 2 月份的利润表如表 13-5 所示。

表 13-5　福建著成服饰股份有限公司 2021 年 2 月份利润表

利　润　表

2021 年 2 月　　会企 02 表

编制单位：福建著成服饰　　单位：元

项　　目	本期金额	上期金额
一、营业收入	7 150 650. 00	(略)
减：营业成本	3 887 700. 00	
税金及附加	264 300. 00	
销售费用	993 650. 00	
管理费用	552 590. 00	
研发费用	200 000. 00	
财务费用(收益以“-”号填列)	395 880. 00	
其中：利息费用	218 670. 00	
利息收入	15 630. 00	
资产减值损失		
信用减值损失		
加：其他收益		
投资收益(损失以“-”号填列)		
其中：对联营企业和合营企业的投资收益		
净敞口套期收益(损失以“-”号填列)		
公允价值变动收益(损失以“-”号填列)		
资产处置收益(损失以“-”号填列)	-68 530. 00	

续表

项　　目	本期金额	上期金额
二、营业利润	788 000.00	
加：营业外收入	30 000.00	
减：营业外支出	2 850.00	
三、利润总额(亏损总额以“-”号填列)	815 150.00	
减：所得税费用	194 150.00	
四、净利润(净亏损以“-”号填列)	621 000.00	
(一) 持续经营净利润(亏损总额以“-”号填列)	621 000.00	
(二) 终止经营净利润(亏损总额以“-”号填列)		
五、其他综合收益的税后净额		
(一) 不能重分类进损益的其他综合收益		
1. 重新计量设定受益计划变动额		
2. 权益法下不能转损益的其他综合收益		
3. 其他权益工具投资公允价值变动		
4. 企业自身信用风险公允价值变动		
(二) 将重分类进损益的其他综合收益		
1. 权益法下可转损益的其他综合收益		
2. 其他债权投资公允价值变动		
3. 金融资产重分类计入其他综合收益的金额		
4. 其他债权投资信用减值准备		
5. 现金流量套期储备		
6. 外币财务报表折算差额		
六、综合收益总额	621 000.00	
七、每股收益	0.0207	
(一)基本每股收益	0.0207	
(二)稀释每股收益	0.0207	

资料二：著成服饰股份有限公司 2022 年 2 月审核无误的损益类账户资料，如图 13-38～图 13-49 所示。

总　　账

总页	账号	
	分页	

科目：主营业务收入

年		记账凭证		摘要	借方金额									核对号	贷方金额									借或贷	余额								
月	日	种类	号数		百	十	万	千	百	十	元	角	分		百	十	万	千	百	十	元	角	分		百	十	万	千	百	十	元	角	分
1	31	汇		汇总过入	4	6	6	2	0	0	0	0	0	√	4	6	6	2	0	0	0	0	0	平							0		
2	28	汇		汇总过入	2	9	9	6	4	0	0	0	0	√	2	9	9	6	4	0	0	0	0	平							0		

图 13-38　主营业务收入总账

总　　账

总页	账号	
	分页	

科 目：其他业务收入

22年		记账凭证		摘 要	借方金额									核对号	贷方金额									借或贷	余额								
月	日	种类	号数		百	十	万	千	百	十	元	角	分		百	十	万	千	百	十	元	角	分		百	十	万	千	百	十	元	角	分
1	31	汇		汇总过入		2	6	8	6	2	0	0	0	√		2	6	8	6	2	0	0	0	平							0		
2	28	汇		汇总过入		1	2	1	0	8	0	0	0	√		1	2	1	0	8	0	0	0	平							0		

图 13-39　其他业务收入总账

总　　账

总页	账号	
	分页	

科 目：主营业务成本

22年		记账凭证		摘 要	借方金额									核对号	贷方金额									借或贷	余额								
月	日	种类	号数		百	十	万	千	百	十	元	角	分		百	十	万	千	百	十	元	角	分		百	十	万	千	百	十	元	角	分
1	31	汇		汇总过入	2	3	5	5	9	3	0	0	0	√	2	3	5	5	9	3	0	0	0	平							0		
2	28	汇		汇总过入	1	7	9	5	9	2	0	0	0	√	1	7	9	5	9	2	0	0	0	平							0		

图 13-40　主营业务成本总账

总　　账

总页	账号	
	分页	

科 目：其他业务成本

22年		记账凭证		摘 要	借方金额									核对号	贷方金额									借或贷	余额								
月	日	种类	号数		百	十	万	千	百	十	元	角	分		百	十	万	千	百	十	元	角	分		百	十	万	千	百	十	元	角	分
1	31	汇		汇总过入		2	0	7	0	0	0	0	0	√		2	0	7	0	0	0	0	0	平							0		
2	28	汇		汇总过入			7	2	0	0	0	0	0	√			7	2	0	0	0	0	0	平							0		

图 13-41　其他业务成本总账

总　　账

总页	账号	
	分页	

科 目：税金及附加

22年		记账凭证		摘 要	借方金额									核对号	贷方金额									借或贷	余额								
月	日	种类	号数		百	十	万	千	百	十	元	角	分		百	十	万	千	百	十	元	角	分		百	十	万	千	百	十	元	角	分
1	31	汇		汇总过入		1	4	7	3	0	0	0	0	√		1	4	7	3	0	0	0	0	平							0		
2	28	汇		汇总过入		1	2	0	7	2	0	0	0	√		1	2	0	7	2	0	0	0	平							0		

图 13-42　税金及附加总账

总　　账

总页	账号	
	分页	

科 目：销售费用

22年		记账凭证		摘 要	借方金额									核对号	贷方金额									借或贷	余额								
月	日	种类	号数		百	十	万	千	百	十	元	角	分		百	十	万	千	百	十	元	角	分		百	十	万	千	百	十	元	角	分
1	31	汇		汇总过入		1	4	7	3	0	0	0	0	√		1	4	7	3	0	0	0	0	平							0		
2	28	汇		汇总过入		1	2	0	7	2	0	0	0	√		1	2	0	7	2	0	0	0	平							0		

图 13-43　销售费用总账

总账

总页	账号
	分页

科 目：管理费用

22年		记账凭证		摘要	借方金额									核对号	贷方金额									借或贷	余额								
月	日	种类	号数		百	十	万	千	百	十	元	角	分		百	十	万	千	百	十	元	角	分		百	十	万	千	百	十	元	角	分
1	31	汇		汇总过入		4	7	8	1	1	0	0	0	√		4	7	8	1	1	0	0	0	平							0		
2	28	汇		汇总过入		4	7	8	0	8	0	0	0	√		4	7	8	0	8	0	0	0	平							0		

其中：1月份研发费用56 250元；2月份研发费用为64 520元。

图 13-44　管理费用总账

总账

总页	账号
	分页

科 目：财务费用

22年		记账凭证		摘要	借方金额									核对号	贷方金额									借或贷	余额								
月	日	种类	号数		百	十	万	千	百	十	元	角	分		百	十	万	千	百	十	元	角	分		百	十	万	千	百	十	元	角	分
1	31	汇		汇总过入		1	7	4	6	0	0	0	0	√		1	7	4	6	0	0	0	0	平							0		
2	28	汇		汇总过入		1	7	4	3	0	0	0	0	√		1	7	4	3	0	0	0	0	平							0		

其中：1月份利息费用118 450元，利息收入3600元；2月份利息费用118 450元，利息收入3640元。

图 13-45　财务费用总账

总账

总页	账号
	分页

科 目：资产处置收益

22年		记账凭证		摘要	借方金额									核对号	贷方金额									借或贷	余额								
月	日	种类	号数		百	十	万	千	百	十	元	角	分		百	十	万	千	百	十	元	角	分		百	十	万	千	百	十	元	角	分
2	28	汇		汇总过入			4	3	0	0	0	0	0	√			4	3	0	0	0	0	0	平							0		

图 13-46　资产处置收益总账

总账

总页	账号
	分页

科 目：营业外收入

22年		记账凭证		摘要	借方金额									核对号	贷方金额									借或贷	余额								
月	日	种类	号数		百	十	万	千	百	十	元	角	分		百	十	万	千	百	十	元	角	分		百	十	万	千	百	十	元	角	分
2	28	汇		汇总过入				6	0	0	0	0	0	√				6	0	0	0	0	0	平							0		

注：2月份出售不需用固定资产，获得净收益14 000元。

图 13-47　营业外收入总账

总账

总页	账号
	分页

科 目：营业外支出

22年		记账凭证		摘要	借方金额									核对号	贷方金额									借或贷	余额								
月	日	种类	号数		百	十	万	千	百	十	元	角	分		百	十	万	千	百	十	元	角	分		百	十	万	千	百	十	元	角	分
1	31	汇		汇总过入				1	5	0	0	0	0	√				1	5	0	0	0	0	平							0		
2	28	汇		汇总过入				1	1	4	0	0	0	√				1	1	4	0	0	0	平							0		

图 13-48　营业外支出总账

总　账

总页	账号
	分页

科目：所得税费用

22年		记账凭证		摘要	借方金额									核对号	贷方金额									借或贷	余额								
月	日	种类	号数		百	十	万	千	百	十	元	角	分		百	十	万	千	百	十	元	角	分		百	十	万	千	百	十	元	角	分
1	31	汇		汇总过入		1	8	5	3	5	0	0	0	√		1	8	5	3	5	0	0	0	平							0		
2	28	汇		汇总过入		2	0	3	6	8	5	0	0	√		2	0	3	6	8	5	0	0	平							0		

图 13-49　所得税费用总账

请根据上述资料编制著成服饰股份有限公司 2022 年 2 月份的利润表。

【知识准备】

利润表是反映企业在一定期间盈利或亏损情况的报表。利润表由表首、基本部分和补充资料三部分组成。

一、利润表的结构

（1）编制利润表的理论依据：收入-费用=利润。

（2）利润表各项目计算依据：各项目相关账户的本期累计发生额。

（3）利润表的格式有单步式和多步式，我国利润表采用多步式。

二、利润表的具体编制方法

（1）“上期金额”根据上年同期利润表“本期金额”栏所列数字填列。

（2）利润表中“本期金额”的填列。

利润表中“本期金额”栏内各项数字，应按当年 1 月 1 日至编制报表月份的月末累计数填列。利润表各具体项目填列说明如表 13-6 所示。

表 13-6　利润表各项目填列依据

报表项目	填列依据
① 营业收入	根据主营业务收入、其他业务收入的本期累计发生额分析计算填列
② 营业成本	根据主营业务成本、其他业务成本的本期累计发生额分析计算填列
③ 税金及附加	根据同名科目的本期累计发生额填列
④ 销售费用	根据同名科目的本期累计发生额填列
⑤ 管理费用	根据同名科目的本期累计发生额减研发费用的本期累计发生额填列
⑥ 研发费用	根据管理费用总账科目下研发费用明细科目的本期累计发生额填列
⑦ 财务费用	根据同名科目的本期累计发生额分析计算填列，若是收益用“-”号
利息费用	根据财务费用总账科目下利息费用明细科目的本期累计发生额填列
利息收入	根据财务费用总账科目下利息收入明细科目的本期累计发生额填列
⑧ 资产减值损失	根据同名科目的本期累计发生额填列
⑨ 信用减值损失	根据同名科目的本期累计发生额填列

续表

报表项目	填列依据
⑩ 其他收益	根据相关科目的本期累计发生额填列，若是损失以“-”号填列
⑪ 投资收益	根据相关科目的本期累计发生额填列，若是投资净亏损以“-”号填列
⑫ 净敞口套期收益	根据相关科目的本期累计发生额填列，若是损失以“-”号填列
⑬ 公允价值变动收益	根据相关科目的本期累计发生额填列，若是损失以“-”号填列
⑭ 资产处置收益	根据同名科目的本期累计发生额填列，若是损失以“-”号填列
营业利润=①-②-③-④-⑤-⑥-⑦-⑧-⑨+⑩+⑪+⑫+⑬+⑭(本项目金额通过计算得出)	
营业外收入	根据同名科目的本期累计发生额填列
营业外支出	根据同名科目的本期累计发生额填列
利润总额=营业利润+营业外收入-营业外支出(本项目金额通过计算得出)	
所得税费用	根据同名科目的本期借方累计发生额填列
企业盈利：净利润=利润总额-所得税费用；企业亏损，净亏损=利润总额	
持续经营净利润	企业在持续经营期间，则将净利润项目的金额填入本行
终止经营净利润	企业在终止经营期间，则将净利润项目的金额填入本行
其他综合收益的税后净额=不能重分类进损益的其他综合收益+将重分类进损益的其他综合收益	
不能重分类进损益的其他综合收益=①+②+③+④	
① 重新计量设定受益计划变动额 ② 权益法下不能转损益的其他综合收益 ③ 其他权益工具投资公允价值变动 ④ 企业自身信用风险公允价值变动	各自根据相关科目分析计算填列
将重分类进损益的其他综合收益=①+②+③+④+⑤+⑥	
① 权益法下可转损益的其他综合收益 ② 其他债权投资公允价值变动 ③ 金融资产重分类计入其他综合收益金额 ④ 其他债权投资信用减值准备 ⑤ 现金流量套期储备 ⑥ 外币财务报表折算差额	各自根据相关科目分析计算填列
综合收益总额=净利润+其他综合收益的税后净额(本项目通过计算得出)	
每股收益	
基本每股收益=归属于普通股股东的净利润÷发行在外的普通股加权平均数	
稀释性每股收益：存在稀释性潜在普通股的，应分别调整归属于普通股股东的当期净利润和发行在外普通股的加权平均数，并据以计算稀释每股收益	

【业务处理】

（1）著成服饰2022年2月份利润表的“上期金额”应根据该公司2021年2月份利润表的“本期金额”栏所列数字填列，如表13-7所示。

（2）根据著成服饰2022年1~2月损益类账户及有关资料，编制该公司2022年1~2月损益类账户累计发生额，如图13-50所示。

(3) 根据2022年1~2月损益类账户累计发生额(见图13-50)以及相关资料分析、计算并填列该公司2022年2月份利润表，结果如表13-7所示。

账户名称	借方累计发生额	贷方累计发生额	账户名称	借方累计发生额	贷方累计发生额
主营业务收入	7 658 400	7 658 400	财务费用	348 900	348 900
其他业务收入	389 700	389 700	其中：利息费用	236 900	236 900
主营业务成本	4 151 850	4 151 850	利息收入	7 240	7 240
其他业务成本	279 000	279 000	资产处置收益	43 000	43 000
税金及附加	268 020	268 020	营业外收入	6 000	6 000
销售费用	537 000	537 000	营业外支出	2 640	2 640
管理费用	956 190	956 190	所得税费用	389 035	389 035
其中：研发费用	120 770	120 770			

图13-50 著成服饰2022年1~2月损益类账户累计发生额

表13-7 著成服饰2022年2月份利润表

会企02表

编制单位：晋江先海百货　　2022年2月　　单位：元

项　　目	本期金额	上期金额
一、营业收入	8 048 100. 00	7 150 650. 00
减：营业成本	4 430 850. 00	3 887 700. 00
税金及附加	268 020. 00	264 300. 00
销售费用	537 000. 00	993 650. 00
管理费用	835 420. 00	552 590. 00
研发费用	120 770. 00	200 000. 00
财务费用(收益以“-”号填列)	348 900. 00	395 880. 00
其中：利息费用	236 900. 00	218 670. 00
利息收入	7 240. 00	15 630. 00
资产减值损失		
信用减值损失		
加：其他收益		
投资收益(损失以“-”号填列)		
其中：对联营企业和合营企业的投资收益		
净敞口套期收益(损失以“-”号填列)		
公允价值变动收益(损失以“-”号填列)		
资产处置收益(损失以“-”号填列)	43 000. 00	-68 530. 00
二、营业利润	1 550 140. 00	788 000. 00
加：营业外收入	6 000. 00	30 000. 00
减：营业外支出	2 640. 00	2 850. 00

续表

项目	本期金额	上期金额
三、利润总额(亏损总额以"-"号填列)	1 553 500.00	815 150.00
减：所得税费用	389 035.00	194 150.00
四、净利润(净亏损以"-"号填列)	1 164 465.00	621 000.00
(一) 持续经营净利润(亏损总额以"-"号填列)	1 164 465.00	621 000.00
五、其他综合收益的税后净额		
六、综合收益总额	1 164 465.00	621 000.00
七、每股收益	0.0388155	0.0207
(一)基本每股收益	0.0388155	0.0207
(二)稀释每股收益	0.0388155	0.0207

说明：本公司没有潜在普通股，所以基本每股收益等于稀释每股收益。

子项目 3：现金流量表

【业务呈现】

资料一：著成服饰 2021 年 9 月份银行存款日记账，如图 13-51 所示。

银行存款日记账

21年 月	21年 日	凭证号数	摘要	借方金额（百十万千百十元角分）	核对	贷方金额（百十万千百十元角分）	核对	余额（百十万千百十元角分）	核对
			期初余额					24000000	
9	2	银收1	销售男女牛仔裤	16000000	✓			40000000	
9	3	银付1	支付电费			2000000	✓	38000000	
9	4	银付2	购买生产设备			15000000	✓	23000000	
9	5	银付3	支付职工工资			5000000	✓	18000000	
9	6	银付4	从银行提取现金			400000	✓	17600000	
9	10	银收2	销售男女皮茄克	12400000	✓			30000000	
9	15	银付5	预交上月所得税			2500000	✓	27500000	
9	18	银收3	从工商银行借款	30000000	✓			57500000	
9	21	银付6	付电视广告费			9500000	✓	48000000	
9	27	银付7	购买材料			10000000	✓	38000000	
9	29	银收4	销售材料	2000000	✓			40000000	
9	30	银付8	付本月通信费			600000	✓	39400000	
			本月合计	60400000		45000000		39400000	

图 13-51　著成服饰 2021 年 9 月份银行存款日记账

资料二：著成服饰 2021 年 9 月份库存现金日记账，如图 13-52 所示。

库存现金日记账

21年		凭证号数	摘要	借方金额									核	贷方金额									核	余额									核
月	日			百	十	万	千	百	十	元	角	分	对	百	十	万	千	百	十	元	角	分	对	百	十	万	千	百	十	元	角	分	对
			期初余额																								5	0	0	0	0	0	
9	2	现付 1	预借差旅费										√				3	0	0	0	0	0					2	0	0	0	0	0	
9	6	银付 4	从银行提取现金				4	0	0	0	0	0											√				6	0	0	0	0	0	
9	10	现付 2	支付职工困难补助										√				1	0	0	0	0	0					5	0	0	0	0	0	
9	12	现付 3	购买办公用品										√					8	0	0	0	0					4	2	0	0	0	0	
9	15	现收 1	员工违规罚款					5	0	0	0	0															4	7	0	0	0	0	
9	20	现收 2	出售报废电脑					3	0	0	0	0															5	0	0	0	0	0	
9	30	现付 4	支付夜班餐补										√				1	0	0	0	0	0					4	0	0	0	0	0	
			本月合计				4	8	0	0	0	0					5	8	0	0	0	0					4	0	0	0	0	0	

图 13-52 著成服饰 2021 年 9 月份库存现金日记账

请根据上述资料编制著成服饰 2021 年 9 月份的现金流量表。

【知识准备】

现金流量表是以现金为基础所编制的现金来源和运用的财务报表，向报表使用者提供企业在一定会计期间内现金和现金等价物的流入和流出信息。这里的现金是指企业的货币资金，这里的现金等价物是指期限短、流动性强且易于转换为现金的投资。

一、现金流量表的结构

现金流量表包括基本报表和补充资料两大部分。

基本报表又包括三方面的内容：

(1) 经营活动所产生的现金流量。

(2) 投资活动所产生的现金流量。

(3) 筹资活动所产生的现金流量。

补充资也包括三方面的内容：

(1) 以净利润为起点，将净利润调整为企业经营活动的现金流量。

(2) 披露一定期间影响资产或负债，但不形成该期现金收支的所有投资和筹资活动信息。

(3) 从现金及现金等价物的期末余额与期初余额相比，得出现金及现金等价物的净增加额，以核对是否与现金流量表的金额相符。

二、现金流量表的编制方法

《企业会计准则》规定：现金流量表采用直接法编制，但同时要求在附注中披露用间接法计算的经营活动现金流量。

（一）直接法

通过现金收入和支出的主要类别列示经营活动产生的现金流量。直接法一般以利润表中的营业收入为起算点，然后对影响经营活动现金流量的相关项目进行调整，最终算出经营活动产生的现金流量。直接法可以采用工作底稿，也可以采用T型账户编制现金流量表，业务简单的还可以根据有关科目记录分析后填列。

1. 经营活动所产生的现金流量

（1）销售商品、提供劳务收到的现金。

本项目应列示金额=营业收入×(1+增值税税率)+(应收账款期初余额-期末余额)+(应收票据期初余额-期末余额)+(预收账款期末余额-期初余额)+本期转回多提的坏账准备-本期提取的坏账准备

提示：营业收入中有一部分征收增值税，另一部分不征收增值税的话，应分别计算；应收账款取值报表项目余额(即应收账款净额)而非科目余额。

（2）税费返还收到的现金。

本项目根据实际收到的增值税、消费税、所得税、城市维护建设税以及教育费附加等有关税费的返还款填列。

（3）收到的其他与经营活动有关的现金。

本项目反映销售商品、提供劳务、税费返还以外的与经营活动有关的现金流入，如收到罚款收入、收到出借包装物押金、银行存款利息收入等。

经营活动现金流入小计=(1)+(2)+(3)

（4）购买商品、接受劳务支付的现金。

本项目应列金额=[营业成本+(存货期末余额-期初余额)]×(1+增值税税率)+(应付票据期初余额-期末余额)+(应付账款期初余额-期末余额)+(预付账款期末余额-期初余额)

提示：营业成本中有一部分征收增值税，另一部分不征收增值税的话，应分别计算。

（5）支付职工薪酬以及为职工支付的现金。

本项目指企业付给生产、经营人员的工资、奖金、各项补贴、五险一金等。企业如有在建工程，则这部分人员的工资性支出计入为投资活动产生的现金流量。

（6）支付的各项税费。

本项目包括本期发生并支付的税费，本期支付以前各期发生的税费以及预交的税费，但本项目不扣减税收返还款。本项目税费种类有：增值税、消费税、教育费附加、城市维护建设、关税、印花税、车船使用税、房产税、土地增值税、矿产资源补偿费、所得税等，但不包括实际支付并计入固定资产价值的有关税金，如耕地占用税、车辆购置税、购买固定资产契税、印花税以及进口固定资产关税和消费税等。

（7）支付的其他与经营活动有关的现金。

本项目包括企业支付的办公费、差旅费、保险费、通信费、广告费、业务招待费、金融机构结算手续费、研究开发费、代垫运费、捐赠款、罚款、违约金、滞纳金、押金、经营租赁租金等。

经营活动产生的现金流出小计=(4)+(5)+(6)+(7)

经营活动产生的现金流量净额=[(1)+(2)+(3)]-[(4)+(5)+(6)+(7)]

2. 投资活动所产生的现金流量

(1) 收回投资所收到的现金。

本项目应列金额=交易性金融资产(期初余额-期末余额)+可供出售的金融资产(期初余额-期末余额)+长期股权投资(期初余额-期末余额)+持有至到期投资期(期初余额-期末余额)

提示：本项目不包括收到的现金股利和利息；如果公式的期初数小于期末数，则在投资所支付的现金项目中核算；

(2) 取得投资收益所收到的现金。

本项目应填列金额=利润表所列投资收益-应收利息(期末余额-期初余额)-应收股利(期末余额-期初余额)

(3) 处置固定资产、无形资产和其他长期资产收回现金净额。

本项目所列金额=企业处置固定资产、无形资产和其他长期资产所收现金(含保险理赔款等)-企业为处置这些长期资产而发生的付现费用

(4) 处置子公司及其他营业单位所收回的现金净额。

本项目根据企业处置子公司及其他营业单位收到的现金减去相关税费后的净额填列。

(5) 收到其他与投资活动有关的现金。

本项目反映除上述各项目以外，收到其他与投资活动有关的现金流入，如收回融资租赁设备本金。本项目应根据"银行存款""库存现金"和其他有关账户的记录分析填列。

投资活动产生的现金流入小计=(1)+(2)+(3)+(4)+(5)

(6) 购建固定资产、无形资产和其他长期资产所付现金。

本项目反映企业购建固定资产、购买无形资产和其他长期资产所付现金，该项目不包括资本化的借款利息、融资租入固定资产所付的租赁费以及分期付款购建固定资产除第一期以外的其他各期费用。

(7) 投资所支付的现金。

本项目反映企业进行各种投资所付现金。不包括购买股票和债券时，买价中所包含的已宣告但尚未发放的现金股利或已到付息期但尚未领取的利息等。

本项目所列金额=交易性金融资产(期末余额-期初余额)+可供出售的金融资产(期末余额-期初余额)+长期股权投资(期末余额-期初余额)(剔除投资收益或损失)+持有至到期投资(期末余额-期初余额)(剔除投资收益或损失)

提示：公式中期末数如果小于期初数，则在收回投资所收到的现金项目中列示。

(8) 支付的其他与投资活动有关的现金。

本项目反映企业支付的其他与投资活动有关的现金，如购买股票和债券时，支付的买价中所包含的已宣告但尚未发放的现金股利或已到付息期但尚未领取的债券利息以及未按时支付投资款的罚款等。

投资活动发生的现金流出小计=(6)+(7)+(8)

投资活动产生的现金流量净额=[(1)+(2)+(3)+(4)+(5)]-[(6)+(7)+(8)]

3. 筹资活动所产生的现金流量

(1)吸收投资所收到的现金。

本项目反映投资人投入企业的现金。包含发行股票收到的股款净额(发行收入-发行方扣除的发行费用)、发行债券收到的现金(发行收入-发行方扣除的发行费用)等。

本项目所列金额=(实收资本或股本期末余额-期初余额)+(应付债券期末余额-期初余额)

提示：由企业支付的股票发行评估费、审计费、咨询费及债券印刷费等发行费用不能从本项目中扣除。

(2)借款收到的现金。

本项目所列金额=(短期借款期末余额-期初余额)+(长期借款期末余额-期初余额)

提示：如果期初数大于期末数，则在“偿还债务所支付现金项目”中反映。

(3)收到的其他与筹资活动有关的现金。

说明：本项目反映其他与筹资活动有关的现金。如接受现金捐赠、收到投资人未按期缴纳股权的罚款等。

筹资活动产生的现金流入小计=(1)+(2)+(3)

(4)偿还债务所支付的现金。

本项目所列金额=(短期借款期初余额-期末余额)+(长期借款期初余额-期末余额)(剔除利息)+(应付债券期初余额-期末余额)(剔除利息)

提示：如果期末数大于期初数，则在“借款收到的现金项目”反映。

(5)分配股利、利润或偿还利息所支付的现金。

说明：本项目反映企业实际支付的借款利息、票据贴现利息、债券利息及股利、利润等。

(6)支付的其他与筹资活动有关的现金。

本项目反映上述各项以外，企业与筹资活动有关的现金流出。如发行股票债券所付的审计费、咨询费；融资租赁所付现金；减少注册资本所付现金(退还联营单位的投资、收购本公司股票)；分期付款购建固定资产，首期以外其他各期所付现金；企业对外捐赠现金等。

筹资活动产生的现金流出小计=(4)+(5)+(6)

筹资活动产生的现金流量净额=[(1)+(2)+(3)]-[(4)+(5)+(6)]

4. 汇率变动对现金及现金等价物的影响

本项目反映外币现金流量发生日所用汇率与期末汇率的差额对现金的影响数额。

5. 现金及现金等价物的净增加额

本项目金额=经营活动产生的现金流量净额+投资活动产生的现金流量净额+筹资活动产生的现金流量净额+汇率变动对现金的影响额

6. 现金及现金等价物的期末余额

本项目金额=现金及现金等价物期初余额+5。

提示：本项目金额应与企业期末全部货币资金以及现金等价物的合计余额相等。

（二）间接法

间接法是以企业本期净利润为起算点，调整不涉及现金的收入和费用、营业外收支、经营性应收应付等项目，调整不属于经营活动的现金收支项目后，计算并列报经营活动产生的现金流量的方法。

【业务处理】

要编制好“现金流量表”，除了学习理论知识外，还应掌握具体的编制方法。企业会计主管应教会出纳如何填写“银行存款日记账”“库存现金日记账”中的摘要，将摘要的表述和“现金流量表”的项目内容有机结合起来，这样，企业会计就可以根据“银行存款日记账”和“库存现金日记账”的摘要来分析企业所收付的每一笔货币现金，应当填列到“现金流量表”的哪个项目中去。

对著成公司 2021 年 9 月“银行存款日记账”和“现金日记账”摘要进行分析，我们得出如下结论：

1. 经营活动所产生的现金流量

（1）销售商品、提供劳务收到的现金有：

“银行存款日记账”中 9 月 2 日销售男女牛仔裤收到的款项 160 000 元。

“银行存款日记账”中 9 月 10 日销售男女牛仔裤 收到的款项 124 000 元。

“银行存款日记账”中 9 月 27 日销售材料收到的款项 20 000 元。

小计　　304 000 元

（2）收到税收返还款（著成公司本月无此项业务）。

（3）收到的其他与经营活动有关的现金有：

“库存现金日记账”中 9 月 15 日收到员工违规罚款 500 元。

（4）购买商品、接受劳务支付的现金有：

“银行存款日记账”中 9 月 27 日购买材料支付款项 100 000 元。

（5）支付职工薪酬以及为职工支付的现金有：

“银行存款日记账”中 9 月 5 日支付职工工资 50 000 元。

“库存现金日记账”中 9 月 10 日支付职工困难补助 1 000 元。

“库存现金日记账”中 9 月 30 日支付职工夜班餐补 1 000 元。

小计　　52 000 元

（6）支付的各种税费有：

“银行存款日记账”中 9 月 15 日预交上月所得税 25 000 元。

（7）支付的其他的与经营活动有关的现金有：

“库存现金日记账”中 9 月 2 日预借差旅费 3 000 元。

“库存现金日记账”中 9 月 12 日购买办公用品 800 元。

“银行存款日记账”中 9 月 3 日支付电费 20 000 元。

“银行存款日记账”中 9 月 21 日付广告费 95 000 元。

“银行存款日记账”中 9 月 30 日付通信费 6 000 元。

小计 124 800

经营活动产生的现金流量净额=304 000+500-100 000-52 000-25 000-124 800=2 700（元）

2. 投资活动所产生的现金流量

(1) 收回投资所收到的现金(著成公司本月无此项业务)。

(2) 取得投资收益所收到的现金(著成公司本月无此项业务)。

(3) 处置固定资产、无形资产和其他长期资产收回现金净额。

"库存现金日记账"中9月20日出售报废电脑收到300元。

(4) 收到的其他与投资活动有关的现金(著成公司本月无此项业务)。

(5) 购建固定资产、无形资产和其他长期资产所付现金。

"银行存款日记账"中9月4日购买生产设备支付150 000元。

(6) 投资所支付的现金　(著成公司本月无此项业务)。

(7) 支付的其他与投资活动有关的现金(著成公司本月无此项业务)。

投资活动产生的现金流量净额=300-150 000=-149 700(元)

3. 筹资活动所产生的现金流量

(1) 吸收投资所收到的现金(著成公司本月无此项业务)。

(2) 借款收到的现金。

"银行存款日记账"中9月18日从工商银行贷款300 000元。

(3) 收到的其他与筹资活动有关的现金(著成公司本月无此项业务)。

(4) 偿还债务所支付的现金(著成公司本月无此项业务)。

(5) 分配股利、利润或偿还利息所支付的现金(著成公司本月无此项业务)。

(7) 支付的其他与筹资活动有关的现金(著成公司本月无此项业务)。

筹资活动产生的现金流量净额=300 000（元）

4. 汇率变动对现金及现金等价物的影响

著成公司是内资企业，汇率变动对企业的现金及现金等价物没什么影响。

5. 现金及现金等价物的净增加额=2 700-149 700+300 000=153 000

提示：从银行提取现金，或将现金存入银行不影响企业现金流量。

根据相关资料编制现金流量表如表13-8所示。

表13-8　著成服饰2021年9月份现金流量表

会企03表

编制单位：著成服饰　　2021年9月　　单位：万元

项　目	行　次	金　额
一、经营活动产生的现金流量		
销售商品、提供劳务收到的现金		304 000
收到的税费返还		0
收到的其他与经营活动有关的现金		500

续表

项　　目	行　次	金　额
现金流入小计		304 500
购买商品、接受劳务支付的现金		100 000
支付给职工以及为职工支付的现金		52 000
支付的各种税费		25 000
支付的其他与经营活动有关的现金		124 800
现金流出小计		301 800
经营活动产生的现金流量净额		2 700
二、投资活动产生的现金流量		
收回投资所收到的现金		
取得投资收益所收到的现金		
处置固定资产、无形资产和其他长期资产收回现金净额		300
收到其他与投资活动有关的现金		
现金流入小计		300
购建固定资产、无形资产和其他长期资产所支付的现金		150 000
投资所支付的现金		
支付其他与投资活动有关的现金		
现金流出小计		150 000
投资活动产生的现金流量净额		-149 700
三、筹资活动产生的现金流量		
吸收投资所收到的现金		
借款所收到的现金		300 000
收到的其他与筹资活动有关的现金		
现金流入小计		300 000
偿还债务所支付的现金		
分配股利、利润所支付的现金		
支付的其他与筹资活动有关的现金		
现金流出小计		
筹资活动产生的现金流量净额		300 000
四、汇率变动对现金的影响		0
五、现金及现金等价物净增加额		153 000
加：期初现金及现金等价物余额		245 000
六、期末现金及现金等价物余额		398 000